utb 4868

Eine Arbeitsgemeinschaft der Verlage

Böhlau Verlag · Wien · Köln · Weimar
Verlag Barbara Budrich · Opladen · Toronto
facultas · Wien
Wilhelm Fink · Paderborn
A. Francke Verlag · Tübingen
Haupt Verlag · Bern
Verlag Julius Klinkhardt · Bad Heilbrunn
Mohr Siebeck · Tübingen
Ernst Reinhardt Verlag · München · Basel
Ferdinand Schöningh · Paderborn
Eugen Ulmer Verlag · Stuttgart
UVK Verlagsgesellschaft · Konstanz, mit UVK/Lucius · München
Vandenhoeck & Ruprecht · Göttingen · Bristol
Waxmann · Münster · New York

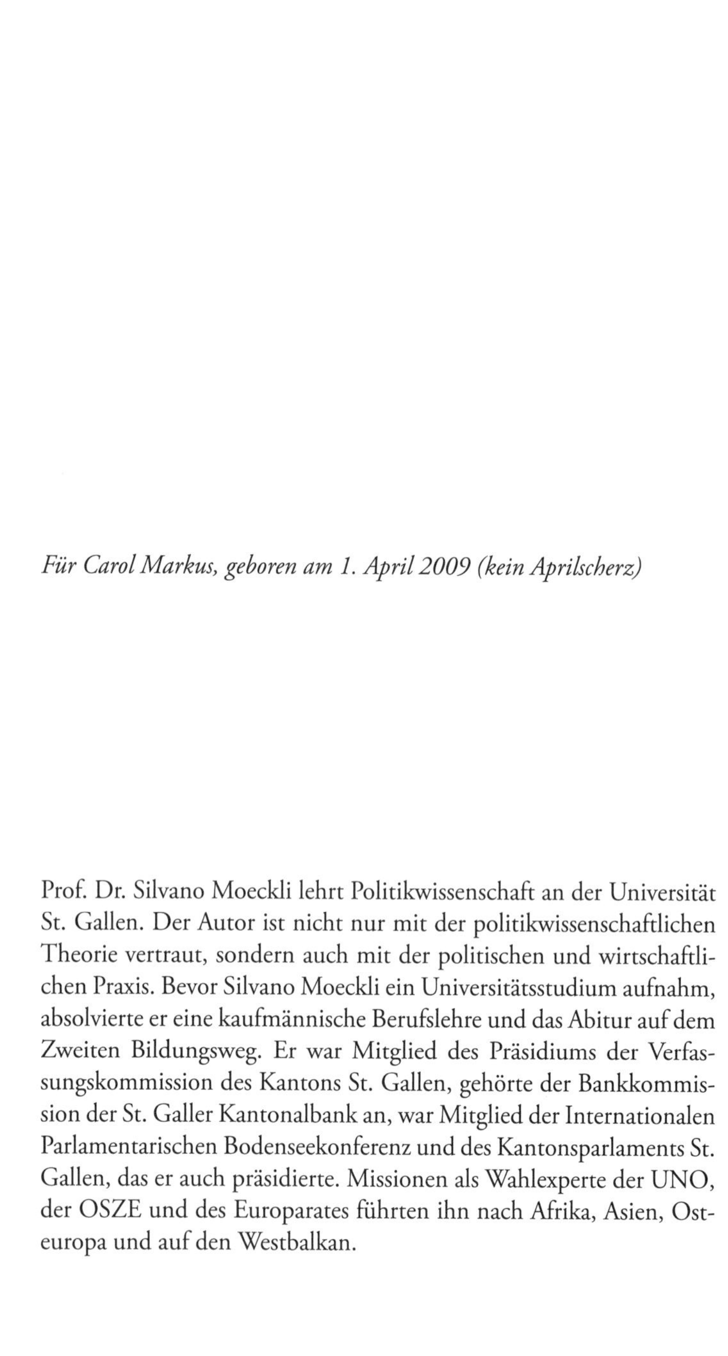

Für Carol Markus, geboren am 1. April 2009 (kein Aprilscherz)

Prof. Dr. Silvano Moeckli lehrt Politikwissenschaft an der Universität St. Gallen. Der Autor ist nicht nur mit der politikwissenschaftlichen Theorie vertraut, sondern auch mit der politischen und wirtschaftlichen Praxis. Bevor Silvano Moeckli ein Universitätsstudium aufnahm, absolvierte er eine kaufmännische Berufslehre und das Abitur auf dem Zweiten Bildungsweg. Er war Mitglied des Präsidiums der Verfassungskommission des Kantons St. Gallen, gehörte der Bankkommission der St. Galler Kantonalbank an, war Mitglied der Internationalen Parlamentarischen Bodenseekonferenz und des Kantonsparlaments St. Gallen, das er auch präsidierte. Missionen als Wahlexperte der UNO, der OSZE und des Europarates führten ihn nach Afrika, Asien, Osteuropa und auf den Westbalkan.

Silvano Moeckli

So funktioniert Wahlkampf

UVK Verlagsgesellschaft mbH · Konstanz
mit UVK/Lucius · München

Online-Angebote oder elektronische Ausgaben sind erhältlich unter www.utb-shop.de.

Bibliografische Information der Deutschen Bibliothek
Die Deutsche Bibliothek verzeichnet diese Publikation in der Deutschen Nationalbibliografie; detaillierte bibliografische Daten sind im Internet über <http://dnb.ddb.de> abrufbar.

Einbandgestaltung: Atelier Reichert, Stuttgart
Coverfoto: © RomanYa/shutterstock.com
Satz und Layout: Claudia Wild, Konstanz
Druck und Bindung: Pustet Regensburg

UVK Verlagsgesellschaft mbH
Schützenstr. 24 · D-78462 Konstanz
Tel.: 07531-9053-0 · Fax: 07531-9053-98
www.uvk.de

UTB-Band Nr. 4868
ISBN 978-3-8252-4868-0 (Print)
ISBN 978-3-8463-4868-0 (EPUB)

Inhaltsverzeichnis

Vorwort

Wahlen finden fast jede Woche irgendwo auf dem Erdball statt, auf kommunaler, gliedstaatlicher, nationaler oder sogar übernationaler Ebene (siehe http://www.electionguide.org/). Die Wahlberechtigten bestimmen Parlamentsmitglieder, Regierungsmitglieder, den Staatspräsidenten oder andere Mitglieder von öffentlichen Körperschaften. Aber Achtung: Nicht einmal die Hälfte aller Staaten kann gemäß dem Rating von »Freedomhouse« (https://freedomhouse.org/) als »frei« betrachtet werden, folglich sind Wahlen und Wahlkämpfe in der Mehrheit der Staaten nicht oder nur teilweise kompetitiv. Aber auch in gefestigten Demokratien sind nicht alle Wahlen wirklich ein Wettbewerb mit einem nicht im Voraus feststehenden Ergebnis. In diesem Buch gilt das Augenmerk jenen Wahlen, bei denen mehrere Parteien und Kandidaten in einem fairen Wettbewerb um politische Ämter kämpfen und der Ausgang dieses Kampfes offen ist. Wahlen haben in einer Demokratie eine essenzielle Funktion. Sie koppeln periodisch die Regierenden an die Regierten. Sie teilen politische Macht auf Zeit auf friedliche Weise zu. In einem autoritären System sind hingegen Wahlen und Abstimmungen eher eine Form der Ausübung von Macht.

Große Wahlkämpfe können heute nicht mehr ohne die Hilfe von professionellen Wahlkampfberatern geführt werden. Nochmals Achtung: Auch der cleverste Berater kann nicht garantieren, dass der Auftraggeber die Wahl gewinnt (auch die Lektüre dieses Buches nicht ...). Bücher bzw. Experten, die dies versprechen, betreiben selbst Werbung. Die Dynamik eines Wahlkampfs ist in einer freien Gesellschaft immer unvorhersehbar und insofern der Ausgang einer Wahl auch immer offen. Das hat die US-Präsidentschaftswahl vom 8. November 2016 wiederum eindrücklich belegt. Das Wahlresultat ist aber auch kontextabhängig, und auf den Kontext kann man, wenn man beharrlich genug ist, längerfristig durchaus Einfluss nehmen. Darüber hinaus ist es natürlich auch von den persönlichen Qualitäten, vom eigenen Engagement, der eigenen inneren Überzeugung und Begeisterungsfähigkeit sowie von den vorhandenen Ressourcen abhängig. Den Wahlerfolg garantieren kann, wie gesagt, kein Profi und kein Buch. Einen Wahlkampf zu führen ist keine Wissenschaft, eher eine Kunst.

Dieses Buch erklärt, wie Wahlkampf funktioniert. Es vermittelt einen systematischen und theoriegeleiteten Überblick über das Thema Wahlkampf und politische Kommunikation. Erläutert werden die Bedeutung des Wahlsystems, des Kontextes und zufälliger Ereignisse, die Wahlkampfstrategie, die Dynamik von Kommunikationsprozessen, mittelbare und unmittelbare Kommunikation, traditionelle und neue Wahlkampfinstrumente, die zu verkaufenden »politischen Produkte« sowie die unterschiedliche Ansprache rational und emotional orientierter Wähler.

Das Buch veranschaulicht Wahlkämpfe durch reiches empirisches Material und viele Fallbeispiele. Dabei wird Wahlkämpfen in den USA, der Schweiz, Deutschland, Österreich, Großbritannien und Frankreich am meisten Platz eingeräumt. Zahlreiche Abbildungen und Tabellen veranschaulichen und verdichten den Stoff. Der Einfachheit halber sind Links zu Websites und Videoclips direkt in den Text eingefügt, ohne dass jedes Mal angegeben wird, wann darauf zugegriffen wurde. Das Risiko, dass nach Erscheinen eines Buches Links nicht mehr »funktionieren«, muss ohnehin in Kauf genommen werden.

»Geheimrezepte«, wie Wahlkämpfe sicher gewonnen werden können, gibt es, wie oben gesagt, (leider) nicht. Wirklich erklären, wieso jemand gewonnen bzw. verloren hat, kann man erst nach dem Wahltag. Aber man kann sich mit diesem Buch Orientierungswissen aneignen und lernen, worauf es in einem Wahlkampf ankommt.

Leserinnen und Leser in Deutschland und Österreich wird auffallen, dass es mehr Fallbeispiele aus der Schweiz gibt als aus ihren Heimatstaaten. Das hängt natürlich damit zusammen, dass der Autor Schweizer ist und die Verhältnisse in seinem Staat aus eigener Anschauung sehr gut kennt. Es kommt hinzu, dass die Schweiz eine Art Labor der Demokratie und damit auch von Wahl- und Abstimmungskämpfen ist. In keinem anderen Staat der Welt gibt es mehr Sachabstimmungen als in der Schweiz, nirgendwo sonst wird das Elektorat so oft zu den Urnen gerufen. Das Land ist in 26 Kantone und fast 2.300 Gemeinden gegliedert; entsprechend viele Wahlkämpfe um politische Ämter gibt es.

1 Einleitung

1.1 »Duschen mit Doris« 1999

Am 28. November 1999 wurde Doris Leuthard – sie ist seit 2006 Mitglied der Schweizer Landesregierung – mit einem Glanzresultat in den Schweizerischen Nationalrat gewählt. Wie kam dieser Wahlerfolg zustande? Doris Leuthard kandidierte damals im Kanton Aargau zugleich auch für den Ständerat, die zweite Parlamentskammer der Schweiz. Dort verpasste sie die Wahl, erreichte aber mit 41,5 Prozent Wähleranteil im zweiten Wahlgang einen Achtungserfolg. Ein Ständeratswahlkampf bringt viel mehr Medienpräsenz als ein Nationalratswahlkampf, weil die Zahl der Kandidierenden kleiner ist und der Wahlkampf medial auf Köpfe zugespitzt werden kann. Dies war natürlich ein Vorteil auch bei der Nationalratswahl. Für die Wahl in den Nationalrat spielt ebenfalls eine Rolle, ob die eigene Partei (hier die Christlichdemokratische Volkspartei, CVP) Sitze gewinnt oder verliert und ob ein parteieigener Sitz »frei« wird, d. h. ein bisheriger Amtsin-

Abbildung 1:
»Duschen mit Doris«, 1999

haber nicht mehr zur Wahl antritt. Die CVP gewann 1999 im Kanton Aargau einen Sitz. Ein »Bisheriger« wurde nicht wiedergewählt.

Erstens kam ihr also der Kontext zugute (Ständeratskandidatur, Sitzgewinn). Zweitens hat ihr beim Produkt »Kandidatin« ihr attraktives Äußeres sicher nicht geschadet. Drittens gereichte ihr ein Zufall zum Vorteil, der gesteigerte mediale Aufmerksamkeit und nationale Bekanntheit eintrug: Im Wahlkampf wurden 20.000 Duschgel-Beutel mit ihrem Porträt und dem Aufdruck »Erfrischender Aargau« verteilt. Durchschlagenden Erfolg brachte aber erst die Umformulierung des Slogans durch die »Aargauer Zeitung«: »Duschen mit Doris« hieß die Schlagzeile, die sich in der Folge zum inoffiziellen Wahlslogan entwickelte. Politische Inhalte vermitteln beide Slogans nicht. Aber »Duschen mit Doris« blieb bis heute in den Köpfen hängen und hat wohl die Männerfantasien animiert. »Plötzlich wollten Männerriegen mit mir duschen«, erklärte Doris Leuthard später. Die öffentliche Aufmerksamkeit war garantiert, und wenn ein kantonaler Wahlkampf auch in den nationalen Medien Schlagzeilen macht, ist das natürlich ein Steilpass für den Wahlerfolg.

1.2 Was ist Wahlkampf?

Um einen Gegenstand zu erfassen, braucht es Begriffe. Es ist immer gut, wenn man zu Beginn klärt, worüber man spricht bzw. schreibt.

Zunächst: Was ist ein Wahlkampf? Wahlkampf ist ein Wettbewerb um politische Macht, der durch die Gewinnung von Unterstützung und die Erzielung von Wählerstimmen entschieden wird. Ein Wahlkampf umfasst mehr als nur die Kampagne; es geht auch um die jeweilige Konstellation. Unterstützung umfasst mehr als bloß Wählerstimmen.

Was ist eine Wahlkampagne? Ein kommunikativer Feldzug, um Wahlberechtigte zur Teilnahme an der Wahl und zur Stimmabgabe für die eigene Kandidatur zu bewegen.

Was ist eine Wahlkampfstrategie? Die planmäßige Ausrichtung eines Wahlkampfes auf eine Idee unter Berücksichtigung des Kontextes und der verfügbaren Ressourcen.

Für ein Amt zu kandidieren heißt im Amerikanischen treffend »to run for office«. Ursprünglich meinte Kampagne die Dauer von Feldzügen. Und genau diese Doppelbedeutung hat »campaign« im Englischen. »Campaigning is a ›follow me‹ or ›come with us‹ exercise.« (Rose, 2010, S. 50)

Machen Wahlkampagnen überhaupt einen Unterschied aus? Spielen für den Wahlerfolg makroökonomische Variablen die Hauptrolle, wie dies entsprechende Modelle suggerieren (siehe S. 41)? An solche Modelle, die das Produkt Kandidat und das Engagement im Wahlkampf ausblenden, glaube ich nicht. Es gibt eine wachsende Zahl von Wählerinnen und Wählern, die sich erst während der Kampagne und sogar erst kurz vor der Wahl entscheiden. Überall in den hoch entwickelten Staaten hat die Identifikation mit Parteien und die Bindung an soziale Milieus abgenommen, was für den Wahlkampf bedeutet, dass man in andere Wählerschichten vordringen kann. Die Medienlandschaft und die politische Kommunikation haben sich in den vergangenen zwei Jahrzehnten stark verändert.

1.3 Grenzen der Wahlforschung und des politischen Marketings

Eine allgemeine Theorie des Wahlkampfes, die uns die Ergebnisse aller Wahlkämpfe weltweit erklären würde, gibt es nicht und wird es wohl auch nie geben. Wir treffen hier auf ein allgemeines sozialwissenschaftliches Problem bzw. Dilemma. Wenn wir mit unserer Theorie auf einer großen Flughöhe bleiben und mit abstrakten Modellen und Begriffen operieren, machen wir uns vielleicht damit immun gegen Falsifizierungsversuche. Aber wir können mit dieser Theorie den Ausgang eines konkreten Wahlkampfes nicht erklären, geschweige denn vorhersagen. Sie ist zu realitätsfern. Oft sind die Aussagen auf sich selbst bezogen. »Systeme reduzieren soziale Komplexität« tönt zwar gut. Aber gehört eine gewisse Ordnung nicht notwendigerweise zu einem »System«? Wenn wir auf dem Boden bleiben und alles nur beobachten und beschreiben, sehen wir die Zusammenhänge und Abhängigkeiten nicht. »Es ergibt sich somit eine Diskrepanz zwischen der Kreation revolutionärer Theorien, die nicht hinreichend bewiesen werden können, und alltäglicher Binsenweisheiten, die sich kaum vom Alltagswissen abheben, jedoch hinreichend begründet werden können.« (Strohmeier, 2002, S. 29) Jeder Wahlkampf hat seine Eigenheiten, und insofern ist auch sein Ausgang immer offen und durch Theorien schwer prognostizierbar. »Einerseits kann jedes allgemeine Gesetz nur innerhalb eines besonderen und begrenzten Wirkungsbereichs Gültigkeit beanspruchen und auch dort immer nur mit Ausnahmen und Anomalien. Andererseits kann jedes empirische Phänomen im Licht einer Vielzahl unterschiedlicher und oftmals miteinander unvereinbarer Theorien gedeutet werden.« (Zolo, 1998, S. 46f.) So kann Wahlerfolg oder -misserfolg auf ganz unterschiedliche Weise theoretisch oder empirisch erklärt werden. Man kann fleißig Daten sammeln, Datenbanken erstellen und diese Daten statistisch analysieren. Die Zusammenhänge zwischen den Variablen sind aber stets nur Korrelationen und nie Kausalitäten. So eignen sich Regressionsanalysen bestens zur Erklärung früherer Wahlergebnisse. Aber bei der Prognose versagen sie, sobald neue wahlentscheidende Variablen auftauchen, die bislang nicht relevant und im Modell nicht berücksichtigt waren.

In der Wahlforschung werden auch idealtypische Funktions- und Handlungsmuster verwendet, z. B. Wählertypologien. Solche sind durchaus nützlich. Wir sind uns bewusst, dass Politiker und Wähler nicht ausschließlich emotional oder rational handeln und entscheiden. Aber wenn wir dies idealtypisch unterstellen, können wir besser Wenn-Dann-Beziehungen formulieren. Notwendigerweise dazu gehört die Überlegung, inwieweit reale Menschen von diesem Idealtypus abweichen und allenfalls in welchen Situationen.

Es gibt keine Technologie oder Theorie des Machterwerbs bei Wahlen in der Demokratie, und im autokratischen Systemen braucht man eine solche nicht. Die meisten Wahlkampfmonografien sind deskriptiv. Schöne Beispiele dafür sind die Bücher von David Plouffe (2009) und Frank Stauss (2013). Diese Werke machen zugleich deutlich, dass man auch aus der Lektüre von Beschreibungen von Wahlkämpfen viel lernen kann. Es gibt Ansätze des politischen Marketings (quasi eine betriebswirtschaftliche Perspektive), ausdifferenzierte Detailanalysen bestimmter Aspekte (etwa das Image) und Theorien des Wahlverhaltens. Die Detailanalyse setzt an auf der Mikroebene

(z. B. Politikerimage, Wählerverhalten), auf der Makroebene (z. B. Wahlgeografie), bei den Strukturen (Sozialstruktur, territoriale Struktur) oder bei den Prozessen (Meinungsbildung). Die Methoden der Datenerhebung sind die in den Sozialwissenschaften üblichen: Inhaltsanalyse, Befragung, Beobachtung und Experiment. Hinzu kommen bei Wahlkämpfen die Fokusgruppen (siehe Kapitel 6.3.9).

Hände weg von PR-Beratern, die behaupten, Kommunikationsprozesse auf der Makroebene steuern und Wahlerfolge garantieren zu können (siehe Einleitung). Urs Rellstab schreibt zu Recht (in: Scholten & Kamps, 2014, S. 305): »Die Dynamik ist jedenfalls enorm und der ehrliche Medienarbeitende muss sich eingestehen, dass er die meisten Variablen trotz Checklisten nicht im Griff hat. Bleibt da letztlich nur die Kapitulation vor einem komplexen System? Ehrlich wäre ein ›Ja‹, denn die Planbarkeit ist tatsächlich stark begrenzt. Sich Gehör zu verschaffen und daraus medialen Erfolg generieren zu können, wird immer schwerer. Wer seinen Kunden etwas anderes vorgibt, mag ein guter Verkäufer sein, wird dafür aber nie den ersten Platz in einem Ethikwettbewerb belegen.« »Sichere Rezepte für erfolgreiches Kampagnenmanagement gibt es nicht, auch wenn manche Wahlberater das behaupten.« (Schulz, 2015, S. 119) »Trotz erheblichem Aufwand und zunehmender Routine (Professionalisierung) sind die Erfolge von Kampagnen- und Wahlkampfkommunikation für die Akteure schwer plan- und für die Wissenschaft schwer messbar.« (Jarren & Donges, 2011, S. 226) Je länger ich mich mit dem Thema Wahlkampf beschäftige, desto klarer wird mir, dass es in einer Wahlkampagne fast keine Automatismen gibt. Müsste ich politisches Marketing verkaufen, würde ich natürlich genau dies behaupten.

1.4 Politische Produkte: Parteiimage, Sachthemen und Kandidierende

Die politischen Produkte, die es in einem Wahlkampf zu verkaufen gilt, sind »Parteiimage«, »Sachthemen« und »Kandidierende« (siehe Strohmeier, 2002, S. 37 ff.). Um den Verkauf zu fördern, werden diese Produkte schön verpackt. Dies nennen wir symbolische Politik. Ein Management »vermarktet« diese Produkte, und wie in jedem Marketingprozess muss man zunächst Marktforschung betreiben. Mit der Anlehnung an das übliche Marketing dürfen wir aber auch nicht zu weit gehen. Was man in einem Wahlkampf »verkauft«, ist nicht ganz dasselbe wie beim Verkauf eines Produkts oder einer Dienstleistung. Die politischen Produkte stehen nicht nur im Wettbewerb mit jenen von anderen Anbietern; sie werden von der Konkurrenz oft schlechtgemacht. »Bezahlt« wird nicht mit Geld, sondern mit Stimmen. Mit einer Stimme kann in der Regel kein realer Gegenwert erstanden werden und der Wähler profitiert auch nicht ganz persönlich von einer Dienstleistung (einmal abgesehen von jenen Unterstützern, denen nach einem Wahlsieg Posten oder Aufträge winken). Den Wählern muss daher eine andere Art Befriedigung verschafft werden. Der Mechanismus der Nutzenzuschreibung ist also anders, der Nutzen ist eher psychischer oder sozialer Art. Die »Kaufkraft« ist für alle Wählenden gleich. Jeder hat eine Stimme. Aber für einen Wahlerfolg braucht es mehr als Wählerstimmen. Es bedarf auch anderer Formen von Unterstützung, beispielsweise Geldspenden. Und diese »Spendenkraft« ist höchst ungleich verteilt, und auch Organisationen, Unternehmungen, staatliche Einrichtungen oder andere Staaten verfügen über diese.

Beginnen wir mit dem politischen Produkt »Parteiimage« (siehe Abbildung 2). Jede politische Partei hat und vermittelt in der Öffentlichkeit ein bestimmtes Image (siehe Tabelle 1 in: Strohmeier, 2002, S. 38). Sie steht erstens für eine bestimmte Weltanschauung bezogen auf eine Konfliktlinie innerhalb der Gesellschaft. Strohmeier nennt dies »ideologisches Parteiimage«. Dieses Image verleiht der Partei eine Grundposition innerhalb des Spektrums von Weltanschauungen, die bei einer traditionellen Partei nicht so leicht oder nicht ungestraft verändert werden kann. Zweitens vermittelt eine politische Partei ein Bild über ihre Problemlösungskompetenz in spezifischen Politikbereichen (kompetenzvermittelndes Parteiimage). In welchen gilt sie als kompetent und in welchen Bereichen haben nach Ansicht der Wähler andere Parteien die Nase vorn? Beispielsweise gelten gewöhnlich die Grünen bei der Umweltpolitik als kompetent, Rechtsaußenparteien aber nicht. Drittens gibt es in Bezug auf das Verhalten in innerparteilichen Angelegenheiten ein strukturelles Parteiimage: Bietet die Partei nach außen ein Bild der Geschlossenheit oder der Zerstrittenheit? Erscheint eine

Abbildung 2: Die drei politischen Produkte Parteiimage, Sachthemen, Kandidierende

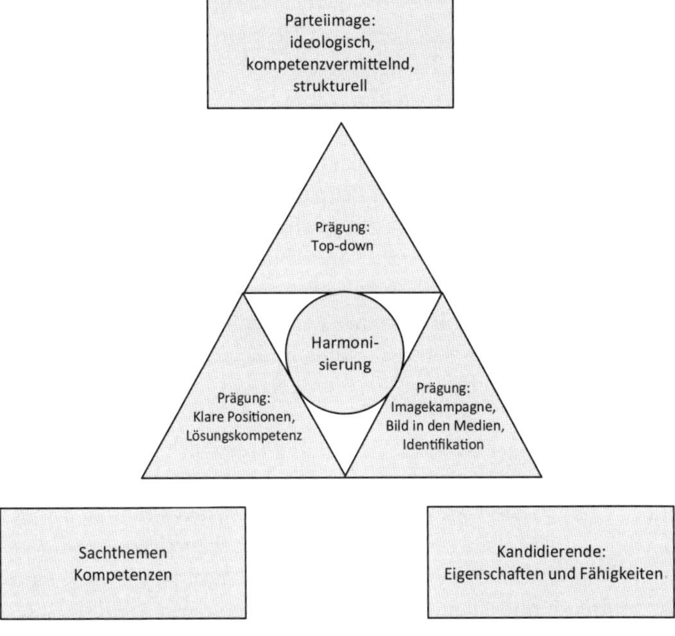

© Silvano Moeckli

Partei im Wahlkampf als zerstrittener Haufen, sind die Chancen für den Wahlerfolg meist dahin. Unterschiedliche Strömungen gibt es in fast jeder Partei. So kann es Traditionalisten und Modernisierer geben (»Fundis« und »Realos«) oder Differenzen zwischen der Zentrale und den regionalen Parteien. Diese Differenzen sollten aber parteiintern ausgetragen werden, um das strukturelle Parteiimage nicht zu beschädigen. Das ideologische Parteiimage ist eher beständig; kompetenzvermittelndes und strukturelles Parteiimage sind dynamisch, je nach Akteuren und Ereignissen.

Das Image der nationalen Mutterpartei lässt sich von Kandidierenden auf unteren Staatsebenen nicht abstreifen. »Es wird ›top down‹, also von oben nach unten, geprägt.« (Balsiger, 2014, S. 138) Imageprägend und -verändernd wirken einige wenige national bekannte Spitzenpolitiker der Parteien. So hatten die in der Schweiz neu gegründeten Parteien BDP (Bürgerlich-Demokratische Partei) und GLP (Grünliberale Partei) bereits bei ihren Gründungen national bekannte, imageprägende Figuren vorzuweisen: die BDP die Bundesräte (Mitglieder der Landesregierung) Eveline Widmer-Schlumpf und Samuel Schmid, die GLP Nationalrat Martin Bäumle und Verena Diener, Mitglied der Regierung des Kantons Zürich. Solche Figuren fehlten beispielsweise der Piratenpartei, und sie hat es weder in Deutschland noch in der Schweiz geschafft, diese aufzubauen. Anders war dies bei der »Alternative für Deutschland« (AfD), in deren Reihen sich 2014 einige national bekannte Personen befanden. Die AfD bot 2015 auch ein Beispiel für innere Zerstrittenheit; Gründer Bernd Lucke verließ sie schließlich und gründete eine neue Partei (»Allianz für Fortschritt und Aufbruch«, 2016 umbenannt in »Liberal-Konservative Reformer«).

Allein mit einer schönen Verpackung lassen sich keine nachhaltigen Wahlerfolge erzielen. Es braucht auch Inhalte, nämlich Sachthemen. Damit wären wir beim zweiten politischen Produkt. Es gibt Themen, die sind eher allgemein, wie die Sozialpolitik, die Migrationspolitik, die Wirtschaftspolitik oder die Umweltpolitik. Jede Partei ist auf bestimmte Themen »spezialisiert«, und darin sollte sie unterscheidbare Positionen haben und Lösungskompetenz vermitteln. In der öffentlichen Diskussion in einem Wahlkampf geht es aber meist nicht um ganze Politikfelder, sondern um ganz konkrete Streitthemen, zu denen eine Partei eine klare Position haben sollte. In den USA spricht man von »clear-cut issues«. Ist eine Partei nun für oder gegen Abtreibung, für oder gegen einen EU-Beitritt, für oder gegen die Homoehe, für oder gegen Atomkraftwerke? Gerade Mitteparteien drücken sich oft lieber um klare Positionsbezüge und setzen eher auf Kompetenzvermittlung bei allgemeinen Themen. Eine Partei muss Themen nicht nur »besetzen«, sondern bei den entsprechenden Themen auch als kompetent gelten.

Schließlich verkauft ein Kandidat nicht nur ein Parteiimage und Sachthemen, sondern auch sich selbst. Dies ist das dritte politische Produkt. »Während politische Inhalte und Prozesse nur abstrakt vermittelbar und schwer mediatisierbar sind, erscheinen Personen für die visuelle Darstellung von Politik geradezu prädestiniert. Die Kandidaten gelten folglich als wichtigste Repräsentanten des politischen Produkts.« (Strohmeier, 2002, S. 41) Kandidaten vermitteln Lösungskompetenz und sind Projektionsflächen. Sie können Vertrauen generieren und als Identifikationsfigur dienen. Gute Karten hat, »wer Autorität und zugleich Gelassenheit ausstrahlt« (Balsiger, 2014, S. 145). Im Wahlkampf zum EU-Parlament 2014 traten die Parteikoalitionen erstmals mit »Spitzenkandidaten« für das Amt des Kommissionspräsidenten an. Diese waren besser zu vermitteln als das Produkt »Partei«, das auf EU-Ebene zwangsläufig nicht homogen sein kann. Politische Werbung für die Person kann gut als »Native Advertising« (»Werbung im bekannten Umfeld«) gestaltet werden, was den Anschein redaktioneller oder »natürlich« generierter Inhalte erweckt. Das Interesse für die Person soll unaufdringlich auch das Interesse auf die politischen Inhalte und die Partei lenken.

Das Image wird Idealerweise durch eine Imagekampagne selbst geprägt (siehe Kapitel 7.1), wird aber letztlich durch wahrgenommene Medieninhalte und allenfalls persönliche Kontakte bestimmt. Bietet das Produkt »Kandidat« bzw. der »Amtsträger« nach außen hin ein klägliches Bild oder wird ein mühsam aufgebautes positives Bild durch einen Skandal (siehe Kapitel 4.7) plötzlich zerstört, werden die Betroffenen von der Partei meist zum Rücktritt »motiviert«. Man denke etwa an die Fälle Karl-Theodor zu Guttenberg oder den ehemaligen deutschen Bundespräsidenten Christian Wulff. Zur Prägung des »Produkts Guttenberg« sei der Trailer zum Film »Der Minister« empfohlen (http://www.youtube.com/watch?v=hWBODlcXhcg).

Es gibt Eigenschaften, die ein Kandidat nicht verändern kann, beispielsweise Herkunft, Alter, Hautfarbe, Körpergröße. Fähigkeiten indessen kann man verbessern, z. B. Sachkompetenz, Sprachkompetenz, Auftrittskompetenz, Medienkompetenz. Für alle Eigenschaften und Fähigkeiten gilt: Die individuellen Stärken werden hervorgehoben, die individuellen Schwächen nach Möglichkeit kaschiert. Ein Image kann durchaus konstruiert und verändert werden, aber nicht beliebig, sondern nur im Rahmen der realen Kandidateneigenschaften (Strohmeier, 2002, S. 43 f.). Entscheidend ist nicht das politische Produkt als solches, sondern dessen Wahrnehmung durch die Wählerschaft (Strohmeier, 2002, S. 133). So gelang dem sozialdemokratischen Kanzlerkandidaten Frank-Walter Steinmeier 2009 die Imagekorrektur nicht. »Bei den meisten seiner Wahlkampfauftritte erntete er den Respekt der Menschen, aber nicht ihre Begeisterung. Dem steifen Bürokraten fehlte das Herzblut, um Bierzelte mitzureißen. Er gab sich zu angestrengt locker, um authentisch zu wirken. Er bemühte sich, die Aura proletarischer Hemdsärmeligkeit auszustrahlen, und blieb doch in seinem spröden Charisma des nüchternen Apparatschiks gefangen.« (Burgard, 2012, S. 102)

Zuweilen kann ein eigenwilliges oder unverwechselbares Erscheinungsbild eine Unique Selling Proposition (S. 49) und somit wahlfördernd sein. Insofern kann man von Conchita Wurst alias Thomas Neuwirth lernen, der den Eurovision Songs Contest 2014 gewann. Frau mit Bart, dies gab es noch nie. Er verknüpfte damit gleich auch die Botschaft der Toleranz und Offenheit gegenüber ungewohnten äußeren Erscheinungsbildern und anderen Lebensformen. Die richtige Botschaft hatte auch Nicole, die Gewinnerin von 1982. Mit ihrem Lied »Ein bisschen Frieden« traf sie genau die Stimmung in der Zeit des Wettrüstens. Ein eigenwilliges Äußeres zeichnete Herbert Elkuch aus, der für »Die Unabhängigen« 2013 mit Stimmen aus allen Lagern in den Liechtensteiner Landtag gewählt worden war. Er trat mit langen Haaren, geschminkt und in Frauenkleidern auf. In den USA ist ein Farbiger als Kandidat nichts Außergewöhnliches, in der Schweiz oder in Deutschland hingegen schon. 2007 wurde Ricardo Lumengo im Kanton Bern in den Schweizer Nationalrat gewählt – als erster Schwarzafrikaner. Er wurde von einer links-grünen Wählerschaft gewählt, gerade weil er als Schwarzer mehrmals Opfer von rassistisch motivierten Belästigungen geworden war. Vorwürfe wegen Wahlfälschung beendeten 2011 seine Karriere als Nationalrat. Elkuch und Lumengo wären vor 30 Jahren wohl kaum gewählt worden – der Kontext und die Wertvorstellungen haben sich seither verändert.

Als Musterbeispiel eines glaubwürdigen »politischen Produkts« kann Winfried Kretschmann gelten, der 2011 Ministerpräsident von Baden-Württemberg und erster grüner Ministerpräsident in einem deutschen Bundesland wurde. Katholisch, wertkonservativ, besonnen, geerdet, authentisch, seriös – alles Eigenschaften, die gut ankamen. Die Popularität Kretschmanns war auch am Ende seiner ersten Amtsperiode 2016 ungebrochen. Bei der Landtagswahl vom 13. März 2016 wurden die Grünen in Baden-Württemberg sogar wählerstärkste

Partei, wohl zur Hauptsache dank ihres glaubwürdigen und in allen politischen Lagern respektierten Ministerpräsidenten.

Es versteht sich, dass die drei Produkte Parteiimage, Sachthemen und Kandidierende harmonieren müssen. Das Bild eines abgehobenen Kandidaten, der schnelle Autos fährt, in exquisiten Restaurants speist und stets Maßanzüge trägt, passt nicht zum Image einer linksgerichteten Partei. Ein Vertreter einer katholisch-konservativen Partei, der es mit seiner Ehe nicht so genau nimmt, bietet im Wahlkampf Angriffsflächen – früher noch mehr als heutzutage. Im deutschen Bundestagswahlkampf 2013 passten das Image des Kanzlerkandidaten, Peer Steinbrück, und dasjenige seiner Partei, der SPD, nicht gut zusammen. »Erst kamen Steinbrücks üppige Honorare für Vorträge ins Gerede, dann seine arrogant wirkende Einlassung zum Preis von gutem Pinot Grigio [...] Ausgerechnet mit diesem Kandidaten, der mit der Alltagsrealität der SPD-Kernwählerschaft wenig zu tun zu haben schien, plante die Partei einen Haustürwahlkampf.« (Christina Holtz-Bacha, 2015, S. 3) Der SPD-Kanzlerkandidat für die Bundestagswahl 2017, Martin Schulz, harmonierte viel besser mit dem Thema soziale Gerechtigkeit als dies bei Peer Steinbrück der Fall gewesen war.

1.5 Symbolische Politik

In der Politik und im Wahlkampf können hinsichtlich der Substanz zwei Dimensionen unterschieden werden (Strohmeier, 2002, S. 45 f.):

a) Politik mit Positionen zu Themen, Ideen und politische Entscheidungen mit realen Konsequenzen;
b) symbolische Politik ohne inhaltlichen Nennwert. Symbolische Politik ist wie erwähnt gewissermaßen die schöne Verpackung der inhaltlichen Politik. Die politischen Produkte werden damit quasi »zum Greifen nah«. »Der politische Nennwert hat ohne jegliche symbolische Politik schlichtweg keine Vermittlungschancen, während die symbolische Politik durchaus ohne politischen Nennwert kommunikationsfähig ist.« (Strohmeier, 2002, S. 46)

Zur symbolischen Politik gehören beispielsweise Inszenierungen von Auftritten, große Gesten, abstrakte Slogans und Sprüche, ein hymnisches Musikstück, Plüschtiere wie der Berner Sennenhund Willy der Schweizerischen Volkspartei (SVP) 2015, Handlungen wie das Speisen in der Suppenküche, Anstehen in einer Menschenschlange oder Anpacken bei Überschwemmungen. Die Schweizerische Volkspartei hatte im Wahlkampf 2011 einen »Vertrag mit dem Volk« präsentiert, mit Siegeln ähnlich gestaltet wie der Bundesbrief der Eidgenossen von 1291. Zwar hieß es auf der Website: »Am 27. August 2011 haben die Vertreterinnen und Vertreter der SVP Schweiz an einem Parteitag den Vertrag mit dem Volk unterzeichnet.« Doch wer hätte im Namen des »Volkes« den Vertrag unterschreiben sollen? Die Idee war übrigens nicht so neu. Schon 1994 hatte der Oppositionsführer der Republikaner, Newt Gingrich, am Republikanischen Parteitag einen »Contract with America« lanciert – sechs Wochen vor den Kongresswahlen. Der Vertrag enthielt eine Liste von acht Reformen, die bei einem Wahlsieg umgesetzt würden.

Abbildung 3: »Vertrag mit dem Volk« der Schweizerischen Volkspartei 2011

Vertrag mit dem Volk

Im Willen, mit all unseren Kräften für die Schweiz einzustehen,
im Bewusstsein, dass die Freiheit unseren täglichen Einsatz erfordert,
in der Überzeugung, dass wir die Schwachen nur stärken, wenn wir
die Starken nicht schwächen, stehen wir für folgende Grundsätze ein:

- Wir wollen der Europäischen Union nicht beitreten.
- Wir wollen die Masseneinwanderung stoppen.
- Wir wollen die kriminellen Ausländer ausschaffen.

Dazu verpflichten sich die Vertreterinnen und Vertreter der Schweizerischen Volkspartei gegenüber ihren Wählerinnen und Wählern.

Im August des Jahres 2011

Im Namen der National- und Ständeratskandidatinnen und -kandidaten der SVP

Toni Brunner, Parteipräsident

Caspar Baader, Fraktionspräsident

SVP

Im Schweizer Abstimmungskampf gegen das Abkommen von Schengen (Volksabstimmung vom 05. Juni 2005) symbolisierte die SVP den Vertragsinhalt in der Form eines Trojanischen Pferdes, das fünf Tonnen schwer und acht Meter hoch war. Es wurde medienwirksam auf den Bundesplatz in Bern gezogen. Pech war, dass das Schweizer Fernsehen nicht darüber berichtete. Zur symbolischen Politik gehört es auch, Lösungskompetenz durch Scheinhandlungen zu vermitteln. Im Weiteren geht es darum, Divergenzen bei den politischen Positionen zu dramatisieren (»es geht um Sein oder Nichtsein«).

Amtsträger können sich besser in Szene setzen, weil ihnen staatliche Ressourcen zur Verfügung stehen: ein Tauchgang mit einem U-Boot, ein Flug im Kampfjet (Vladimir Putin), ein Fallschirmsprung, eine Landung auf einem Flugzeugträger (George W. Bush), Mitfahrt auf einem Müllwagen, gefühlsschwere Rituale bei Jahrestagen. Der Amtsbonus verschafft auch eher Auftritte in Unterhaltungsshows mit hohen Einschaltquoten, wobei damit zwar keine Themen gesetzt werden können, aber »die menschliche Seite« des Produkts Kandidat hervorgehoben werden kann. Silvio Berlusconi spielte als italienischer Ministerpräsident bei Unterhaltungssendungen den anrufenden Zuschauer.

Solche symbolische Politik ist in einem Wahl- oder Abstimmungskampf durchaus nützlich. Gerade in Kombination mit Kandidierenden macht sie Politik anschaulicher, greifbarer und kann auch positive Emotionen auslösen. Sie reduziert zudem die Komplexität des politischen Geschehens auf ein Bild. Wird die symbolische Politik von Amtsträgern zelebriert, kann sie Gemeinsinn bilden sowie vorbildhaftes oder erwünschtes Verhalten vor Augen führen (Almond, 2004, S. 130). Problematisch wird es dann, wenn hinter der symbolischen Politik keine Inhalte stecken. Wir gehen wie gesagt von kompetitiven politischen Systemen und freien und fairen Wahlen aus, und da braucht es über symbolische Politik hinaus immer auch Inhalte.

2 Der Kontext eines Wahlkampfes

2.1 Der Kontext kann wahlentscheidend sein

In jedem Wahlkampf gibt es Faktoren und Umstände, die man nicht beeinflussen kann. Einige kennt man schon von Beginn an, andere kommen unvermittelt im Lauf des Wahlkampfes hinzu, beispielsweise abrupt eintretende Ereignisse wie Naturkatastrophen oder Kriege im Ausland. Dies war beim Bundestagswahlkampf 2002 der Fall. Die SPD mit Bundeskanzler Schröder lag in den Meinungsumfragen zurück. »Erst Schröders Umgang mit den Zufallsthemen ›Flut‹ und ›Kriegsgefahr im Irak‹ brachte die Wende.« (Jörg-Uwe Nieland, in: Scholten & Kamps, 2014, S. 348) Man beachte: Das unerwartete Ereignis in der heißen Phase des Wahlkampfs allein genügt nicht, man muss es geschickt nutzen und sich als Staatsmann und Einiger der Nation zu inszenieren wissen. Nach dem Anschlag auf die Madrider U-Bahn am 11. März 2004 beschuldigte der spanische Ministerpräsident José María Aznar prompt die Untergrundorganisation ETA und brachte sogar den UN-Sicherheitsrat dazu, »die von der Terroristengruppe Euskadi ta Aska-tasuna (ETA) am 11. März 2004 in Madrid begangenen Bombenanschläge« zu verurteilen (Resolution 1530 vom 11. März 2004). Diese falsche Anschuldigung kostete seine Partei bei den Parlamentswahlen vom 14. März 2004 fast sieben Prozentpunkte Wähleranteil und ihn sein Amt. Ein Ereignis von historischer Tragweite kann einen unpopulären Spitzenpolitiker aus dem Tief hinaustragen, wie etwa George W. Bush nach 9/11 2001 oder Helmuth Kohl nach der deutschen Wiedervereinigung 1990. Der norwegische Ministerpräsident Jens Stoltenberg konnte sich zwar nach den Anschlägen von Anders Behring Breivik 2011, bei denen 77 Menschen ums Leben kamen, stark profilieren; die Parlamentswahlen 2013 gewann er gleichwohl nicht.

Es war der größere politische Kontext »Flüchtlingskrise« in Europa, welcher der Schweizerischen Volkspartei bei den Parlamentswahlen vom 18. Oktober 2015 einen Zuwachs beim Wähleranteil von 2,8 Prozentpunkten und elf zusätzliche Mandate im Nationalrat bescherte. Nun findet, wie oben gesagt, jede Wahl vor einem größeren politischen Hintergrund statt, den die Akteure nicht beeinflussen können. Dass aber ein Steilpass für eine Partei, die dank der Themen Flüchtlinge, Migration und Ausländer zur stärksten politischen Kraft der Schweiz geworden ist, gerade auf dem Höhepunkt des Wahlkampfes erfolgt, ist doch eher selten. Die Medienagenda der Schweizer Leitmedien war im September 2015 noch stärker von der Flüchtlingskrise geprägt als vom eigentlichen Wahlkampf. Das zufällige Zusammentreffen einer politischen Großwetterlage mit den Wahlen hat also die politischen Kräfteverhältnisse in der Schweiz für vier Jahre bestimmt.

Auch das Image von weltweit bekannten Politikern kann zum Kontext gehören. Nach einem »Zauderer« als Amtsinhaber hat möglicherweise ein Kandidat mit dem Image eines entschlossenen Machers gute Wahlchancen. Nach der Ära von George W. Bush, während der das Image der USA in der Welt stark gelitten hatte, sehnten sich viele Wähler nach einem Präsidenten, der das Land weltweit wieder sympathisch machte, und das war 2008 Barack Obama. Im einem Umfeld von Politikern wie Donald Trump, Wladimir Putin, Recep Tayyip Erdoğan und Viktor Orbán wirkte ein Kanzlerkandidat wie Martin Schulz, der als ehrlich und geerdet galt, wie ein Kontrastprogramm.

Es gibt daneben Kontextfaktoren, die nicht kurzfristig, aber durchaus in der längeren Frist durch die Politik gestaltbar sind, wie etwa das Wahlsystem. Nicht direkt beeinflussbar ist der *»Zeitgeist«* (siehe auch S. 24). Niccolò Machiavelli (2008) schreibt in »Der Fürst«, Kapitel XXV: »Auch glaube ich, dass nur der erfolgreich ist, der seine Handlungsweise mit dem Zeitgeist in Einklang bringt, wie der erfolglos sein wird, dessen Vorgehen nicht mit den Zeitverhältnissen übereinstimmt [...] Wenn demnach einer mit Bedacht und Geduld verfährt und seine Methode der Zeit und den Verhältnissen entspricht, so kommt er vorwärts; doch wenn sich die Zeiten und die Verhältnisse ändern, so geht er zugrunde, weil er seine Methode nicht ändert.« Dies bedeutet, dass Wahlkampfmethoden, die bislang oder in anderen politischen Systemen erfolgreich waren, im aktuellen Wahlkampf wirkungslos sein können. Ähnlich ist es ja auch bei Methoden im Fußball: Mit der Strategie des Tiki-Taka, d.h. Kurzpassspiel und hoher Ballbesitzanteil, war die Nationalmannschaft Spaniens lange Zeit erfolgreich. Die Mannschaft gewann die Fussball-Europameisterschaften 2008 und 2012 sowie die Weltmeisterschaft

2010. Bei der Weltmeisterschaft 2014 lag mit dieser Strategie kein Spitzenplatz mehr drin; Spanien musste schon nach der ersten Runde die Heimreise antreten. Die *politische Kultur* einer Gesellschaft ist maßgebend dafür, welche rechtlich nicht normierten Methoden und Verhaltensweisen in einem Wahlkampf akzeptiert werden und welche nicht. Kommt ein Unterhalter oder Clown gut an? Wie weit darf man den Gegner verunglimpfen? Wie werden Wahlergebnisse akzeptiert? Wie gehen Sieger mit Verlierern um? Dies kann je nach politischer Kultur unterschiedlich sein.

Der grundlegende Rahmen für den Wahlkampf wird durch *das politische System* bestimmt. Die erste, grundlegende Frage ist, ob sich der Wahlkampf in einem kompetitiven Umfeld abspielt. Gibt es einen fairen Wettbewerb um die politische Macht oder dient die Wahl, wie zu Beginn erwähnt, eher der Festigung der Macht? Wie viele Kompetenzen hat das Organ (Parlament, Regierung auf verschiedenen Staatsebenen), bei dem man sich um ein Mandat bewirbt?

Jede Wahl wird durch die *Rechtsordnung* geregelt. Das Wahlrecht legt fest, welches die Spielregeln von Wahl- und Abstimmungskämpfen sind und wie diese verändert werden können. Wer ist wahlberechtigt und wer ist wählbar (z. B. auch Staatsbürger, die im Ausland wohnen)? Ist die Parteienfinanzierung normiert, bestehen Offenlegungsbestimmungen bezüglich Einnahmen und Ausgaben, sind Meinungsumfragen kurz vor der Wahl zulässig und ist Werbung in den elektronischen Medien erlaubt?

Der Kontext ist, wie schon gesagt, durch die Kandidierenden nicht beeinflussbar. Amtsträger großer Nationen wie der USA können aber sehr wohl durch ihre Entscheidungen den Kontext verändern, wenn es etwa um militärische Fragen, die Außenbeziehungen oder die Wirtschaft geht. Wenn sie sich der Wiederwahl stellen, wird diese Frage natürlich bei allen »großen Entscheidungen« eine Rolle spielen. Die von US-Präsident Carter angeordnete »Operation Eagle Claw« vom 24. April 1980 zur Befreiung der in der US-Botschaft in Teheran festgehaltenen 53 Geiseln war ein Fehlschlag. Dieser war eine der Ursachen für die Nichtwiederwahl von Jimmy Carter am 4. November 1980. Im Juli 2015 machte sich der türkische Präsident Recep Tayyip Erdoğan daran, das Resultat der Parlamentswahlen vom 7. Juni 2015, bei der die kurdennahe Demokratische Partei der Völker die (hohe)

Zehn-Prozent-Hürde übersprang und ins Parlament einzog und seine AKP die absolute Mehrheit verlor, auf seine Weise zu korrigieren. Er erklärte den Friedensprozess mit den Kurden für beendet. Die türkische Luftwaffe griff Quartiere der Kurden im Nordirak an. Dies sollte wohl den Boden vorbereiten für die vorgezogenen Parlamentswahlen vom 1. November 2015, bei denen die AKP wieder die Mehrheit an Sitzen gewann. Der Konflikt mit westeuropäischen Staaten rund um Verbote von Auftritten von türkischen Regierungsmitgliedern, die im Frühjahr 2017 im Ausland für eine Annahme des Verfassungsreferendums vom 16. April werben sollten, rief wie vermutlich kalkuliert Empörung hervor und eignete sich hervorragend für die Mobilisierung des Elektorats.

2.2 Das Wahlsystem

Das wichtigste Element ist natürlich das *Wahlsystem.* Von diesem hängt es ab, auf welche Weise die Wählerschaft ihre politischen Präferenzen artikulieren kann und wie Wählerstimmen in Mandate transferiert werden (sehr gut dazu: Nohlen, 2013). Im Prinzip ist es ganz einfach: Wer mehr Stimmen hat, soll mehr Mandate bekommen bzw. gewählt sein. In der Praxis ist alles aber recht kompliziert. Es beginnt schon bei der Wahlkreiseinteilung. Je nachdem, wo die Grenzen gezogen werden, können Parteien bzw. Kandidierende eine bessere bzw. schlechtere Ausgangslage haben. Nächster Punkt: Wie läuft die Wahlbewerbung? Einzeln in Wahlkreisen oder als Mannschaft auf Listen? Wer ist überhaupt zur Wahl zugelassen? Weitere Frage: Wie erfolgt die Stimmgebung? Kann man nur eine Liste einlegen, ist es möglich, Präferenzen für einzelne Kandidierende auszudrücken (z. B. durch Kumulieren), gibt es Erst- und Zweitstimmen (wie in Deutschland), nach welchem System erfolgt die Umrechnung von Stimmen in Mandate?

Bezüglich Wahlsystemen kann man eine grobe Einteilung in zwei Typen machen: Mehrheitswahlsysteme und Verhältniswahlsysteme. Bei der Mehrheitswahl braucht es zur Erlangung eines Mandats eine absolute oder relative Mehrheit der abgegebenen Stimmen. Verbreitet sind Systeme mit zwei Wahlgängen: Im ersten bedarf es einer absoluten, im zweiten einer relativen Mehrheit. Bei der Verhältniswahl braucht es zur Erlangung eines Mandats einen bestimmten Anteil der Stimmen. Wie hoch die Hürde ist, hängt von der Zahl der zu vergebenden Mandate ab. Stehen wie im Kanton Zürich bei Nationalratswahlen 35 Mandate zur Verfügung, ist die Hürde weniger als drei Prozent der abgegebenen Wählerstimmen. In sechs Schweizer Kantonen ist hingegen nur ein Mandat zu erwerben, und hier ist die Hürde bei wenigen Kandidierenden sehr hoch.

Ein Mehrheitswahlverfahren führt in der Regel zu einer stärkeren Kandidatenzentrierung. Das gilt für die Volkswahl des Staatspräsidenten (z. B. USA, Frankreich, Russland, Ukraine, Südamerika) und die Volkswahl der Gesamtregierung in den Schweizer Kantonen und den US-Gliedstaaten.

Bei Mehrheitswahlen in vielen Wahlkreisen spielt deren Einteilung eine entscheidende Rolle für das Wahlergebnis. Von »Gerrymandering« oder »Wahlkreisgeometrie« spricht man dann, wenn die politische Mehrheit die Wahlkreise entsprechend ihrer Bedürfnisse zurechtschneidet, wie das in den US-Gliedstaaten alle zehn Jahre

Abbildung 4: Mehrheitswahl und Verhältniswahl

	Mehrheitswahl	**Verhältniswahl**
Mandatsgewinn durch	absolute oder relative Mehrheit der abgegebenen Stimmen	proportionalen Anteil an den abgegebenen Stimmen (in Prozent 100 geteilt durch mindestens die Zahl der zu vergebenden Mandate)
Stimmen werden zugeteilt an	eine Person	eine Parteiliste
Hürde zur Erzielung eines Mandats	Bei absolutem Mehr hoch; bei relativem Mehr bei vielen Kandidaturen tief	Bei vielen Mandaten pro Wahlkreis tief; bei wenigen Mandaten hoch

Quelle: Moeckli (2017, S. 65)

geschieht. Eine Computersoftware berechnet, welche Einteilung für eine bestimmte Partei die Günstigste ist. Das Prinzip ist einfach: Die Partei braucht in einem Wahlkreis eine sichere absolute Mehrheit; sie benötigt nicht 60 oder mehr Prozent. Ein Teil des Territoriums einer Hochburg wird einem anderen Wahlkreis zugeschlagen, wo die Partei bislang knapp die Mehrheit verfehlt hat. Und schon ist ein Mandat gewonnen – ohne dass man eine Stimme mehr erzielen musste! Berühmt geworden ist ein »Redistricting« in Texas im Jahr 2002. Die demokratischen Abgeordneten flohen nach Oklahoma, um die Beschlussfähigkeit des Staatenparlaments zu verhindern. Vergeblich: In Texas wie auch in anderen Gliedstaaten betrieb die republikanische Mehrheit erfolgreich das Gerrymandering, was dazu führte, dass die Republikaner im US-Repräsentantenhaus die Mehrheit stellten, obwohl sie landesweit keine Mehrheit an Stimmen erreichten, wie die Präsidentschaftswahlen 2016 wiederum zeigten. 2008 wurde in Kalifornien eine Verfassungsinitiative knapp angenommen, die den Prozess des »Redistricting« reformierte. Die Verantwortung für die Neuziehung der Wahlkreise liegt nicht mehr beim Parlament, sondern bei einer »Citizens Redistricting Commission« (Moeckli, 2013, S. 123). Mit dem »Redistricting« kann sich eine Mehrheitspartei »sichere Wahlkreise« zurechtschneiden. Da es sich dann um Hochburgen handelt, ist die Wahl gar nicht mehr kompetitiv. Das ist heute bei der Mehrheit der Wahlkreise für das US-Repräsentantenhaus der Fall.

Aber auch das Verhältniswahlverfahren hat, je nach dem angewandten Sitzzuteilungsverfahren, seine Tücken. Das in der Schweiz verbreitete System »Hagenbach-Bischoff« nützt unter dem Strich den wählerstärksten Parteien, da sie am ehesten von den sog. »Restmandaten« profitieren. Wenn man nämlich gemäß dem Verfahren »Hagenbach-Bischoff« die Stimmenzahlen in Mandate umrechnet, geht es natürlich nie genau auf. Die Verteilungszahl berechnet sich nach der Zahl der abgegebenen Stimmen, dividiert durch die Zahl der Mandate plus 1. Es kommt zu einer zweiten und, wenn nötig, mehreren weiteren Verteilungen. Dabei werden die Parteistimmen durch die Zahl der Sitze der ersten Verteilung plus 1 dividiert. Die Partei mit dem größten Quotienten gewinnt einen (weiteren) Sitz. Sehen wir uns ein Beispiel an:

Abbildung 5: Sitzverteilung im Wahlkreis Sargans (Kanton St. Gallen, Schweiz) bei den Kantonsratswahlen 2012

Liste	Bezeichnung der Liste	Parteistimmen	Sitze
1	SP, Gewerkschaften und GRÜNE	12.394	1
2	FDP Die Liberalen Sarganserland – Aus Liebe zum Sarganserland	14.124	1
3	SVP Sarganserland	24.299	3
4	CVP Sarganserland	23.082	3
5	DIE NEUEN: BDP und GLP	8.128	1
Total Stimmen/Sitze		**82.027**	**9**

Wir erkennen auf den ersten Blick: Die Sitzverteilung ist alles andere als proportional zu den erzielten Stimmenzahlen. Die FDP (Liste 2) bekam nur einen Sitz, die CVP aber drei Sitze, obwohl Letztere weniger als das Doppelte der Stimmen der FDP erzielte. In der Tat bekam die CVP den dritten Sitz erst in der vierten Verteilung zugesprochen.

Das Schweizerische Bundesgericht hat in mehreren Entscheiden festgehalten, dass beim Verhältniswahlsystem die Hürde zur Erlangung eines Mandates nicht mehr als zehn Prozent betragen darf. Die Stadt Zürich und einige Kantone (Zürich, Aargau, Schaffhausen, Nidwalden, Zug, Schwyz, Wallis) haben deshalb das System des »Doppelten Pukelsheim« eingeführt. Der wesentliche Unterschied zu »Hagenbach-Bischoff« besteht darin, dass in einer ersten Verteilung alle von einer Liste erzielten Stimmen kantonsweit zusammengezählt werden und diese Stimmenzahl die Grundlage bildet für die Verteilung der Mandate an die Parteien. Erst in einem zweiten Schritt erfolgt die Verteilung der von den Parteien erzielten Mandate auf die Wahlkreise. Dies bedeutet, dass die »Restmandate« in den einzelnen Wahlkreisen wegfallen und Reststimmen nicht verloren gehen, sondern in einem anderen Wahlkreis »verwertet« werden. Die kleineren Parteien haben damit mehr Wahlchancen und die Hürde zur Erlangung eines Mandates ist gering. Um einer Zersplitterung im Parlament vorzubeugen, haben einige Kantone Sperrklauseln eingeführt.

Das deutsche Bundesverfassungsgericht entschied 2014, dass die Drei-Prozent-Hürde bei der Europawahl verfassungswidrig ist. Für die Bundestagswahl gilt in Deutschland eine Fünf-Prozent-Hürde, an der die FDP 2013 scheiterte.

Abgesehen von der Fünf-Prozent-Hürde geht es in Deutschland bei der Verteilung der Mandate an die Parteien »gerechter« zu als in der Schweiz. Zwar wird die Hälfte der Mandate in 299 Wahlkreisen nach dem relativen Mehr vergeben (Erststimme). Entscheidend für die von einer Partei erzielten Mandate sind aber die Zweitstimmen. Auf die Problematik der »Überhangmandate« – eine Partei erringt in einem Bundesland mehr Direktmandate als ihr gemäß Zweitstimmen zustehen – kann hier nicht eingegangen werden. Gemäß der Änderung des Bundeswahlgesetzes von 2013, welche ein Urteil des Bundesverfassungsgerichtes umsetzte, erfolgt die Verteilung der Sitze an die Parteien nach Zweitstimmen nach dem Sainte-Laguë/Schepers-Verfahren zunächst getrennt nach Ländern. Die gewonnenen Direktmandate werden abgezogen. Letztendlich werden die Sitze im Bundestag nach dem Sainte-Laguë/Schepers-Verfahren proportional entsprechend den Zweitstimmen und unter Berücksichtigung möglicher Überhang- und Ausgleichsmandate an die Parteien verteilt. Im Endergebnis führt das neue Verfahren landesweit zu einer guten Proportionalität von Wähler- und Mandatsanteil, wenngleich der Bundestag durch Überhang- und Ausgleichsmandate »aufgebläht« werden kann. Etwas »unelegant« am deutschen Wahlsystem ist, dass jene Kandidierenden, die auf den Landeslisten der etablierten Parteien Spitzenpositionen einnehmen, einen Sitz im Bundestag praktisch garantiert haben. Der parteiinterne Kampf um den Listenplatz ist somit wichtiger als der Wahlkampf.

Fragen der Ausgestaltung des Wahlsystems sind also ausgesprochene Machtfragen, weil eben auch die Spielregeln und nicht nur die Performance im Spiel selbst das Spielergebnis bestimmen. Die freisinnig-demokratische Mehrheit in der Eidgenössischen Bundesversammlung wollte natürlich das für sie komfortable Mehrheitswahlsystem für die Nationalratswahlen nicht freiwillig aufgeben. Schließlich garantierte es in Kombination mit Wahlkreisgeometrie die Mehrheit. Hier griff in der Schweiz das Korrektiv der direkten Demokratie. Es brauchte drei Volksinitiativen, bis 1918 das Verhältniswahlrecht für den Nationalrat in der Verfassung verankert wurde. Prompt verloren die Freisinnigen bei den Wahlen 1919 die Mehrheit im Nationalrat. In anderen Staaten kann ein Verfassungsgericht das Korrektiv sein. Wie erwähnt hat in Deutschland das Bundesverfassungsgericht für die Beseitigung der Verzerrungen des Wahlergebnisses durch »Überhangmandate« gesorgt. Wichtig ist, dass das Wahlsystem von allen wichtigen Akteuren als einigermaßen fair angesehen wird, denn sonst bildet es einen dauernden Unruheherd.

Neben dem Wahlsystem ist auch die jeweilige *Konstellation* bei Wahlen für den Wahlausgang mitbestimmend. Gerade bei Wahlen unter dem Mehrheitswahlrecht ist es bedeutsam, wie viele Kandidierende antreten. Ein dritter Kandidat bei US-Präsidentschaftswahlen kann den Wahlausgang entscheiden. Das war so bei der Wahl von Bill Clinton 1992, als Ross Perot fast 19 Prozent der Stimmen erzielte, die er zur Hauptsache im republikanischen Lager abfischte. Bei den Wahlen 2000 kostete die Kandidatur von Ralph Nader Al Gore den Sieg. Das Ergebnis fiel sehr knapp aus und war umstritten, und hätte Al Gore auch nur einen Teil der 2,9 Millionen Stimmen von Ralph Nader bekommen, wäre George W. Bush nicht gewählt worden. Wichtig bei der Konstellation ist auch, ob ein bisheriger Amtsinhaber wieder antritt oder nicht. Gegen »Bisherige« stehen die Siegeschancen in den USA wie in der Schweiz schlecht; sie werden mit über 90-prozentiger Wahrscheinlichkeit wiedergewählt. Unter dem System des Verhältniswahlrechts spielt natürlich auch die Zahl der antretenden Parteien eine Rolle. Jede neu auftauchende Partei kostet Stimmen, und wenn diese der eigenen ideologisch nahe steht erst recht.

Ein Paradebeispiel dafür, wie eine dominierende Partei durch ein maßgeschneidertes Wahlsystem den Wahlerfolg sichern kann, waren die Parlamentswahlen in Ungarn vom 6. April 2014. Mit ihrer Zweidrittelmehrheit veränderte die regierende nationalkonservative Fidesz-Partei von Ministerpräsident Viktor Orban das Wahlrecht tiefgreifend: Das Parlament wurde auf 199 Sitze halbiert und 106 davon werden neu direkt in Wahlbezirken vergeben. Natürlich wurden die Wahlbezirke so eingeteilt, dass die traditionell linken Hochburgen aufgespalten und konservativen Kreisen zugeschlagen oder jene vergrößert wurden. Das linke Oppositionsbündnis hätte so etwa 300.000 Stimmen mehr als die Fidesz-Partei gebraucht, um eine Parlamentsmehrheit zu erlangen (Neue Zürcher Zeitung vom 21. März 2014, S. 7). Für die

Erlangung eines Direktmandats war nicht mehr das absolute, sondern nur noch das relative Mehr erforderlich (was die stärkste Kraft, Fidesz, begünstigte). Die zerstrittene Opposition wurde in ein Bündnis gezwungen und die Hürde für Zweiparteienbündnisse auf zehn Prozent erhöht, für Dreierbündnisse gar auf 15 Prozent. Durch eine Änderung des Staatsbürgerschaftsrechts wurden neu etwa eine halbe Million ethnische Ungarn, die im Ausland leben, wahlberechtigt. Die Rechnung ging wie kalkuliert auf: Trotz Stimmenverlusten und einem Wähleranteil von 44,5 Prozent erreichte Fidesz im Parlament wiederum knapp die Zweidrittelmehrheit. Die Wahl war frei, aber nicht fair.

2.3 Das Mediensystem

Des Weiteren beim Kontext zu berücksichtigen ist das *Mediensystem*. Dominieren die Printmedien oder die elektronischen Medien? Sind die Medien zur Hauptsache national oder regional verbreitet? Sind die Medien zum großen Teil in Privateigentum, sind sie staatlich oder parastaatlich? Sind parastaatliche Medien wie ARD, ZDF, ORF, BBC oder SRG selbstständig und gebührenfinanziert? Wie ist die redaktionelle Linie der privaten Medien? Welche Rolle spielen die »Social Media«? Bei den *Kommunikationsmitteln und -wegen* hat seit 2005 ein markanter Wandel stattgefunden. Die Medienlandschaft ist fragmentierter geworden, das Internet hat die Kommunikation revolutioniert. Die sozialen Milieus als Vorfeldorganisationen der Parteien sind weitgehend verschwunden und mit ihnen die Parteipresse. Forumszeitungen dominieren heute die Printmedien, zu den parastaatlichen Radio- und Fernsehstationen haben sich in Europa private hinzugesellt, Mikro-Vermittler wie Twitter, YouTube, Blogs und Facebook ermöglichen die Kommunikation und das Agenda Setting ohne Filterung durch die Massenmedien (siehe Kapitel 6.3.1). Neue Teilöffentlichkeiten können sich herausbilden und organisieren (siehe Balsiger & Roth, 2007, S. 160 ff.). »Es gibt nicht ›die‹ Medien, sondern ein differenziertes, spezialisiertes Netzwerk an unterschiedlichen Medien, die sich aufeinander beziehen.« (Jarren & Donges, 2011, S. 26)

»Aus der Sicht der Parteien und der Kandidaten, die gewählt werden wollen, sind die Medien ein Sprachrohr, um ihre politischen Ziele und Botschaften zu verbreiten.« (Schulz, 2015, S. 11) Prominente Kandidierende, Amtsinhaber und Regierungsparteien haben gewöhnlich einen guten Zugang zum Sprachrohr Massenmedien. Nicht so bekannte Kandidierende und kleinere Parteien müssen mediale Selektionshürden überwinden. Insbesondere private Medien verbreiten, was Leser bzw. Quote hält oder bringt. »Das ganze Mediensystem der USA ist auf Zuschauer- oder Zuhörermaximierung ausgerichtet. Um die Einschaltquoten in die Höhe zu treiben, wird selbst Politikberichterstattung zur möglichst großen und unterhaltsamen ›Show‹.« (Burgard, 2012, S. 54) Die neuen Medien haben den großen Vorteil, dass alle Kandidierenden bzw. Parteien zumindest über ein kleines Sprachrohr verfügen.

2.4 Der Zeitgeist

Jede Wahl erfolgt in einer bestimmten politischen und wirtschaftlichen Situation und unter einem bestimmten »*Zeitgeist*« (siehe auch S. 26), wobei dieser Begriff nicht so eindeutig zu fassen ist. Der Wahlkampf erfolgt vor dem Hintergrund einer spezifischen Stimmungslage der Gesellschaft. Wie ist diese allgemeine Stimmung? Ist es eine Aufbruchs-, eine Wechsel- oder eine Untergangsstimmung? Herrscht Nostalgie vor – oder eher Beharren oder Zukunftsgläubigkeit? Welche Hoffnungen und Ängste bestehen? Was beschäftigt die Menschen am stärksten? Der Zeitgeist ist auch maßgebend dafür, welche Botschaften, Themen und Personen gut ankommen. Die Frage ist, wer den Zeitgeist bestimmt. Dieser fällt ja wie die Mode nicht einfach vom Himmel. Meist kann er aber nicht von Akteuren im Wahlkampf geprägt werden; eingefangen und verstärkt werden kann er aber schon. Um ein aktuelleres Beispiel zu nehmen: Der »Arabische Frühling« nach 2011 löste in Nordafrika und dem Nahen Osten eine große Aufbruchsstimmung aus. 2017 ist davon nicht mehr viel zu spüren. Die meisten ehemaligen Aktivisten sind ernüchtert, die alten Eliten sind zurück an der Macht, Sicherheit ist wichtiger als Freiheit.

Der bei den US-Präsidentschaftswahlen 2008 bestehende Kontext trug zum Sieg von Barack Obama bei. Wie David Plouffe schreibt, herrschte in den USA ein »Hunger for Change« (Plouffe, 2009, S. 9). Man habe eher an das edle Streben appelliert als an die dunkelsten Ängste. Außenpolitisch hatte die Welt die Alleingänge der USA wie im Irakkrieg satt. Innenpolitisch hatte sich George W. Bush als Spalter und nicht als Versöhner profiliert, seine Popularität war auf einem Tiefpunkt. Die Finanzkrise platzte mitten in die heiße Phase des Wahlkampfes und erforderte rasches und entschlossenes Handeln. Das persönliche Kandidatenprofil von Obama war völlig anders, als man es in Washington gewohnt war; es vermittelte Aufbruch, Hoffnung, Versöhnung. Kurz, es passte perfekt zum Zeitgeist. »Yes we can« war der entsprechende Slogan. 2012 hatte sich der Kontext gewandelt. Die politischen Grenzen von Obama waren erkennbar geworden, die Euphorie war verschwunden. Konservative Strömungen wie die Tea-Party-Bewegung erhielten Oberwasser. Große Themen waren die Blockaden im Kongress, die Gesundheitsreform und die Migration. Kurz vor der Wahl gab es keine neuen Ereignisse wie vier Jahre zuvor die Finanzkrise. Auch wenn viele Obama-Wähler enttäuscht waren, so war Obama doch das geringere Übel als Mitt Romney, dem die Gegner erfolgreich das Image des abgehobenen Millionärs verpassten.

In der Kampagne zur Bundestagswahl 1998 gelang es der SPD, einen sich seit Jahresbeginn abzeichnenden Wandel des Meinungsklimas zu verstärken und ein Gefühl in Teilen der Bevölkerung zu erzeugen, dass es Zeit für einen Wechsel sei (dazu Noelle-Neumann, Donsbach & Kepplinger, 1999). Bundeskanzler Helmut Kohl wurde als Auslaufmodell, sein Herausforderer Gerhard Schröder als Hoffnungsträger dargestellt. Die CDU wurde in die Defensive gedrängt. Die Slogans der SPD lauteten »Wir sind bereit« und »Die Kraft des Neuen«. Es wurden eine Kohl-Postkarte und Plakate mit dem Bild Kohls und dem legendären Ausspruch »Ich habe fertig« von Giovanni Trappatoni, dem damaligen Fußballtrainer des FC Bayern München, produziert. Ein weiteres Plakat zeigte Helmut Kohl und Theo Waigel, und daneben den Filmtitel »… denn sie wissen nicht, was sie tun« mit der Ergänzung »nur noch bis zum 27. September« (dem Wahltag), »SPD. Wir sind bereit«. Unterstützung gab es durch die Medien: »Die Mehrheit der Redakteure wollte den Wechsel und wurde sich dessen immer sicherer.« (H.M. Kepplinger, in: Noelle-Neumann, et al., 1999, S. 137)

3 Wahlkampfstrategie

3.1 Was ist eine Wahlkampfstrategie?

Unter einer Wahlkampfstrategie verstehen wir die planmäßige Ausrichtung eines Wahlkampfes auf eine Idee unter Berücksichtigung des Kontextes und der verfügbaren Ressourcen. Strategie wird hier also umfassend verstanden. Im Geschäftsleben würde man von »Businessplan« sprechen, der die Geschäftsidee, die Vision, die Marktanalyse, das Geschäftsmodell, die Maßnahmen und die Finanzierung enthält. »A good campaign strategy may take months to formulate, but it should take no more than a few words to express.« (Morris, 1999, S. 47) Hinzu kommt das richtige Timing. Was ist die zentrale Botschaft, die attraktiv ist für die Menschen und auch zu den Kandidierenden und zur Partei passt? Welches ist mein »Wählermarkt« und wie kann ich ihn für mich gewinnen? Wieso sollen die Wähler mir und nicht einem anderen Kandidaten die Stimme geben? Was haben die Menschen davon, wenn sie mich wählen (Stauss, 2013, S. 189)? Das eigentliche Ziel ist klar: Man möchte, wie die Konkurrenten auch, die Wahl gewinnen. Die Frage ist: mit welcher Ausrichtung, welcher Botschaft und welchen Mitteln? Nun haben alle Konkurrenten einen Plan und gewinnen werden nur wenige oder allenfalls gibt es nur einen Sieger. Also müssen die meisten Pläne scheitern. Ohnehin kann es keinen »Masterplan« geben, den man bis zum Wahltermin exakt durchziehen kann. »You can do a hundred little things right, but if you fail on the big point you will lose«, soll Tony Blair 1992 gesagt haben. David Plouffe schreibt über die Kandidatur von Barack Obama 2008 (Plouffe, 2009, S. 122): »Obama kept returning to the idea that he was not running because he thought this was owed to him or because he harbored a lifelong ambition to be president. He was in the race because he thought at this moment he might have something unique to offer the country in terms of leadership; there was no master political game plan at work. «

Im Zentrum der Strategie steht also eine Idee (Abbildung 6). Die zentrale Botschaft (erster Kreis) muss mit dieser Idee harmonieren. Über interpersonale und massenmediale Kanäle kommen die Botschaft und die drei politischen Produkte »Parteiimage«, »Kandidierende« und »Themen« auf den Wählermarkt (zweiter Kreis), genauer gesagt: Sie sollten an die erreichbaren Wähler gelangen (Teil des äußeren Kreises). Bei Nichtwählern und den sicheren Wählern der anderen sind in der Regel Anstrengungen vergebens, deshalb sollte man keine Ressourcen für diese Gruppen verschwenden.

Abbildung 6: Die Wahlkampfstrategie

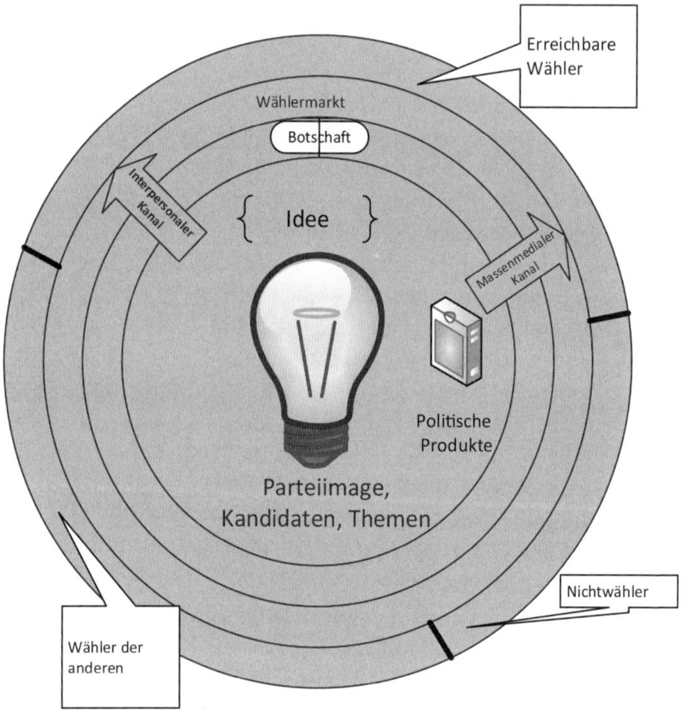

3.2 Strategisches Denken

»Strategisches Denken ist die eigentlich sehr alte Kunst, einen Gegner zu überlisten und zu schlagen, der das Gleiche mit einem selbst versucht. Strategisches Denken ist ebenso die Kunst, die eigenen bescheidenen Kräfte auf einen möglichst kleinen Punkt zu lenken, um damit größtmögliche Durchschlagskraft zu erreichen.« (Althaus, 2001, S. 11) Die Anlehnung an strategisches Denken im Krieg oder in der Geopolitik liegt nahe. David Horowitz schrieb in »The Art of Political War« (Horowitz, 2000), Politik sei ein Krieg mit anderen Mitteln und ein Krieg um Positionen. Positionen würden definiert durch Furcht und Hoffnung. Normalerweise gewinne der Aggressor. Aber es gibt zwischen Wahlkämpfen und Kriegen entscheidende Unterschiede: Es kann nicht darum gehen, den Gegner physisch zu vernichten oder zu unterwerfen. Wahlkämpfe sind zeitlich begrenzt. Der Gegner erhält periodisch eine neue Chance, frühere Wahlgewinner zu besiegen. Und in Kriegen kann sich auch niemand aussuchen, auf wessen Seite er steht.

Gleichwohl seien hier einige militärische Strategien und chinesische Listformeln aufgelistet. Der Leserin/dem Leser sei empfohlen, diese Strategien und Listformeln nach der Lektüre des Buches nochmals anzuschauen und näher zu beurteilen, inwiefern sie für Wahlkämpfe taugen. Bekannt sind Sun Tsu und die chinesischen Strategeme (etwa 500 v. Chr.): »Die beste Form der Kriegsführung ist es«, so Sun Tsu, »die Strategie des Gegners anzugreifen. Die nächstbeste ist es, die Allianzen des Gegners zu zerbrechen. Die nächstbeste ist es, die Armee anzugreifen. Die schlechteste ist es, seine befestigten Städte zu belagern.« »Wahrhaft siegt, wer nicht kämpft.« Gewiss ist es in einem Wahlkampf von großem Vorteil, die Strategie des Gegners zu kennen und zu vereiteln. Auch immer gut ist es, die gegnerischen Kräfte aufzuspalten (z. B. Parteispaltung, neue Parteien, wilde Kandidaturen). Keinen Wert hat es, Positionen des Gegners anzugreifen, die er stark besetzt hat. Die komfortabelste strategische Situation besteht dann, wenn der Gegner innerlich bereits aufgegeben hat. Hier kann man den vom ehemaligen deutschen Finanzminister Peer Steinbrück verwendeten »Kavallerie-Vergleich« erwähnen. »Dass eine solche schwarze Liste erarbeitet werden könnte, […] ist, umgangssprachlich formuliert, die siebte Kavallerie im Fort Yuma, die man auch ausreiten lassen kann. Aber die muss nicht unbedingt ausreiten. Die Indianer müssen nur wissen, dass es sie gibt.« Steuerhinterziehern muss nur der Schrecken eingejagt werden, dass schwarze Listen existieren könnten. Der Gegner muss nur das Gefühl bekommen, dass man selbst nicht zu schlagen ist.

Schauen wir uns noch einige weitere chinesische List-Formeln an:

- Verschleiere deine Absichten.
- Schmücke dich mit der Vergangenheit.
- Falle deinem Gegner in den Rücken.
- Im Osten lärmen, im Westen angreifen.
- Häuser plündern, wenn sie brennen.
- Aufs Gras klopfen, um die Schlange zu erschrecken.
- Den Tiger aus den Bergen in die Ebene locken.
- Als Gast den Gastgeber spielen.

Auch aus diesen List-Formeln kann man einiges für die Wahlkampfstrategie ableiten. Natürlich muss die eigene Strategie vertraulich bleiben (bzw. dem Gegner wird eine gefakte Strategie zugespielt). »Heldengeschichten« aus der Vergangenheit zu erzählen und sich damit einen Nimbus zu verleihen kann nicht schaden (es sei denn, der Gegner weist eine Fälschung nach). Die weiteren Formeln zielen darauf, die eigenen Stärken auf die Schwächen des Gegners zu konzentrieren.

3.3 Empirische Wahlforschung und Prognosemodelle

Die Analyse der Ergebnisse vorausgegangener Wahlen, das Studium bisheriger Wahlkämpfe und die ständige Beobachtung des laufenden Wahlkampfes gehören natürlich zu jeder Wahlkampfstrategie. Empirische Wahlforschung wird aber auch von unabhängigen Wissenschaftern betrieben, die nicht in eine Kampagnenorganisation eingebunden sind. Die Ergebnisse der Arbeiten dieser Forscher fließen auch in die Lagebeurteilung und Strategie von Kampagnen ein.

Feedbacks zum eigenen Wahlkampf liefern Meinungsumfragen, Wahlbörsen, Fokusgruppen, Medieninhaltsanalysen, das Social-

Media-Monitoring sowie die Teilnehmerzahl und die Stimmung an Wahlkampfveranstaltungen. Nach dem Ende von Wahlkampfveranstaltungen kann es wichtige Rückmeldungen geben, wenn Wähler oder Medienleute bilateral etwas besprechen möchten. Auch Antworten auf Direct Mailings können Hinweise liefern. Allenfalls muss man aufgrund der Feedbacks die Wahlkampfstrategie justieren. Gerade bei US-Präsidentschaftswahlen kommt es vor, dass wie bei einer Fußballmannschaft der »Trainer«, das heißt der Wahlkampfmanager, ausgewechselt wird. So ernannte Donald Trump Mitte August 2016, knapp drei Monate vor der US-Präsidentschaftswahl, Stephen K. Bannon zu seinem neuen Wahlkampfmanager. Nachdem Hillary Clinton im Februar 2008 bei den Vorwahlen gegenüber Barack Obama in Rückstand geriet, machte sie Maggie Williams zu ihrer neuen Wahlkampfleiterin.

Wahlanalysen, gestützt auf Aggregatdaten, gibt es schon lange. Die Wähleranteile werden korreliert mit anderen Merkmalen in einer Gemeinde oder einem Wahlkreis. Wenn in allen Gemeinden mit einem hohen Anteil Arbeitsloser die Wahlbeteiligung geringer ist, kann man daraus schließen, dass unter Arbeitslosen eine zusätzliche Mobilisierung möglich ist. In den USA hat man festgestellt, dass in einem »republikanischen Wahldistrikt« im Durchschnitt 219 Menschen wohnen, in einem »demokratischen Distrikt« hingegen 1.693 (NZZ am Sonntag vom 23. Dezember 2012, S. 49). Der Anteil nicht weißer Einwohner beträgt in einem »republikanischen Distrikt« im Durchschnitt 26,9 Prozent, in einem »demokratischen Distrikt« 48,1 Prozent. Daraus kann man folgern, dass demokratische Wähler ein geringeres Einkommen haben als republikanische, eher »verdichtet« wohnen und Schwarze und Hispanics eher demokratisch wählen. Die Aggregatdatenanalyse allein ist aber noch keine ausreichende Grundlage für Direktmarketing, obwohl es auch eine wichtige Information ist, welche »Jagdgebiete« ergiebig sind. Diese Grundlage liefert das Micro-Targeting (siehe S. 131).

Makroökonomische Modelle beanspruchen, nicht nur Wahlergebnisse gestützt auf messbare Variablen zu erklären, sondern den Ausgang von Wahlen vorherzusagen. Meist wird mit Regressionsgleichungen gearbeitet, in die makroökonomische und andere aggregierte Variablen einfließen. Gibt man die Daten vorausgegangener Wahlen ein, zeigt die Gleichung anhand der Größe des »R^2« die Genauigkeit des Modells. Das Modell von Ray Fair z. B. verwendet die Variablen Wachstumsrate des realen Bruttoinlandprodukts pro Kopf in den ersten drei Quartalen des Wahljahres, die Inflationsrate in den ersten 15 Quartalen der Präsidentschaft sowie die Variable »Goodnews«, die die Zahl der Quartale berücksichtigt, in denen die Wachstumsrate des Bruttoinlandprodukts größer war als 3,2 Prozent. Die Gleichung zur Prognose der Präsidentschaftswahl 2008 lautete VOTEP = 46.61 + .680 * GROWTH – .657 * INFLATION + 1.075 * GOODNEWS. VOTEP bedeutete der Wähleranteil des Kandidaten der republikanischen Partei. Mit den entsprechenden Daten lautete die Gleichung: VOTEP = 46.61 + 0,680 * 0,22 – 0,657 * 2,88 + 1.075 * 3. Das Ergebnis der Rechnung lautete 48,09 Prozent. John McCain kam am 4. November 2008 auf 45,7 Prozent.

Wenn der Ausgang von Wahlen von makroökonomischen Variablen abhinge, was bedeutete das für den Wahlkampf und die Kandidaten? Es käme eigentlich nicht darauf an, wer kandidiert und wie der Wahlkampf geführt wird. Dies scheint mir eher unwahrscheinlich. Es kann auch immer neu auftauchende Phänomene geben, die das Modell nicht berücksichtigt, wie im Wahlkampf 2000 die Mobilisierung von neokonservativen und religiösen Wählerschichten durch die Kampagne von George W. Bush. Hätten nur die makroökonomischen Daten gezählt, dann hätte Al Gore gewinnen müssen, denn Bill Clinton hinterließ eine glänzende ökonomische Bilanz.

Eine andere Prognosemethode sind elektronische Märkte wie die Iowa Electronic Markets (http://tippie.uiowa.edu/iem/), die vom Henry B. Tippie College of Business der University of Iowa zu Forschungs- und Lehrzwecken betrieben werden. Jedermann kann teilnehmen, auch Personen außerhalb der USA. »Gespielt« wird mit richtigem Geld, allerdings nur mit geringen Beträgen. Eine weitere beliebte Wahlbörse ist PredictIt (https://www.predictit.org). Die Wahlbörsen haben bislang das Wahlergebnis ziemlich präzis vorausgesagt, besser als die Meinungsumfragen. Bei den US-Präsidentschaftswahlen vom 8. November 2016 lagen sie allerdings – wie die meisten Auguren – weit daneben. Bei PredictIt lag am Vortag der Wahl der »Börsenwert« für Hillary Clinton bei 80 Cent, während auf Donald Trump nur 20 Cent gesetzt wurden.

3.4 Der Wählermarkt und die Kommunikationskanäle

Ein wichtiger Teil der Strategie sind die Eingrenzung und die Analyse des eigenen Wählermarktes. Grob gesehen besteht er aus allen potenziellen Stamm-, Wechsel- sowie Erst- und Neuwählern – allen Wählern, die nicht definitiv der politischen Konkurrenz zugeordnet werden können und deshalb für das eigene Lager unerreichbar sind. Die drei Gruppen sind also: »Ours, Undecided and Theirs«. Es gilt, die Stammwähler zu stabilisieren und zu mobilisieren und einen möglichst großen Teil der Wechsel- und Neuwähler zu gewinnen. Achtung: Wie bei jedem Markt verändert sich die »Kundschaft«. Es kommen neue Wähler hinzu (Jungwähler, Eingebürgerte, Umgezogene), andere sind nicht mehr da (Verstorbene, Umgezogene). In der Schweiz z. B. gibt es innert vier Jahren ungefähr 140.000 neue Wählerinnen und Wähler, die das Stimm- und Wahlrecht durch den Erwerb des Schweizer Bürgerrechts erhalten haben. Der nächste Schritt der Strategie ist dann das »Aggregat-Targeting«, die möglichst präzise Ermittlung des eigenen Wählermarktes auch in Bezug auf Wohnort, Geschlecht, Alter und weitere soziale Merkmale. Als Datengrundlage dienen offizielle Wahlstatistiken, Wahlergebnisse in den Gemeinden, Meinungsumfragen, Datenbanken (siehe Kapitel 6.3.2) und Datenspuren auf sozialen Netzwerken. Harper Reed hatte für die Obama-Kampagne 2012 eine neue Software entwickelt, um potenzielle Anhänger zu erkennen und gezielt anzusprechen (sog. Micro-Targeting). Zum »Aggregat-Targeting« gehört nicht nur die Ermittlung möglicher Wähler, sondern auch das Herausfiltrieren möglicher Unterstützer, also von Menschen, die sich über die Stimmabgabe hinaus mit Aktivitäten oder Geldspenden engagieren.

Der Wahlkampf orientiert sich zunächst an der potenziellen Wählerschaft und in einem weiteren Schritt an spezifischen Zielgruppen. Die »narrowcast message« erfolgt im Rahmen der »broadcast message«. Je nach Situation gibt es geografische Zielgruppen: Beim Mehrheitswahlrecht sind das Schlüsselwahlkreise (bei US-Präsidentschaftswahlen die »Swing States«). Bei sozioökonomischen Zielgruppen gilt es, gezielt deren Ansprüche zu berücksichtigen. Beide Ansätze können kombiniert werden, indem man in bestimmten Gebieten sozioökonomische Zielgruppen bearbeitet. Noch verfeinert wird dies durch das oben erwähnte Micro-Targeting.

Mit welchen Kommunikationskanälen wird die potenzielle Wählerschaft erreicht? Zunächst stellt sich die Frage, mit welchen Kanälen wie viele Wähler erreicht werden (Reichweite des Kanals) und wie viele Kontakte damit erzielt werden können. Mit den Massenmedien werden viele Wähler erreicht, aber die Kontakte sind eher oberflächlich. Mit interpersonalen Kontakten werden weniger Wähler erreicht, aber die Kontakte sind nachhaltiger (siehe Abbildung 7). Über das Internet kann man Wähler gezielt ansprechen. Die Stammwähler werden eher über interpersonale Kontakte erreicht als die Wechselwähler.

Abbildung 7: Welche Kommunikationskanäle sollen verwendet werden?

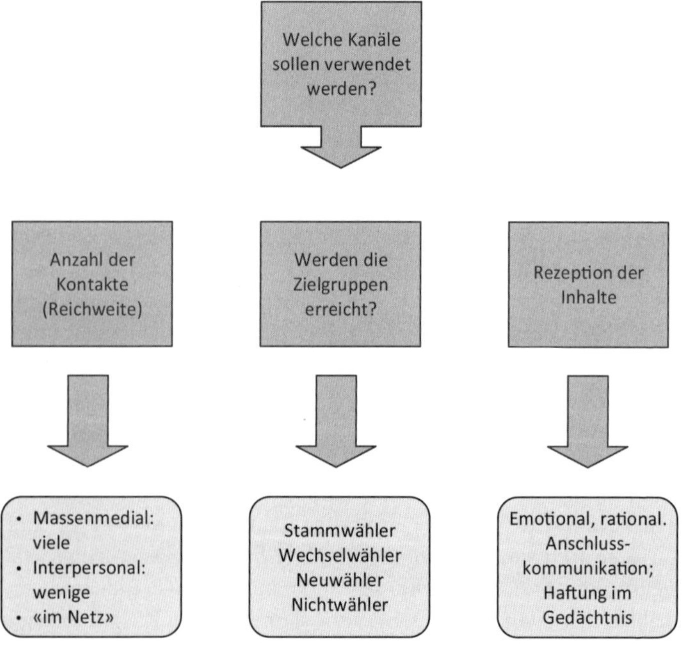

© Silvano Moeckli

Wie der Inhalt rezipiert wird, hängt wiederum vom Wählertypus, von der Form und vom Kommunikator ab. Haften bleibt, was über verschiedene Kanäle wiederholt kommuniziert wird. Was die Menschen emotional »berührt«, bleibt eher im Gedächtnis. Das gilt auch für Inhalte, die Wähler eher abschrecken und zur politischen Konkurrenz treiben. Ein Inhalt ist dann »angekommen«, wenn er in Anschlusskommunikationen weitergegeben wird.

3.5 Nachfrageorientierter Wahlkampf

Klar, der Wahlerfolg liegt im Zentrum allen Bemühens. Liegt es da nicht nahe, das politische Produkt nicht mehr auf das Parteiimage und entsprechende Themen auszurichten, sondern opportunistisch zu kalkulieren, was beim Elektorat momentan ankommt, und darauf zu setzen? »You hunt where the ducks are.« Orientierungsrahmen bilden dann Meinungsumfragen, Medieninhaltsanalysen und Testgruppenanalysen. Welche Reize rufen welche Reaktion hervor? Es kann sein, dass man mit einem nachfrageorientierten Wahlkampf eine Wahl gewinnen kann. Nachhaltig ist dies aber nicht. Es gibt nicht nur ein Pull-, sondern auch ein Push-Marketing, d. h., man muss den Wählern mit eigenen Ideen ein Angebot machen und dabei bleiben. Was rasch gewonnen ist, geht ebenso rasch wieder verloren.

Es ist ohnehin problematisch, aus Meinungsumfragen (Näheres dazu in Kapitel 6.2.7) eine Art »öffentliches Interesse« oder »Gemeinwohl« abzuleiten. »Yet public opinion is only an artificial juxtaposition of particular interests, by compiling the answers of each individual polled, and cannot form the political entity that survey fanatics pretend to impose. Tautologically, reflecting the public's own image back on it, this can only diminish the necessities of collective interest, for which the individual does not feel a direct need.« (Maarek, 2011, S. 234) Jeder vertritt ein Einzelinteresse. Aufaddiert ergibt dies kein Gesamtinteresse. Was das Gemeinwohl ist, muss der Kandidat bzw. die Partei sagen und dafür werben.

3.6 Angriffs- oder Verteidigungswahlkampf?

Ob Angriff oder Verteidigung die bessere Strategie ist, hängt von der Situation ab, in der eine Partei oder ein Kandidat sich befindet. Eine Oppositionspartei bzw. ein Herausforderer müssen gewöhnlich angreifen. Die Regierungspartei bzw. der Amtsinhaber können sich eher in eine gemäßigte staatsmännische Pose werfen. Sie müssen auch auf Beziehungen und Verpflichtungen Rücksicht nehmen, die in der Innen- und Außenpolitik eingegangen worden sind. Natürlich kann auch eine Regierungspartei die Opposition bzw. deren Kandidaten frontal angreifen. Eine Oppositionspartei kann in ihren Forderungen aber viel lauter und radikaler sein. Wer angreift, ergreift die Initiative, und der Gegner muss reagieren. Der Angreifer bestimmt also gewöhnlich das Thema und den Ton. Problematisch für die Angreifer wird es dann, wenn Stil und Ton der Kampagne selbst zu einem Hauptthema des Wahlkampfes werden. Ein Angriffswahlkampf kann in eine Schlammschlacht ausarten, muss aber nicht. Angriffe können durchaus auf der Sachebene erfolgen. Eine Schlammschlacht zielt meist gegen Personen und die Partei.

Abbildung 8: Sachkampagne oder Schlammschlacht?

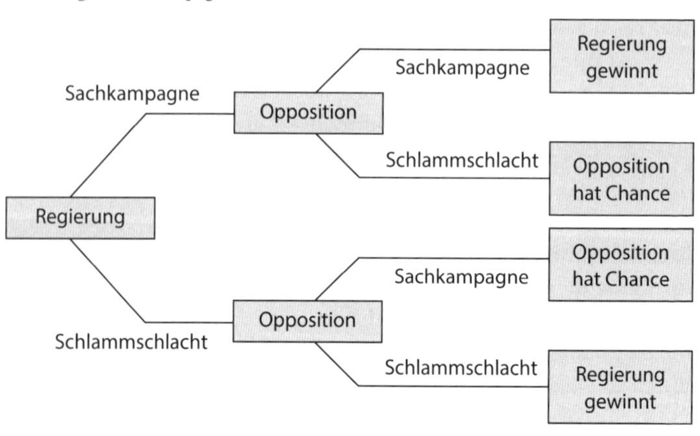

Quelle: Althaus, Marco. Strategien für Kampagnen. Klassische Lektionen und modernes Targeting. In: Althaus (2001, S. 42)

»Nehmen wir an, die Regierung wählt ihren Wahlkampfstil zuerst.« (Althaus, 2001, S. 42) Die Strategen der Regierungspartei könnten einen Entscheidungsbaum zeichnen, der wie in Abbildung 8 aussähe.

Welche Strategie die Regierung wählt, wird davon abhängen, welche Strategie sie der Opposition unterstellt. Eine Sachkampagne kann in eine Schlammschlacht »gedreht« werden – aber in die andere Richtung ist es schwieriger. »Nur wenn Strategien unumkehrbar sind, funktioniert das Zurückschließen.« (Althaus, 2001, S. 43)

Frontale persönliche Angriffe oder eingestandene Schwächen können auch zu einer Solidarisierung mit den Betroffenen führen (Opfer-Syndrom; siehe auch Kapitel 4.8). Zwei Beispiele aus der Westschweiz sollen dies illustrieren. Yvan Perrin, Kandidat der SVP für die Regierung des Kantons Neuenburg, hatte öffentlich bekundet, dass er vor dem Amt Angst habe. Als Nationalrat hatte er 2010 ein Burn-out erlitten. Im Vorfeld des Urnengangs wurde seine Gesundheit zum Wahlkampfthema und die Belastbarkeit Perrins angezweifelt. Er geriet in die Defensive. Gleichwohl wurde er im Mai 2013 gewählt. »Kann ja jedem passieren«, dürfte sich mancher Wähler gesagt haben. Schon im Juni 2014 trat er aus gesundheitlichen Gründen zurück.

2008 wurde die Neuenburger Stadtpräsidentin Valerie Garbani, die wegen exzessiven Alkoholkonsums, Beschimpfungen der Polizei und als Opfer von häuslicher Gewalt ins Gerede gekommen war, problemlos wiedergewählt. »Oute dich als Opfer, und du wirst gewählt«, setzte die Neue Zürcher Zeitung am 29. April 2008 als Überschrift. Im Artikel hieß es: »Und man muss ja auch einräumen, dass eine festfreudige und trinkfeste Stadträtin, die ihr Leben intensiv lebt und halt auch einmal über die Schnüre haut, einem eigentlich sympathischer ist als viele jener überkorrekten und aalglatten Politiker, die sich als Vertreter einer heilen Welt geben und ihre tadellosen Familien in den ›home stories‹ der People-Medien zu Markte führen.« Wie Perrin trat sie ein Jahr später von ihrem Regierungsamt zurück.

Ein Angriffswahlkampf verstärkt gewöhnlich die Polarisierung und damit auch die Mobilisierung. Aber Achtung: auch aufseiten der Angegriffenen! Der Solidarisierungseffekt kann auch zu mehr Spenden und aktiver Unterstützung führen.

3.7 Der politische Marketingprozess

Philippe Maarek beschreibt in seinem Buch ausführlich die sechs Schritte des politischen Marketingprozesses (Maarek, 2011, S. 39 ff.). Da es hier um die Gesamtplanung des Wahlkampfes geht, ergeben sich Überschneidungen mit dem Modell der Wahlkampfstrategie (vgl. Abbildung 6: Die Wahlkampfstrategie). Die sechs Schritte sind:

1. Kontext und Feldanalyse
2. Die Richtlinien der Kampagne festlegen: Image-Kampagne und Wahlkampagne
3. Die Zielgruppen festlegen
4. Das Image des Kandidierenden definieren und Kampagnenthemen bestimmen
5. Den Kampagnenplan ausarbeiten
6. Die Kampagne durchführen

Von den Schritten 1 und 3, der Analyse des Kontextes (Kapitel 2) und des Wählermarktes (Kapitel 3.4), war bereits ausführlich die Rede.

Zur Strategie gemäß den Schritten 2 und 4 gehört auch die Festlegung des Images sowohl der Kandidierenden wie auch der Partei. Welches Bild über Personen und Partei möchte man prägen? Zuweilen kann es strategisch richtig sein, die ganze Partei inhaltlich neu zu positionieren und dies auch mit einem neuen Parteinamen zum Ausdruck zu bringen. Zum Beispiel wurde aus der 1912 gegründeten »Schweizerischen Konservativen Volkspartei« (KVP) 1957 die »Konservativ-Christlichsoziale Volkspartei« und 1970 die »Christlichdemokratische Volkspartei« (CVP). Damit wollte man den »Ausbruch aus dem katholischen Getto« dokumentieren. Aus der 1936 gegründeten »Bauern-, Gewerbe- und Bürgerpartei« (BGB) wurde 1971 die »Schweizerische Volkspartei« (SVP). Der Aufstieg zur wählerstärksten Partei der Schweiz erfolgte aber erst in den 1990er-Jahren nach einer inhaltlichen und imagemäßigen Verschiebung nach rechts. Um einen Kurswechsel hin zur politischen Mitte zu verdeutlichen, wurde die Labour-Partei in Großbritannien zwischen 1994 und 2010 unter Tony Blair und Gordon Brown zu »New Labour«. Eine wichtige Figur hinter dem Imagewechsel war der für die Medienarbeit der Partei zuständige Alastair Campbell. »The brand was an essential element in the modernization of the party, and a device to suggest and promise changes.« (White & de Chernatony, 2002, S. 50 f.)

Ein Image muss kreiert, neu definiert oder gefestigt werden. Die Imagebildung ist subjektiv, langsam und komplex (Maarek, 2011, S. 48). Subjektiv ist sie insofern, als das Bild, das sich schließlich in den Köpfen der Rezipienten festsetzt, nie genau übereinstimmt mit dem, was man vermitteln möchte. Wichtig ist, dass sich das Image von jenem anderer Kandidierenden oder Parteien unterscheidet, denn wieso sollte man jemanden wählen, der dem anderen Kandidaten ähnlich ist? Es braucht also eine USP, eine Unique Selling Proposition (ein einzigartiges Verkaufsversprechen bzw. ein herausragendes Leistungsmerkmal). Das Herausragende muss auch herausgestellt werden.

Ein kleines Missgeschick kann ein Image zerstören, das man lange kultiviert hat (»Ottinger Syndrome«). Richard Ottinger war US-Repräsentant und wollte 1976 in New York Senator werden. Er hatte das Image eines kühnen jungen hemdsärmeligen Machers. Das Image verlor er in einer einzigen Debatte, in der er farblos, ohne Selbstvertrauen und wenig überzeugend wirkte (Maarek, 2011, S. 50). Ähnliches Unglück widerfuhr am 9. November 2011 dem republikanischen Präsidentschaftskandidaten und Gouverneur von Texas, Rick Perry. In der aus Rochester im Staat Michigan übertragenen Debatte hatte Rick Perry dreimal vergeblich dazu angesetzt, das dritte Ministerium zu nennen, das er abschaffen wollte, wenn er zum Präsidenten gewählt würde. Sein Ausruf »Oops« (www.youtube.com/watch?v=ZCyTQEANlmM) wurde in der Folge zu einem Stigma. Am 19. Januar 2012 musste er das Rennen aufgeben. 2015 wagte er dennoch einen neuen Anlauf zur republikanischen Präsidentschaftskandidatur – diesmal mit Brille. Auch bei diesem Versuch musste er bald kapitulieren, weil sein Image nicht mehr korrigierbar war. Ironischerweise wurde er vom neugewählten Präsidenten Donald Trump im Dezember 2016 ausgerechnet als Chef für jenes Ministerium nominiert, das er 2011 abschaffen und nicht aufzählen konnte – das Energieministerium.

Mit der Imagebildung verbunden ist die Wahl des »Tons« der Kampagne (siehe Kapitel 5.8). Dieser Ton muss zum Image passen. Wer das Image eines »Versöhners« aufbauen möchte, kann die Wahlkampagne nicht in einem aggressiven Ton führen. Auch die Argumentationsart muss harmonieren. »Wer rational argumentiert, appelliert an das Eigeninteresse des Einzelnen bzw. der Zielgruppe. Dazu gehören vor allem Qualität, Wirtschaftlichkeit, Leistungsfähigkeit und Nützlichkeit. Emotionale Argumentationen wecken beim Empfänger positive oder negative Emotionen. Dazu gehören Freude, Angst, Scham und auch Schuldgefühle. Moralische Argumentationen wenden sich an das Gewissen der Empfänger bzw. Zielgruppe. Besonders Erfolg versprechend kann das bei Themen wie Umwelt, Rente oder auch Ausländerfeindlichkeit sein.« (Gerster, in: Berg, 2002, S. 104)

Die Kampagnenthemen (Schritt 4) werden Gegenstand eines separaten Kapitels sein (5). Bei deren Festlegung haben Kandidierende gegen vier Kräfte zu kämpfen (siehe Tabelle 4: Kräfte, die die Themenwahl erschweren). Die Zahl der Themen muss limitiert sein, sonst verzettelt man sich. Ein »Generalthema« sollte die Kampagne harmonisieren (Maarek, 2011, S. 53).

Auch auf das Timing und das Tempo der Kampagne ist im Kampagnenplan (Schritt 5) Bedacht zu nehmen. Entfaltet man die Kampagne Schritt für Schritt, mit steigender Intensität, startet man mit einem Feuerwerk oder hebt man sich dieses für den Schluss auf? Diese Fragen lassen sich nur aus dem konkreten Kontext heraus beantworten. Eine genaue Einsatzplanung der Mittel ist schon aus logistischen Gründen unabdingbar. Gleichwohl ist Flexibilität angebracht, denn die Dynamik eines Wahlkampfes kann niemand voraussehen. So kann es notwendig sein, einen unerwarteten gegnerischen Angriff zu parieren, oder neue Umstände bieten eine einmalige Chance.

Schließlich kann und soll man bei der Durchführung der Kampagne (Schritt 6) auch Risiken eingehen und etwas Neues wagen. »Two roads diverged in a wood, and I – I took the one less traveled by, and that has made all the difference.« (Robert Frost, 1963) Als Karl Rove 2000 die Strategie wagte, nicht auf die Wählermitte zu setzen, sondern auf die möglichst hohe Ausschöpfung des Wählerspektrums rechts davon, glaubten zunächst nur wenige an den Erfolg dieser Strategie. Die Wahl von George W. Bush zum US-Präsidenten gab ihm aber recht. Das Eingehen von Risiken lohnte sich auch in der Obama-Kampagne 2008: »Throughout the campaign, whenever we embraced risk, we were rewarded, a lesson that eventually became a touchstone when making hard decisions.« (Plouffe, 2009, S. 39) Auf fast halsbrecherische Art hat Donald Trump im US-Präsidentschaftswahlkampf 2016 mit seinem rüden Stil und »postfaktischer« Argumentation Neues gewagt – und gewonnen! Zu einem Wahlkampf gehört auch, sich unerwartet bietende Gelegenheiten (Opportunitäten) entschlossen zu packen. Dies tat der niederländische Ministerpräsident Mark Rutte fünf Tage vor den Parlamentswahlen vom 15. März 2017. Der türkische Aussenminister Mevlüt Cavusoglu wollte am 11. März in Rotterdam für das Verfassungsreferendum vom 16. April 2017 werben. Nachdem der Außenminister den Niederlanden für den Fall eines Verbots seines Auftritts mit harten Sanktionen gedroht hatte, entzog die niederländische Regierung dem Flugzeug des Ministers kurzerhand die Landeerlaubnis. Das unerwartet mutige Handeln von Rutte dürfte vielen Wählern imponiert haben. Ruttes Partei blieb stärkste Kraft im Parlament.

Frank Stauss bietet in seinem Buch eine Checkliste für Kandidierende, in der auf einfache Weise jene Punkte beschrieben sind, auf die man beim politischen Marketingprozess achten sollte.

Tabelle 1: Die Checkliste für Kandidierende von Frank Stauss

1. Wer bin ich? Was kann ich? Was kann ich nicht?
2. Was will ich?
3. Was haben die Menschen davon?
4. Was denken die Menschen heute über das, was ich will?
5. Was denken die Menschen heute über das, was ich nicht will?
6. Wie sieht die Wählerkoalition aus, die ich zum Sieg benötige?
7. Was wollen meine Gegner?
8. Wo ist mein strategisches Fenster – wo bin ich stark und andere schwach?
9. Wie lautet die zentrale Botschaft, die glaubwürdig zu mir passt und für die Menschen attraktiv ist? (Ein Satz, nicht mehr als 2 Kommata.)
10. Wie bringe ich die Botschaft unters Volk?

Quelle: Stauss (2013, S. 189)

Hermann Strittmatter listet aus der Sicht der Werbung folgende Fragen auf (in: Scholten & Kamps, 2014, S. 312): »Ist der Kandidat klar positionier- und profilierbar? Ist er vertrauenswürdig, aufrichtig, sympathisch und humorvoll? Hat er die erforderliche Allgemeinbildung, Kompetenz, Sprach- und Sprechgewandtheit? Würde es ein Wähler drei Stunden allein mit ihm in einem blockierten Lift aushalten? Also hat der Kandidat von der Qualität her überhaupt eine Chance, gewählt zu werden, und ist Geld da, um ihn durchzubringen?«

Als konkretes Beispiel einer Wahlkampfstrategie sei an dieser Stelle jene von Barack Obama für die US-Präsidentschaftswahlen 2008 angeführt, wie sie aus dem Buch von David Plouffe (2009) abgeleitet werden kann (Tabelle 2). Obama konnte insbesondere beim Produkt »Person« etwas Neues anbieten. Seine Biografie passte zur Vision eines besseren Amerikas und zum Slogan »Yes we can«. Die Vorwahlen gegen Hillary Clinton konnte er nur bestehen, weil er den Wählermarkt erweitern und insbesondere viele junge Menschen begeistern konnte. Sein Stil unterschied sich wesentlich von jenem des Amtsinhabers George W. Bush, der kein Versöhner war. Obamas Kampagne war geprägt von einer »Grassroots«-Bewegung. Die Möglichkeiten der Neuen Medien wurden ausgiebig genutzt. Die Hauptbotschaften waren vorwärts gerichtet, nicht wie bei seinem Konkurrenten McCain rückwärts.

Barack Obama unternahm 2008 eine Auslandsreise, die ihn in den Irak, nach Israel, Deutschland, Großbritannien und Frankreich führte. Zu seiner Rede vor dem Tiergarten in Berlin – der historische Ort Brandenburger Tor wurde ihm als Kandidat verwehrt – kamen über 200.000 Menschen. Das war ein Hinweis darauf, welche Hoffnungen auf eine Änderung der US-amerikanischen Politik mit Obama auch im Ausland verbunden waren. Eine Helikopter-Tour im Irak generierte Bilder von Obama mit Sonnenbrille und Funkgerät, quasi im Fronteinsatz. Diese kontrastierten mit Bildern von Präsident Bush und John McCain im Golfwagen, angezogen wie Mitglieder eines Country-Clubs. »Obama look young and strong. McCain looked old and silly. Obama looked like the future; McCain, the past.« (Plouffe, 2009, S. 277)

Tabelle 2: Die Strategie der Obama-Kampagne bei den US-Präsidentschaftswahlen 2008

Die Strategie der Obama-Kampagne 2008

1. Politische Produkte
   - Kandidatenimage: Neue, unverbrauchte Person, intakte Familie, authentisch, machte als Farbiger Karriere, makellose Biografie
   - Parteiimage: modern, kompetenzvermittelnd, moderat
   - Sachthemen: Irak, Guantanamo, Finanzkrise, Gesundheit, Ansehen der USA im Ausland

2. Wählermarkt: Erweitern!
   a. Mittewähler
   b. Junge Wähler
   c. Neuwähler
   d. Schwarze
   e. Hispanics

3. Botschaft und Stil
   a. Idee: Vision eines »besseren Amerikas« (»American Dream«)
   b. Change, Hope
   c. Uniter, kein Divider (nicht polarisierend)
   d. Keine Schmutzkampagne
   e. Unkonventionell, keine »old politics«

4. Timing
   a. Vorwahl in Iowa gewinnen
   b. Bei den Vorwahlen auf Delegierte, nicht auf Wähleranteile achten

5. Kampagnenorientierung
   a. Grassroots-Kampagne
   b. Neue Medien nutzen (to get involved), auch zur Organisation der Kampagne
   c. Kohärenz der einzelnen Elemente untereinander (nicht wie McCain, Palin)
   d. Differenzen zu Hillary Clinton (Vorwahlen) und John McCain hervorheben

4 Wahlkampagnen als große Kommunikationsprozesse

4.1 Was ist Kommunikation?

Eine Wahlkampagne ist vor allem Kommunikation auf verschiedenen Kanälen: über die Massenmedien, über die sozialen Medien, über Gegenstände und Symbole (material), unmittelbar durch interpersonale Kommunikation. Doch was ist überhaupt Kommunikation? Kommunikation ist ein Verständigungsprozess zwischen Menschen, der auf bestimmten Gemeinsamkeiten beruht (Noelle-Neumann, 2002, S. 153). Es braucht dazu einen Kanal, gewissermaßen die Hardware, und einen Code, den die an der Kommunikation Beteiligten verstehen (die Software). Kommunikation ist nicht einfach Information, die meist nur in eine Richtung verläuft. Der Sender hört permanent auch zu, ist auch Empfänger von Kommunikationsinhalten, reagiert auf die Kommunikation anderer und versucht, Kommunikationsprozesse in Gang zu setzen, zu steuern oder abzubremsen. Wahlkämpfe sind große Kommunikationsprozesse mit der Gesellschaft. Sie dienen nicht in erster Linie der Wissensvermittlung, sondern der Überzeugung und Mobilisierung.

Bei der Wahlkampfkommunikation ist eine wichtige Unterscheidung zu machen: Es gibt die *mittelbare* und die *unmittelbare* Kommunikation (siehe Abb. 16). Die mittelbare läuft indirekt über die Medien, die die Inhalte verbreiten. Aber natürlich nicht genau so, wie man das möchte – oder überhaupt nicht. Die unmittelbare Kommunikation über mediale und materiale Werbung sowie das Internet und soziale Medien hat man selbst im Griff; aber diese kann zeit- und kostspielig sein und man erreicht nicht so viele Menschen wie über den redaktionellen Teil der Massenmedien. Also: Eigenprodukt bei der unmittelbaren Kommunikation, massenmedial umgeformtes Produkt bei der mittelbaren Kommunikation. Bei Letzterer sind dafür oft die Glaubwürdigkeit höher und die kritische Abwehrreaktion geringer. Damit die mittelbare Kommunikation wie gewünscht »rüberkommt«, muss man als Wahlkämpfer die massenmedialen Selektions-

und Präsentationszwänge kennen und die Inhalte so vorformen, dass sie die Medien möglichst wenig verändern. Der zeitliche und der wirtschaftliche Druck der Medien schaffen ein günstiges Umfeld für die unkritische Übernahme professionell vorgeformten Stoffes. Ganze PR-Abteilungen beschäftigen sich damit und viele ehemalige Journalisten sind in diesem Metier tätig. Ob der Stoff weitertransportiert wird, hängt vom »News-Value« und den darin enthaltenen Nachrichtenfaktoren ab (dazu Kunczik & Zipfel, 2005, S. 248 f.). Die zwölf Nachrichtenfaktoren sind: Frequenz, Schwellenfaktor, Eindeutigkeit, Bedeutsamkeit (kulturelle Nähe / Betroffenheit, Relevanz), Konsonanz (Erwartung, Wünschbarkeit), Überraschung (Unvorhersehbarkeit, Seltenheit), Kontinuität, Variation, Bezug auf Elitenation, Bezug auf Elitepersonen, Personalisierung, Negativismus.

4.2 Komponenten des Kommunikationsprozesses

Geht man bei einem Kommunikationsprozess von einer »Botschaft« aus, die es zu übermitteln gilt, dann endet dies meist in einer Einwegkommunikation. Damit die Kommunikation aber Wirkung erzielt, muss sie nach Chris Rose (2010, S. 25 f.) mindestens sieben ineinandergreifende Komponenten enthalten:

- Kanäle: Wie wird die Botschaft transportiert?
- Aktion: Was soll geschehen, was soll die Zielgruppe tun?
- Botschafter: Wer soll die Botschaft übermitteln?
- Programm: Warum tun wir etwas?
- Kontext: Wo und wann kommt die Botschaft an (und was geht sonst noch in diesem Umfeld vor)?
- Publikum: Mit wem kommunizieren wir?
- Auslöser: Was wird das Publikum motivieren, die gewünschte Aktion auszuführen?

Rose (2010, S. 20) empfiehlt: »Plan *backwards* from the call to action.« Welche Aktionen wollen wir in einem Wahlkampf? Natürlich die Stimmabgabe für einen bestimmten Kandidaten oder eine bestimmte Partei. Voraussetzung dafür aber ist, dass die Zielgruppe überhaupt an der Wahl teilnimmt. Weitere Aktionen, die erfolgen sollen, sind wie erwähnt Spenden und Engagement als Aktivist oder Kommunikator. Die Frage ist, was die Menschen motiviert, zur Wahl zu gehen, die Stimme abzugeben, Geld zu spenden, öffentlich einen Kandidaten zu unterstützen oder für eine Idee oder einen Kandidaten auf die Straße zu gehen. Die Motivationssequenzen sind nach Rose: Aufmerksamkeit (das Problem sowie Freund und Feind werden definiert), Orientierung (mögliche Lösungen werden angeboten), Engagement (die Möglichkeiten werden aufgezeigt), Aktion (durch den Wahlsieg ist das Problem gelöst). Der ganze Prozess hat eine rationale und eine emotionale Ebene. Erst die Auslösung von Gefühlen bewegt zur Aktion (negativ: Zorn; positiv: Hoffnung). Man muss Täter, Opfer und »Retter« bezeichnen. Furcht und Hoffnung werden erzeugt. Ein Slogan der SVP in der Schweiz 2007 lautete: »Wenn Rot/Grün gewinnt, geht die Schweiz kaputt.« Die SVP gewann die Wahlen, für das Zielpublikum war die Welt (vorerst) gerettet.

Eine erfolgreiche Kampagne provoziert eine Debatte in der Gesellschaft (Rose, 2010, S. 11). Sie erzählt eine Geschichte, die sich die Zielgruppe merken kann. Sie kreiert Ereignisse: »Your campaign planning should be based on events, not production of arguments.« (Rose, 2010, S. 23) Eine Kampagne ist keine Ausbildungsveranstaltung. »Aktion« und nicht »Verstehen« ist das Ziel. Es geht nicht darum, zu reflektieren und die Zusammenhänge weiter auszudifferenzieren, sondern es geht um Fokussierung, Zuspitzung, Simplifizierung der Zusammenhänge. Die sog. Kiss-Regel heißt: »Keep it short and simple.« Oder überspitzt: »Keep it simple and stupid!«

In einem mehrsprachigen Staat gehört zu einer zielgruppenorientierten Kommunikation auch die sprachliche Variation. Es versteht sich, dass die Wahlkampfzentrale alle wichtigen Dokumente in allen Landessprachen zur Verfügung stellen muss. Bei der interpersonalen Kommunikation sind jene Kandidierenden im Vorteil, die mehrere Sprachen beherrschen, denn es kommt bei einer Minderheit immer gut an, wenn ein Vertreter der Mehrheit ihre Sprache spricht. Medien, die ausgewogen berichten, lassen auch Vertreter sprachlicher Minderheiten zu Wort kommen. Der sprachgewandte Tessiner Ständerat Filippo Lombardi hat sich 2012 über seine Praxis im Parlament wie folgt geäußert: »Wenn ich ins Fernsehen will, rede ich Italienisch. Wenn ich gehört werden möchte, Französisch. Wenn ich verstanden werden möchte, Deutsch.« In Regionen der USA, in denen es viele wahlberechtigte Hispanics gibt, bemühen sich weiße Kandidaten, Spanisch zu lernen. Im erstmals mit »Spitzenkandidaten« EU-weit ausgetragenen Wahlkampf zum EU-Parlament 2014 hatte der Luxemburger Jean-Claude Juncker den Vorteil, dass er mehrere Sprachen perfekt beherrscht. Nicht nur im persönlichen Gespräch, auch über die Medien kommt es meist gut an, wenn ein Amtsträger bzw. Kandidat fließend Fremdsprachen spricht. Mit Karl-Theodor zu Guttenberg hatte Deutschland 2009 auf einmal einen Verteidigungsminister, der mühelos Englisch sprach. Eher peinlich wirken auf der anderen Seite Spitzenpolitiker, die auf Englisch nur ein paar Brocken herausbringen oder einen starken Akzent haben. Eine Rede von Günter Oettinger auf Englisch vor einem hochrangigen internationalen Publikum in Berlin zirkuliert seit 2010 auf YouTube als Lachnummer (www.youtube.com/watch?v=-RrEQ8Ovw-Q). »I break together. Dermaßen peinlich!!«, lautete ein Kommentar.

4.3 Verbale und nonverbale Kommunikation

Wie oben erwähnt geht es bei einem Kanal darum, wie ein Kommunikationsinhalt transportiert wird. Meist erfolgt die Kommunikation über mehrere Kanäle gleichzeitig (Kunczik & Zipfel, 2005, S. 45). Eine erste wichtige Unterscheidung ist jene zwischen verbaler und nonverbaler Kommunikation. Verbal heißt: durch die gesprochene oder geschriebene Sprache. Nonverbale Kanäle sind: paralinguistisch (Lautstärke, Tempo, Weinen, Zittern), visuell (Mimik, Gestik, Bekleidung), taktil (Berührungen), olfaktorisch (Geruch), gustatorisch (Geschmack), proxemisch (Körperabstand, Ausnutzung des Raums).

Wie die verbale wird auch die nonverbale Kommunikation erlernt und gezielt eingesetzt. Zum größeren Teil erfolgt sie aber unbewusst bzw. ungewollt. Weinen beispielsweise wird meist als ungewollte Kommunikation gedeutet. Aber man kann das natürlich auch gezielt einsetzen. Hillary Clinton ging 2007 mit einem fremdverpassten Image einer eher kühlen Frau ins Rennen um die Nominierung als demokratische Präsidentschaftskandidatin. Überraschenderweise verlor sie die Vorwahlen in Iowa und war deswegen bei der zweiten

Vorwahl in New Hampshire bereits unter Druck. Sie gewann diese Vorwahl nicht zuletzt dank eines emotionalen Auftritts vor Fernsehkameras am 7. Januar 2008, in dessen Verlauf sie bei Ausführungen über ihre Motivation beinahe in Tränen ausbrach und so ihr Image korrigieren konnte (www.youtube.com/watch?v=6qgWH89qWks). Es ist umstritten, ob dieser Auftritt inszeniert war oder nicht. David Plouffe (2009, S. 147) meint: »It was a very human moment (though in the heat of the campaign I assumed it must have been deviously contrived and staged) and would appeal especially to female voters.«

Im März 2012 unterstrich der frischgewählte russische Präsident Putin auf einer öffentlichen Siegesfeier seine Rede mit ein paar Tränen. Der ehemalige republikanische Mehrheitsführer im US-Repräsentantenhaus, Newt Gingrich, war 2012 bei einer Talkshow den Tränen nahe, als der Moderator auf seine Mutter zu sprechen kam. Auf dem SPD-Parteitag in Hannover Anfang Dezember 2012 hatte sich Kanzlerkandidat Peer Steinbrück einmal privat geöffnet und in seiner Rede auch über Großvater, Mutter und Töchter gesprochen. Als seine Frau Gertrud Einblicke in ihre Gefühlslage gab, kamen Steinbrück die Tränen und er war für Minuten sprachlos (Christina Holtz-Bacha, 2015, S. 5 f.).

Gerade unbedachte Kommunikation über nonverbale Kanäle kann das Urteil über eine Person stärker prägen als die Kommunikation über den verbalen Kanal. Schon legendär ist das »Victory-Zeichen« des Bankers Josef Ackermann am 21. Januar 2004 im Düsseldorfer Landgericht. Ackermann hatte eigentlich nur scherzhaft Michael Jackson nachgemacht, aber seine Geste wurde als Symbol für den uneinsichtigen Kapitalisten interpretiert und rief einen Sturm der Entrüstung hervor. Symbolhaft war auch der Blick auf die Armbanduhr von Präsident George H. W. Bush während einer TV-Debatte mit Bill Clinton im Jahre 1992. Al Gore kommentierte 2000 Aussagen von George W. Bush mit Seufzen. Bei der ersten TV-Debatte 1960 sahen die Zuschauer Richard Nixon mit Schweißperlen auf der Stirn und zudem schien er in seinem hellen Anzug vor einer weißen Studiowand keine Konturen zu haben, im Gegensatz zu John F. Kennedy, der in dunklem Anzug und braungebrannt antrat. Für die Mehrheit der Radiohörer war Nixon der Sieger des Duells, im Urteil der Fernsehzuschauer lag Kennedy vorn.

In der Massenkommunikation über das Fernsehen wird ohnehin zu einem guten Teil nonverbal kommuniziert, durch Gesten, Bewegungen, Handlungen, Bekleidung, Aussehen, paralinguistisches Verhalten usw. (siehe Kapitel 6.2.3).

Eher unglücklich ist es, wenn verbale und nonverbale Kommunikation nicht harmonieren. Dies war auf einem geplanten Plakat der Sozialdemokratischen Partei des Kantons Zürich für die Wahlen in die Kantonsregierung vom 12. April 2015 der Fall. Es wurde darauf der allgemeine Slogan »Wir packen an!« verwendet, und dieser entzweite auf dem Bild die beiden Kandidierenden derselben Partei. Wilde Gerüchte kursierten, dass sich die zwei Abgebildeten spinnefeind seien. Schlimmer aber war, dass die Kandidierenden auf dem Bild die Arme verschränkt hatten und der Slogan »anpacken« hieß. Offenbar wurde dieses Plakat wieder zurückgezogen. Gewählt wurden schließlich beide Kandidierenden.

4.4 Agenda-Setting: Prägung der Publikumsagenda

Jede Kampagne möchte die Themen bestimmen, über die in einer Gesellschaft diskutiert wird. Gewöhnlich sind das jene, bei denen die Partei bzw. die Kandidaten stark sind und die Gegner schwach. Gemäß der Theorie des Agenda-Settings von McCombs und Shaw bestimmen die Massenmedien, welche Themen öffentliche Aufmerksamkeit erlangen und welche politische Priorität ihnen zugeschrieben wird (zum Agenda-Setting ausführlich Kunczik & Zipfel, 2005, S. 355 ff.). Die Massenmedien bestimmen nicht, was die Menschen denken, sondern worüber sie diskutieren. Eine Kampagne muss versuchen, das Agenda-Building, d. h. die Schaffung der Tagesordnung durch die Medien (Medienagenda), und das Agenda-Setting, d. h. die öffentliche Tagesordnung (Publikumsagenda), zu beeinflussen. Agenda-Setting tritt häufiger bei Themen auf, die die Menschen nicht direkt beobachten können (Rhomberg, 2009, S. 211). Umso eher ist es durch Medien und Wahlkämpfende gestaltbar. Früher, als es noch die Parteipresse gab, war die Themensetzung einfacher. Die heutigen Forumszeitungen, die ein breites Spektrum von Meinungen abbilden, und die öffentlich-rechtlichen elektronischen Medien sind nicht so leicht zugänglich. Eine Kampagne muss gleichwohl versuchen, durch Inszenierung selbst Themen zu lancieren oder sogenanntes Agenda-Surfing zu betreiben, d.h. die momentan gängigen Themen durch eigene Inhalte anreichern. Bei sogenannten Medien-Hypes ist die Rezeptionsstärke besonders hoch und man kommt kaum noch mit einem anderen Thema durch.

Es ist die Ausnahme und nicht die Regel, dass eine Partei selbst einen solchen Hype zum eigenen Vorteil erzeugen kann. Ein Beispiel ist der »Geheimplan gegen Blocher!« im Schweizer Wahlkampf 2007 (Abbildung 9). Geschickt suggerierte die Schweizerische Volkspartei (SVP), linke und »andere Parteien« planten eine »Verschwörung« gegen den bekanntesten Schweizer Politiker, Christoph Blocher. Sie wollten ihn aus der Landesregierung hinauskatapultieren, was für die Schweiz verheerende Folgen hätte. Dieser Hype mobilisierte die SVP-Anhängerschaft. Vier Jahre später gelang dies der Schweizerischen Volkspartei mit dem »Geheimplan gegen die Schweiz« nicht mehr.

Ist die Agenda einmal gesetzt, gilt es für eine Kampagne, den Deutungsrahmen mitzuprägen (sog. Framing). Probleme und Themen können unter ganz verschiedenen Blickwinkeln gesehen werden, und wenn sich einer durchgesetzt hat, wird er auch bei den Medien zum Mainstream. Ein anschauliches Beispiel dafür lieferte der Bundestagswahlkampf 2005. Die Kampagne der CDU/CSU lancierte damals als ein Kernthema die Vereinfachung des Steuersystems. Bei so komplexen Kompetenzfragen ist es immer gut, wenn hochkarätige Experten zur Seite stehen. In diesem Fall war es der Heidelberger Professor und Steuerexperte Paul Kirchhof, der einen einheitlichen Steuersatz für alle Einkommen vorschlug. Das Medien-Framing konzentrierte sich dann allerdings nicht, wie erhofft, auf die vorteilhafte Vereinfachung der Steuern, sondern auf mögliche Erhöhungen der Steuern. »Das propagierte Steuerkonzept sah eine leichte Erhöhung der Mehrwertsteuer vor, um Einnahmeausfälle durch die Vereinfachung auszugleichen. Die SPD beförderte mit ihrer Kampagne geschickt das Medien-Framing, indem sie den Vorschlag als ›Merkelsteuer‹ diffamierte. Das hatte Folgen für die Vorstellungen der Wähler von den Steuerplänen der CDU/CSU. Sie erwarteten eher eine Erhöhung als eine Vereinfachung der Steuern. Das Framing der

Abbildung 9: Anzeige der Schweizerischen Volkspartei »Geheimplan gegen Blocher!« 2007

Geheimplan gegen Blocher!

Linke und andere Parteien wollen Christoph Blocher aus dem Bundesrat werfen. Weil er Erfolg hat, glaubwürdig und kompetent ist. Dabei greifen sie zu Unwahrheiten, Unterstellungen und parlamentarischen Kommissionen. Doch jetzt vor den Wahlen verschweigen sie dem Volk ihren Geheimplan. Der Vizepräsident der Grünen gibt die Verschwörung zu. Er spricht von Omertà – also der Schweigepflicht der Mafia! Denn Blochers Gegner wissen: Eine Mehrheit im Volk will Christoph Blocher weiterhin im Bundesrat. Und das sind die Fakten:

- «Wir werden Blocher nicht wählen.» (SP-Präsident Hans-Jürg Fehr) Zürichsee-Zeitung, 7.8.07
- «Blocher muss wieder weg! Wir Grünen treten gegen Blocher an.» (Grünen-Präsidentin Ruth Genner) Blick, 9.8.07
- «Persönlich bin ich ganz klar der Meinung, dass wir Christoph Blocher nicht wiederwählen dürfen.» (CVP-Präsident Christoph Darbellay) SonntagsZeitung, 3.9.06
- «Es ist durchaus möglich, dass die CVP-Fraktion bei der Wahl Blochers leer einlegt.» (CVP-Generalsekretär Reto Nause) NZZ am Sonntag, 10.9.06
- Georg Kreis (FDP) und Ständerat Dick Marty (FDP) sind Mitautoren eines Buches, das einen Bundesrat ohne Blocher und SVP fordert. Der Bund, 9.2.07

Wird Blocher abgewählt, sind die Folgen:

- **EU-Beitritt**
- **Noch höhere Staatsausgaben**
- **Noch höhere Steuern und Gebühren**
- **Weniger Volksrechte**
- **Mehr Asylmissbrauch**
- **Mehr Sozialmissbrauch**
- **Mehr Ausländerkriminalität**

Das darf nicht passieren!

Deshalb am 21. Oktober: Blocher stärken! SVP wählen!

144.7.405

Schweizerische Volkspartei
Postfach 8252, 3001 Bern
www.svp.ch

Mein Zuhause – Unsere Schweiz

PC 30-8828-5

Wahlkommunikation beeinflusste ihr kognitives Framing.« (Schulz, 2015, S. 104)

Wie das Medien-Framing die Vorstellungen über ein Problem prägen kann, zeigt auch folgendes Beispiel: »Neun von zehn Eritreern beziehen Sozialhilfe«, titelte die Schweizer Gratiszeitung »20 Minuten« am 22. September 2014. Ein anderes Framing verwendete das »St. Galler Tagblatt« mit dem Titel »Schwierige neue Arbeitswelt« am 9. September 2014. Es betonte die Schwierigkeiten der Eritreer, Arbeit zu finden. Die erste Schlagzeile bedient die Vorstellung von den »faulen Asylbewerbern«, die Zweite weckt Verständnis für die schwierige strukturelle Situation, in der sich Asylbewerber in einem fremden Land befinden.

4.5 Provokation als Mittel zur Erlangung von Aufmerksamkeit

Wahlkampf ist zu einem guten Teil Kampf um öffentliche Aufmerksamkeit. Durch Provokationen, Dramatisierung, Personalisierung und mediale Inszenierungen lässt sich kurzlebige Präsenz in den Massenmedien erzielen und zuweilen auch ein Thema lancieren, das über einen längeren Zeitraum diskutiert wird (wobei die Zeitspanne von den Konkurrenzthemen abhängt). Die Provokation hilft dabei sowohl den Wahlkämpfenden wie den Medien, die darüber berichten, denn Letzteren bringt sie höhere Einschaltquoten bzw. Auflagen (siehe Rhomberg, 2009, S. 198). Die intensivsten Formen der Provokation sind der Rechtsbruch und der Tabubruch. Die Verletzung von Rechtsnormen bzw. von sozialen Normen wird hierbei in Kauf genommen. Das kann nicht nur mit Aussagen und Bildern, sondern auch mit Taten geschehen. Der Gründer des Schweizer Detailhandelsunternehmens Migros und Nationalrat Gottlieb Duttweiler zertrümmerte 1948 mit zwei Steinen ein Glas in der Portiersloge im Bundeshaus in Bern – und bekam dafür natürlich die gewünschte Aufmerksamkeit für sein Anliegen, für mindestens zwei Jahre Lebensmittelvorräte anzulegen – sogar in der »Spiegel«-Ausgabe 46/1948.

Zur Provokation braucht es einen Inhalt und einen Kommunikationskanal. Eine etablierte Partei kann sich kaum spektakuläre

Inszenierungen wie die Besetzung eines AKW-Geländes, die Störung eines Fußballspiels oder Auftritte mit nackter Haut leisten. Jungparteien und neue Parteien hingegen schon. Beliebte traditionelle Mittel, um eine mediale Empörungsspirale in Gang zu setzen, sind das Plakat und das Inserat (in den USA auch der TV-Spot). Heute kann man praktisch kostenlos über die Social Media provozieren. Im Extremfall bringt allein schon die Ankündigung, ein provozierendes Plakat auszuhängen, Medienaufmerksamkeit. René Zeller, Journalist der Neuen Zürcher Zeitung, bloggte am 11. September 2012: »Je frecher, desto gratis.« Er bezog sich auf die Gratiszeitung »20 Minuten«, die auflagenstärkste Zeitung der Schweiz. »Dort werden die Botschaften jener Parteien kostenlos multipliziert, die hemmungslos auf den Putz hauen.« Auf Social Media werden auch Lügen in die Welt gesetzt, die sich rasend schnell verbreiten können, wie zum Beispiel ein Tweet, der Papst unterstütze im US-Präsidentschaftswahlkampf 2016 Donald Trump.

Provokationen in Wahlkämpfen gab es natürlich schon immer. In der Schweiz wurden sie aber erst seit dem berühmt-berüchtigten »Messerstecherinserat« der SVP Zürich 1993 ganz gezielt in Wahl- und Abstimmungskämpfen eingesetzt (Abbildung 10). Bild und Slogan spitzen die Zusammenhänge zu: Die Sicherheit in Zürich sei gefährdet. Die Verantwortlichen im Hintergrund seien die links-grünen Mitglieder der Stadtregierung. Die Lösung: mehr SVP (Näheres dazu in Somm, 2009, S. 367). Später, im Zusammenhang mit Sozialhilfemissbrauch, wurde der Slogan variiert zu »Das haben wir den Linken und Naiven zu verdanken«. 1998 wurde er im Zusammenhang mit einer Kreditvorlage für ein Behandlungsprogramm für Sexual- und Gewaltstraftäter (»Luxus für Sexual-Verbrecher?«) reaktiviert.

Die SVP Schweiz hat diese Methode mit Erfolg übernommen, etwa mit dem »Schäfchenplakat« 2007 und dem »Rabenplakat« 2009 (zu den Plakaten allgemein siehe Kapitel 6.2.2). Das »Schäfchenplakat« verschaffte Aufmerksamkeit für die Volksinitiative »für die Ausschaffung krimineller Ausländer (Ausschaffungsinitiative)« sowie für den Wahlkampf bei den Schweizer Parlamentswahlen 2007. Ein weißes Schaf bugsiert mit den Hinterbeinen ein schwarzes Schaf (Sozialschmarotzer, Kriminelle) aus der Schweiz hinaus (Abbildung 11).

Abbildung 10: Das »Messerstecher-inserat« der SVP Zürich 1993;
Quelle: © GOAL AG, AG für Werbung und Public Relations

Das »Schäfchenplakat« wurde von rechts stehenden Parteien in Europa in abgewandelter Form übernommen, so von der hessischen NPD, der spanischen rechtsradikalen Gruppe Democracia Nacional, der italienischen Lega Nord und der Tschechischen Nationalpartei.

Bei der Provokation in Wahl- und Abstimmungskämpfen wird eigentlich ein ganz einfaches – von Marketingfachleuten mittlerweile als »zu simpel« bezeichnetes – Werbeprinzip angewandt, das AIDA-Modell nach Elmo Lewis (1898): ***A****ttention* (Aufmerksamkeit), ***I****nterest* (Interesse), ***D****esire* (Verlangen) und ***A****ction* (Handlung). Durch die Provokation erfolgt der erste Schritt. Allerdings ist der weitere Kommunikationsprozess schwieriger als beim Marketing, weil empörte Gegenreaktionen hervorgerufen werden und sich der Prozess nur sehr schwer steuern lässt. Wie schon erwähnt kann auch die gegnerische Seite mobilisiert werden.

Abbildung 11:
Plakat zur Lancierung der Ausschaffungs-Initiative der SVP 2007

Auch politisch links stehende Kreise greifen zum Mittel der Provokation. Von Jungparteien wie den Jungsozialisten wird geradezu erwartet, dass sie frisch auftreten und auch mit »unkonventionellen Methoden« arbeiten. Beim Abstimmungskampf um die 5. Revision der Invalidenversicherung in der Schweiz 2007 druckte der Schweizerische Gewerkschaftsbund Postkarten und Plakate mit Fotomontagen von amtierenden Bundesräten (Regierungsmitgliedern), die sie als körperlich invalid darstellen (Abbildung 12).

Provoziert wird auch durch »Negative Campaigning« (zur Wirkung siehe Nicole Podschuweit in: Siegert, Wirth, Weber & Lischka, 2016, S. 658 ff.). Dieses richtet sich gezielt gegen die Person. Frühere Fehltritte, das Verhalten, die Werte oder der Charakter des Gegners werden skandalisiert. Es geht darum, Empörung zu provozieren, die Angst vor dem Gegner zu schüren und in einem möglichen Kopf-an-Kopf-Rennen zu suggerieren, der »Teufel« könnte gewinnen. Im Ver-

Abbildung 12: Bundesrat Pascal Couchepin im Rollstuhl; Kampagne gegen die 5. Revision der Invalidenversicherung 2007

Quelle: Medienbüro Selezione, Ligornetto

gleich zu den behaupteten Verfehlungen und negativen Eigenschaften des Gegners soll die eigene Weste umso weißer erscheinen.

Nicht immer müssen provokative Bilder auf Plakaten und Inseraten negative Gefühle auslösen, wie nachstehendes Plakat einer Frauenpartei im Wahlkampf 2007 in Polen zeigt (Abbildung 13). Für Aufmerksamkeit – zumindest bei Wählern – war gesorgt.

Ähnliche Wirkung hatte ein Poster von Kandidierenden der Jungen Grünen 2007 in Zürich. Sie verstanden es, ganz kurz in (nachher wegretuschierten) Badekleidern – aber immerhin mit Listennummern bedeckt – vor Polizeiautos der Polizeiwache Urania zu posieren (Abbildung 14; mit der Nummer vier der Gewählte Bastien Girod). Damit protestierten sie dagegen, dass ein Schwarz- und ein Velofahrer wegen geringer Übertretungen verhaftet wurden und sich auf dem »Posten« (der Polizeiwache) ausziehen mussten. Solchen »vollen Körpereinsatz« können sich vor allem junge Kandidierende leisten.

Abbildung 13: Plakat einer Frauenpartei 2007 in Polen

Abbildung 14: Kandidierende der Jungen Grünen Zürich posieren 2007 vor einem Polizeiauto

4.6 Eine Kampagne ist keine Weiterbildungsveranstaltung

In einer Kampagne geht es wie gesagt nicht um Wissensvermittlung, sondern um Kommunikation, Motivation und Überzeugung. In Konkurrenz zu anderen Akteuren und Themen muss eine bestimmte Aufmerksamkeitsschwelle überwunden werden, um überhaupt wahrgenommen zu werden. Diese Schwelle wird tendenziell immer höher, da immer mehr Akteure mit immer raffinierteren Methoden um das knappe Gut öffentliche Aufmerksamkeit kämpfen. Das gilt natürlich insbesondere in einem Wahlkampf, der sich gleichzeitig auf kommunaler, gliedstaatlicher und nationaler Ebene abspielt und in dem zahlreiche Parteien und viele Kandidierende im Wettbewerb stehen.

Chris Rose illustriert den Unterschied zwischen Kampagne und Ausbildung mit folgender Gegenüberstellung:

Tabelle 3: Unterschied zwischen Kampagne und Ausbildung

Sequenz	**Kampagne**	**Ausbildung**
Ausgangspunkt	Problem	Problem
Bewusstwerdung	Aufmerksamkeit	Aufmerksamkeit
Erste Reaktion	Betroffenheit	Wissen
Verarbeitung	Dringlichkeit	Verstehen
Zweite Reaktion	Zorn	Reflexion
Ergebnis	Aktion	Konfusion

Quelle: Rose (2010, S. 24), mit eigenen Ergänzungen

Wie bei den Sequenzen in Tabelle 3 dargestellt, sind bei der Kampagnenkommunikation immer auch Emotionen im Spiel. Im Ergebnis geht es um eine Tat: die Beteiligung an der Wahl, einen Wahlentscheid, eine Spende, eine Unterstützung. In der Ausbildung entdeckt man bei einem Problem eventuell stets neue Ursachen und Zusammenhänge, man sieht die Komplexität, hat kein eindeutiges Ergebnis, ein klarer Entscheid fällt schwer. In einer Kampagne geht es darum, die Dinge zu vereinfachen und zuzuspitzen, klar zu deklarieren, wo Ursache und Wirkung, Täter und Opfer, das Gute und das Böse liegen. Die Simplifizierung und die Verringerung der Möglichkeiten wecken die Motivation für die Tat.

Die Zuspitzung betrifft nicht nur Themen, sondern auch Personen. Im Lauf einer Kampagne muss ein Kandidat viel an Kritik und Anwürfen einstecken bzw. wegstecken können. So ist es oft besser, gar nicht alles zur Kenntnis zu nehmen. Barack Obama scherzte bei seiner ersten Kandidatur um das US-Präsidentenamt, er schaue lieber den Sportkanal ESPN als die Nachrichten. David Plouffe (2009, S. 188) schreibt, das möge lustig erscheinen, sei aber letztlich zu seinem Vorteil gewesen. »Had he regularly watched cable news, we probably wouldn't have run so strong a campaign.«

4.7 Kommunikation bei Skandalen

Nicht nur, aber auch im Verlauf von Wahlkämpfen erfährt die Öffentlichkeit regelmäßig von größeren oder kleineren »Skandalen«, d. h. von (wahren oder erfundenen) Geschichten über krasses Fehlverhalten oder gravierende Fehlentscheidungen von prominenten Personen. Solche Skandale lösen meist eine intensive Medienberichterstattung und breite Empörung aus. Heutzutage liegt als »Beweis« oft Video- oder Tonmaterial vor, und der tatsächliche oder vermeintliche Skandal überlagert häufig wichtige Sachthemen des Wahlkampfes (siehe Kapitel 5.4). Der Skandalierte gerät in die Defensive, die Konkurrenten lehnen sich zurück oder legen gar nach. Das Internet wirkt heute bei Skandalen als eine Art »Brandbeschleuniger«. Die traditionellen Medien haben kein Monopol mehr bei der Skandalisierung. »Die Anonymität im Netz führt dazu, die Schwelle für Skandalisierungen in bedenklicher Weise abzusenken, über verleumderische und ehrabschneidende Aktionen bis hin zum Aufruf zur Gewaltanwendung.« (Schieren, 2014, S. 284)

In Einzelfällen ist ein Skandal sogar matchentscheidend. Dies war beispielsweise der Fall beim Anwärter auf das Amt des französischen Staatspräsidenten, Dominique Strauss-Kahn (DSK). Nachdem er im Mai 2011 wegen versuchter Vergewaltigung, sexueller Belästigung und Freiheitsberaubung eines Zimmermädchens des New Yorker Hotels Sofitel verhaftet und angeklagt worden war, musste der damalige Direktor des Internationalen Währungsfonds seine politischen Ambitionen begraben. Es kursierten Gerüchte, DSK sei in eine gestellte »Sex-Falle« getappt.

Karl-Theodor zu Guttenberg galt noch zu Beginn des Jahres 2011 als Lichtgestalt der deutschen Politik und wurde entsprechend auch gerne als »Wahlkampflokomotive« für die CDU/CSU eingespannt (allgemein zu diesem »Fall« Lepsius and Meyer-Kalkus (2011)). Am 1. März 2011, nur zwei Wochen nach Vorwürfen über Plagiate in seiner Dissertation, musste er als Verteidigungsminister zurücktreten. Selbst bei seiner Erklärung zu seinem Rücktritt zeigte sich sein Kommunikationstalent. Sein Schritt erfolge auch aus Rücksicht auf die Soldaten und die anstehende Bundeswehrreform. Die »Plagiatsaffäre« ist ein Musterbeispiel für das Ineinandergreifen von traditionellen und neuen Medien. »Aufgrund eines Artikels in der Süddeutschen Zeitung organisierte sich im Netz ein Recherchenetzwerk, das in nur wenigen Tagen die Plagiate offenlegte.« (Schieren, 2014, S. 287)

Herta Däubler-Gmelin musste 2002 aufgrund eines einzigen unglücklichen Satzes, den sie auf einer nicht öffentlichen Wahlkampfveranstaltung kurz vor der Bundestagswahl spontan formuliert hatte, auf ihr Amt als Justizministerin verzichten und verlor ihr Direktmandat im Bundestag. Die Aussage lautete, der amerikanische Präsident Bush wolle mit seiner Außenpolitik von innenpolitischen Problemen ablenken, das kenne man »seit Adolf Nazi«. Der Satz fiel in einer Diskussionsrunde mit Betriebsräten in Tübingen am 18. September 2002. Was Däubler-Gmelin nicht wusste: Im Publikum saß ein Journalist des »Schwäbischen Tagblatts«, der das Zitat prompt publizierte. Über die Online-Ausgabe der Financial Times Deutschland geriet es in die Weltmedien und provozierte Reaktionen in den USA. Der damalige Innenminister Otto Schily mutmaßte, der »Fall« könnte die SPD bei der Bundestagswahl vom 22. September 2002 ein bis zwei Prozentpunkte gekostet haben.

Wie geht man als Kandidierender oder als Amtsträger damit um, wenn man mit Skandalvorwürfen konfrontiert wird? Zunächst weiß der Angeschuldigte selbst am besten, was stimmt und was nicht. Aber auch das ist nicht immer der Fall. In der »Zuger Sex-Affäre« von

2014 – Hauptbeteiligte waren die beiden Mitglieder des Zuger Kantonsparlaments Markus Hürlimann (SVP) und Jolanda Spiess-Hegglin (Grüne) – sagte Frau Spiess-Hegglin aus, sie habe einen Blackout gehabt und könne sich nicht an Details der intimen Begegnung mit Hürlimann am Rand des Festes für den neuen Landammann (Regierungspräsidenten) erinnern. Spuren von K.-o.-Tropfen fanden sich allerdings nicht. Zwei Jahre lang versuchte Jolanda Spiess-Hegglin, ihren ramponierten Ruf wieder herzustellen – vergeblich. Sie trat zunächst aus der Fraktion der Grünen aus und reichte schließlich 2016 den Rücktritt aus dem Kantonsparlament ein. Dieser Fall ist insofern außergewöhnlich, als der Ablauf der Ereignisse immer noch nicht genau bekannt ist und deshalb stets neue Spekulationen auftauchen.

Man muss nicht alles sagen, was man weiß, aber was man sagt, muss stimmen. Ein Patentrezept »richtigen Verhaltens« gibt es aber nicht. »Abtauchen« kann eine Option sein, aber nicht immer. Wie es ausgeht, hängt auch davon ab, ob politische Weggefährten zum Kandidierenden halten oder ob sie sich distanzieren. Meist ist es eine gute Idee, bei diesen Weggefährten und guten Freunden Rat einzuholen, und natürlich kann man sich auch bei professionellen Beratern Hilfe kaufen. Aber kein guter Freund und kein Kommunikationsberater haben ein sicheres Rezept, wie der Skandal kommunikativ rasch beendet werden kann. Das Beziehungsnetz zu den Medien, über das Kommunikationsberater meist verfügen, ist sicher von Vorteil, wenn es darum geht, ungefiltert die eigene Position darzulegen. Otfried Jarren mahnt aber auch zur Vorsicht: »Berater neigen dazu, ihre Auftraggeber zum Handeln zu bewegen, wenngleich es häufig besser wäre, nichts zu tun. Eitelkeit mag hier eine Rolle spielen, aber es geht mit Sicherheit auch um ökonomische Interessen: Von Medienauftritten abzuraten, ist eine Sache von fünf Minuten. Für ein fixfertiges Kommunikationskonzept können externe Berater mehrere Stunden in Rechnung stellen. Das führt zu Aktivismus.« (Neue Zürcher Zeitung, 2. Juli 2014, Sonderbeilage, S. 5)

Der schlimmstmögliche Fall ist, wenn man alle Medien, die politischen Gegner und die ehemaligen Parteifreunde gegen sich hat. Das passierte Peter Aliesch, Regierungsmitglied des Kantons Graubünden, im Sommer 2001. Am 22. Juli 2001 lautete die Schlagzeile im Schweizer »Sonntagsblick«: »Polizeidirektor unter Bestechungsverdacht«. Er lancierte die Story, wonach sich Aliesch vom griechischen Financier Papadakis zu Ferien einladen ließ und seine Frau einen gebrauchten Pelzmantel geschenkt bekam. Daraus entwickelte sich ein Skandalisierungs-Wettbewerb unter verschiedenen Medienhäusern mit immer abstruseren Geschichten. Alieschs politische Mitstreiter ließen von ihm ab; am 7. September stimmte das Bündner Parlament der Aufhebung seiner Immunität zu, seine Regierungskollegen entzogen ihm Dossiers, er musste sogar aus seiner Partei austreten. Das Schweizerische Bundesgericht stellte 2004 fest, dass kein schuldhaftes Verhalten vorlag. Der Kanton Graubünden musste Peter Aliesch außergerichtlich mit 45.000 Franken entschädigen. »Es wird mir in der Branche niemand widersprechen, wenn ich sage, dass der Fall Aliesch eine der größten Sauereien in der neueren Schweizer Mediengeschichte war«, schrieb Kurt W. Zimmermann in der Ausgabe 33/2004 der »Weltwoche«. Der Schaden für Peter Aliesch war indessen nicht mehr wiedergutzumachen.

Als Reaktion auf verleumderische Anschuldigungen empfahl Gustave Le Bon (1982, S. 129) in seinem vielgelesenen Buch »Psychologie der Massen« (1895) eine ziemlich radikale Methode: »Den gegnerischen Bewerber wiederum muß man zu vernichten suchen, indem man durch Behauptung, Wiederholung und Übertragung zu beweisen sucht, er sei der ärgste Schuft, von dem jeder wisse, daß er etliche Verbrechen begangen habe. [...] Ist der Gegner ein schlechter Kenner der Massenpsychologie, so wird er sich durch Beweise zu rechtfertigen suchen, anstatt auf verleumderische Behauptungen einfach mit andern ebenso verleumderischen zu antworten, und wird dann keine Aussicht auf Sieg haben.« In einem Fall wie jenem von Peter Aliesch versagt diese Methode des Gegenangriffs freilich, denn es gab keinen klar identifizierbaren einzelnen Gegner.

Oft stolpert der Skandalierte über sein eigenes Abwehrverhalten, wie der ehemalige deutsche Bundespräsident Christian Wulff, bei dem zur ursprünglichen »Kreditaffäre« eine »Medienaffäre« hinzukam, weil er auf der Handy-Mailbox von Bild-Chefredakteur Kai Diekmann eine irritierende Nachricht hinterließ. Lehrbuchmäßig verhalten hatte sich der wegen »Nackt-Selfies« ins Gerede geratene Nationalrat und Stadtammann der Schweizer Stadt Baden, Geri Müller. An einer Medienkonferenz vom 19. August 2014 trat er authentisch auf, zeigte Reue, entschuldigte sich – und bekundete, seine politischen Ämter behalten zu wollen. Nicht so geschickt war, dass er es vor Beginn der Medienkonferenz – wohl aus Nervosität – auch nach drei Versuchen nicht schaffte, eine Flasche Mineralwasser zu öffnen. Also: Wenn man die Flaschen selbst öffnet, sollte man dies tun, bevor die Medienvertreter anwesend sind, denn selbstverständlich wurde dieses Malheur gefilmt (www.youtube.com/watch?v=A2a9u5glkvo).

Gut reagiert auf Skandalvorwürfe und Rücktrittsforderungen hat 2010 der Berner Stadtpräsident und Nationalrat Alexander Tschäppät. Er feierte in einer Bar den Fußballsieg der Berner Young Boys über den FC Zürich. Tschäppät stimmte in einen Song mit ein, in dem die ehemaligen SVP-Bundesräte Samuel Schmid und Christoph Blocher beleidigt wurden. Der Stadtpräsident bestritt im Schweizer Fernsehen (»10vor10« vom 5. März 2010) die Vorwürfe nicht, zeigte Reue und entschuldigte sich, u. a. auch direkt bei den angesprochenen ehemaligen Regierungsmitgliedern. Tschäppät galt beim Wahlvolk als volksnah und bei »Apéro-Anlässen« war er im Element, weshalb er auch den Spitznamen »Cüpli-Stapi« (Stadtpräsident mit dem Champagnerglas) trug. Dieses Image pflegte er. Im Interview äußerte er, er würde lügen, wenn er sagte, er wolle das Leben nicht auch genießen. Es sei das einzige, das er habe. »Da macht man manchmal auch Sachen, die nicht hochintelligent und schon gar nicht durchdacht sind.« Solche offenherzigen Worte kamen offenbar nicht nur bei den links-grünen Wählern der Stadt Bern gut an. Am 25. November 2012 wurde der Sozialdemokrat Tschäppät mit 70 Prozent der Stimmen als Stadtpräsident wiedergewählt.

4.8 Der Bumerang-Effekt

Der Bumerang- oder Victim-Syndrom-Effekt wurde schon mal kurz erwähnt (S. 47). Wer (wahl-)kämpft, muss auch angreifen. Aber Vorsicht: Ein zu heftiger Angriff mit zweifelhaften Mitteln, ohne dass Beweise für ein skandalträchtiges Ereignis oder Verhalten vorliegen, kann zu einem Solidarisierungseffekt beim Publikum und in den Medien führen. Der Schlag fällt dann auf den Angreifer zurück (Bumerang-Effekt).

Ein pikantes empirisches Beispiel gibt Mark Balsiger: Im Wahlkampf um das Amt des Stadtpräsidenten 2012 in der Stadt Wil im Kanton St. Gallen (Schweiz) wurde die schließlich gewählte Kandidatin, Susanne Hartmann, mit dem Vorwurf konfrontiert, sie wolle mit ihrer (wilden) Kandidatur ihren Vater Josef Hartmann rächen, der 2000 als amtierender Stadtpräsident gegen einen »wilden Kandidaten« der eigenen Partei unterlag. »Die direkten Angriffe, die er (der Gegenkandidat) und seine Crew sich im zweiten Wahlgang erlaubten, kamen bei vielen Wählerinnen und Wählern nicht gut an.« (Balsiger, 2011, S. 33) Hartmanns Wahlkampfteam konterte übrigens die Angriffe nicht. »Wilde Kandidaturen« – also das Antreten gegen einen von der eigenen Partei nominierten Kandidaten – sind gewöhnlich eher risikoreich, da sie die Integrität des Kandidaten infrage stellen. Dasselbe gilt für Parteiwechsler. In diesem »Wiler Fall« wurde das »Produkt Person« von der Mehrheit gleichwohl höher eingeschätzt als jenes des offiziellen Kandidaten der Christlichdemokratischen Volkspartei (CVP).

Im Kampf um die Sitze in der Zürcher Regierung im Frühjahr 2015 attackierte der Dignitas-Gründer Ludwig Minelli die Kandidatin der CVP, Silvia Steiner, in ganzseitigen Inseraten frontal. Steiner war als Vertreterin einer im Kanton Zürich kleinen Partei und mit einem geringen Bekanntheitsgrad in den Wahlkampf gestartet. Die Inseratenkampagne machte weniger die Vorwürfe von Ludwig Minelli als vielmehr die Kandidatin kantons- und landesweit bekannt. Am 12. April 2015 schaffte Steiner die Wahl überraschend klar. Die Neue Zürcher Zeitung (13. April 2015, S. 10) kommentierte, dass Steiner von Minelli Support erhalten habe, »wie ihn keine PR-Agentur besser hätte erfinden können«.

Erfolgreich war hingegen eine Schmutzkampagne bei den Gemeinderatswahlen vom 8. März 2015 im Liechtensteiner Hauptort Vaduz gegen den Kandidaten Martin Konrad. Unbekannte hatten kurz vor den Wahlen einen Brief mit Bildern verschickt, die Konrad nackt und gefesselt zeigen. Im Brief hieß es: »Ich bin ein verlogenes, untreues und intrigantes Schwein und will nun endlich Gemeindepolitiker sein. […] Wer dumm genug ist mir zu trauen und mich zu wählen, ist leider selber schuld.« Konrad landete bei der Fortschrittlichen Bürgerpartei FBP auf dem letzten Platz.

4.9 Der Wahltag und der Tag danach

Der Kommunikationsprozess ist am Wahltag nicht abgeschlossen. Vielmehr beginnt ein neuer Zyklus. Dort, wo die Stimmen noch persönlich im Wahllokal abgegeben werden, zeigen sich die Spitzenkandidaten im Wahllokal (und damit in den Medien). Die Spitzenkandidaten sind natürlich in den Medien gefragt, wenn die Wahlergebnisse bekannt werden und es um die Interpretation und die politischen Folgen dieses Ergebnisses geht. Es gilt, auch am Wahlabend eine gute Figur zu machen und die Deutungshoheit über das Wahlergebnis zu gewinnen. Zu einer gekonnten Kommunikation am Wahlabend gehört auch der faire Umgang mit Siegern und Verlierern – denn man weiß nie, ob man die entsprechenden Lager nicht doch einmal braucht. Und vor allen Dingen gilt es, der Wählerschaft zu kommunizieren, dass man natürlich das Wahlergebnis akzeptiere. Für die Gewinner ist das einfach, für die Verlierer erfordert es »Größe«. Etwas abgegriffen ist mittlerweile die Phrase von Verlierern, es sei ihnen nicht gelungen, der Wählerschaft die eigenen Inhalte zu vermitteln.

Nicht immer sind die Wahlgewinner auch jene, welche später die Regierung übernehmen. Das Wahlergebnis kann im Parlament neue Koalitionen ermöglichen oder erfordern. Das musste 2014 in Thüringen Ministerpräsidentin Christine Lieberknecht erfahren. Obwohl ihre CDU bei der Wahl am 14. September 2014 ein Plus von 2,2 Prozentpunkten einfuhr und der Koalitionspartner SPD nur noch auf 12,4 Prozent (- 6,1 Prozent) kam, gingen Linke, SPD und Grüne ein Bündnis ein und Lieberknecht verlor ihr Amt. Nach den Parlamentswahlen vom 8. Juni 2014 im Kosovo gaben die Oppositionsparteien LDK, AAK, Vetevendosje und Nisma bekannt, die Regierung bilden zu wollen, obwohl im Wahlkampf nie von einem solchen Bündnis die Rede gewesen war. Ministerpräsident Hashim Thaci hatte mit seiner PDK zwar die Position der wählerstärksten Partei erfolgreich verteidigt, stand aber nun mit abgesägten Hosen da. Fünf Monate nach der Wahl gelang es ihm doch noch, die zweitstärkste Partei LDK aus dem Oppositionsbündnis herauszubrechen, doch musste er dieser Partei den Posten des Ministerpräsidenten überlassen.

Die Kandidierenden sind am Wahltag natürlich nervös. Das Verdikt, das die Wählerschaft gefällt hat, wird ja im öffentlichen grellen Scheinwerferlicht bekannt gegeben. Nicht zu empfehlen ist die übermäßige Einnahme von alkoholischen Getränken oder Drogen. In politischen Systemen, in denen nach Wahlen Regierungswechsel erfolgen, geht das Geschacher um Posten schon am Wahlabend los, und da sollten Kandidierende in guter Verfassung sein, um mitmischen zu können. Schon legendär ist der TV-Auftritt des damaligen Bundeskanzlers Gerhard Schröder in der »Elefantenrunde« nach der verlorenen Bundestagswahl 2005. Schröder attackierte die Moderatoren, die Medien und die Opposition. Er verdrängte, dass er keine Mehrheit mehr hatte, und behauptete: »Ich bleibe Bundeskanzler, auch wenn Medien wie Sie dagegengearbeitet haben.« Stauss (2013, S. 185) schreibt in seinem »Live-Report«: »21.09: Bekomme erste SMS, ob Schröder besoffen war.« Es sei kein Alkohol im Spiel gewesen, versicherte Schröder später. Sein Auftritt hatte innerhalb der CDU dazu geführt, dass sich Angela Merkels parteiinterne Konkurrenten mit ihr solidarisieren mussten. Die CDU/CSU lag bei allen Meinungsumfragen vier Wochen vorher bei über 40 Prozent, das tatsächliche Ergebnis lautete 35,2 Prozent. Daraus hätte sich eine parteiinterne Revolte ergeben können.

Nach einer rauschenden Wahlnacht nach der Landtagswahl in Schleswig-Holstein am 6. Mai 2012 schlief der FDP-Spitzenkandidat Wolfgang Kubicki am nächsten Morgen aus. Er schwänzte einfach die Vorstandssitzung seiner Partei in Berlin. Seinen Blumenstrauß für die 8,2 Prozent könne man ihm zuschicken. »Er schläft nicht seinen Rausch aus, er liegt im Koma«, berichtete sein Vertreter, Landeschef Heiner Garg. Immerhin löste Kubicki damit ein »Wahlversprechen« ein: »Wenn wir vor den Piraten liegen […], trinken wir, bis der Arzt kommt«, soll er gesagt haben.

Die kleine Gemeinde Untereggen im Kanton St. Gallen wählte am 30. März 2014 einen neuen Gemeindepräsidenten. Der unterlegene Kandidat, Hansjörg Huber, ließ danach verlauten, die Unteregger hätten den falschen Mann gewählt. »Ich glaube nach wie vor, dass ich fähiger für das Amt bin«, ließ er sich in der Lokalpresse zitieren. Freundliches Grüßen ihm gegenüber dürfte danach im Dorf seltener geworden sein.

5 Themen im Wahlkampf

5.1 Braucht es überhaupt Themen?

Zum Stellenwert von Themen im Wahlkampf gibt es unterschiedliche Ansichten. Die einen behaupten: »Wahlen werden nicht mit Inhalten gewonnen. Es kommt nicht darauf an, was man sagt, sondern wie man es sagt.« Die US-Vizepräsidentschaftskandidatin Sarah Palin z. B. kam 2008 auch ohne Themen beim Elektorat an. Dass es auch eine Rolle spielt, wie man etwas sagt bzw. präsentiert, ist schon richtig. Aber erst, wenn man etwas zu sagen hat, ist es wichtig, wie man es sagt. Es braucht Verpackung und Inhalt. Denn wenn die Inhaltsleere publik wird, gilt: »Good advertising kills a bad product faster.« Als bei Sarah Palin im Lauf des Wahlkampfes immer deutlicher wurde, dass sie bei vielen Themen nicht sattelfest war, nützte auch die schöne Verpackung nichts mehr. Im Gegenteil: Da die Verpackung im grellen Licht der Medien stand, fiel der Scheinwerfer danach gnadenlos auch auf ihre inhaltlichen Schwächen. Markus Somm (2009, S. 315) schreibt über den Schweizer Politiker Christoph Blocher und die Journalisten: »Sie überschätzen seine Rhetorik. Hätte er nichts zu sagen, könnte er es noch so ›süffig‹ oder ›provokativ‹ formulieren: Niemand würde ihm zuhören. Auch die Journalisten nicht.«

Was ist überhaupt ein Thema im Wahlkampf? Ein Gegenstand öffentlichen Interesses und (streitiger) öffentlicher Diskussion (englisch: issue). Es gibt dazu Akteure und Betroffene mit unterschiedlichen Positionen. In ihren Wahlprogrammen versuchen die politischen Konkurrenten, ihre Themen zu setzen. Im Unterschied zu Grundsatzprogrammen (Parteiprogrammen) haben Wahlprogramme kurzfristigen Charakter. Eigentliche Wahlkampfthemen sind aber nicht alle Themen, die in den Wahlprogrammen aufgelistet sind, sondern nur einige wenige, die in der Öffentlichkeit kontrovers diskutiert werden. Solche Themen werden zum Teil durch die Wahlkampfakteure und zum Teil durch die Medien gesetzt. Zuweilen sind sie aber auch vorgegeben bzw. aufgezwungen, z. B. bei einer Wirtschaftskrise, einem Skandal, einer Naturkatastrophe oder einem aufwühlenden Ereignis im In- oder Ausland.

In Einzelfällen kann auch ohne Themen ein Wahlerfolg gelingen. Mark Balsiger schildert ausführlich den Wahlkampf des damals 26-jährigen Damian Müller um einen Sitz im Luzerner Kantonsparlament 2011. »Müller setzte in seinem persönlichen Wahlkampf nicht auf Themen, sondern auf Kontakte und Persönlichkeit.« (Balsiger, 2014, S. 44) Das Motto lautete: »Anpacken – Umsetzen«. Sein Unterstützungskomitee umfasste 120 Personen. Im Oktober 2014 schaffte Müller sogar die Nomination zum Ständeratskandidaten der Freisinnig-demokratischen Partei Luzern, und am 15. November 2011 wurde er im zweiten Wahlgang mit einem überzeugenden Resultat in den Ständerat gewählt – mit 31 Jahren. Sein Wahlerfolg dürfte vor allem dem hohen persönlichen Engagement zu verdanken sein. Mit einem umgebauten Dreirad-Auto (»Müller-Mobil«) legte er im Kanton Luzern über 2.600 Kilometer zurück. Diesmal war er mit vier »Kernthemen« unterwegs: Wirtschaft, Sozialversicherungen, Mobilität und Umwelt. Geschickt verband er diese mit dem bisherigen Motto: »Ich packe nicht nur an, sondern setze auch um. Vor allem, wenn es um meine Kernthemen geht.«

5.2 Wer setzt die Themen?

In jedem Wahlkampf dominieren bestimmte Themen die öffentliche und nichtöffentliche Kommunikation. Die Kunst besteht darin, selbst bestimmen zu können, was Wahlkampfthema ist, oder zumindest kommende Themen aufzuspüren, damit man im Wahlkampf für die Diskussion bereit ist. Wer es nicht schafft, Themen zu setzen, muss oft unvorbereitet Themen hinterherrennen, die andere aufgebracht haben. Hat man ein medial interessantes Thema aufgespürt, so kann man es eventuell »besetzen«, d. h., wenn von diesem Thema die Rede ist, wird es quasi automatisch mit einer bestimmten Partei oder einem bestimmten Kandidaten in Verbindung gebracht. Dies verschafft hohe Medienpräsenz, was die Themenbesetzung weiter verstärkt. Wer als »themenkompetent« angesehen wird, erhält die meisten medialen Anfragen. Wir können hier eine Analogie zu einem Stammtischgespräch machen. Jede Person am Stammtisch gilt für spezifische Themen als Experte und wird gefragt, wenn das Thema zur Sprache kommt. Wichtiger aber ist, wer bestimmt, was überhaupt diskutiert wird, wer also die »Lufthoheit« über den Stammtisch hat. Hinzu kommt bei der Diskussion die Definitionsmacht über Probleme und Begriffe. Was ist überhaupt das Problem? Und ist deren Lösung relevant und dringlich? Wer ist daran schuld und wem wird die Lösung zugetraut?

Im Schweizer Wahlkampf 2007 war es der Schweizerischen Volkspartei (SVP) gelungen, die Themen zu setzen: Ausländer-, Migrations- und Asylfragen, Sozialhilfemissbrauch, gegen die EU, Geheimplan gegen Blocher (siehe Abbildung 9). Die anderen Parteien konnten kaum mit eigenen Themen durchdringen, sondern mussten auf die Themensetzung der SVP reagieren. Vier Jahre später wurde die Partei freilich durch die Atomkatastrophe von Fukushima kalt erwischt. Um die Energiepolitik hatte sie sich bislang noch nie stark gekümmert. Im Sommer 2011 hatte die Sozialdemokratische Partei der Schweiz als Erste die Frankenstärke und eine Untergrenze des Euro zum Schweizer Franken thematisiert (die am 6. September von der Nationalbank auch verordnet und am 15. Januar 2015 wieder aufgehoben wurde).

Parteien bzw. Kandidaten sollten jene Themen bevorzugen, bei denen sie als kompetent und glaubwürdig angesehen werden und wo die Dringlichkeit des Handelns als hoch eingestuft wird. Wie dringlich ein politisches Handeln erachtet wird, hängt wiederum von der Definitionsmacht ab. Die eigenen Stärken können akzentuiert werden, wenn gleichzeitig der Gegner bei diesem Thema schwach ist. Die »Alternative für Deutschland« hatte im Bundestagswahlkampf 2013 zwar das wichtige Thema »Euro« besetzt. Aber die Dringlichkeit des Handelns war nach der Erklärung des Präsidenten der Europäischen Zentralbank, Mario Draghi, alles zu tun, um den Euro zu retten (»whatever it takes«), auch in der Wahrnehmung der Bevölkerung nicht mehr gegeben. Die Partei verpasste mit 4,7 Prozent Wähleranteil knapp den Einzug in den Bundestag.

»Die Masse der Menschen lässt sich ebenso gut mit dem Schein abspeisen wie mit der Wirklichkeit; ja, häufig wird sie mehr durch den Schein der Dinge als durch die Dinge selbst bewegt.« (Machiavelli, 2007, S. 60). Die Welt ist zu kompliziert, um als Kandidat oder Politiker bei allen Themen eigene Kompetenzen zu haben. Vom Politiker und von Parteien erwartet man, bei vielen Themen kompetent zu sein. Vom Experten nur in einem. Also gilt es, zumindest das Image der Kompetenz in vielen Bereichen aufzubauen. Werden indessen Kompetenzschwächen offensichtlich, wird das Image irreparabel beschädigt. Schwindet der Schein, schwindet die Macht. Es wurde 2008 bei Vizepräsidentschaftskandidatin Sara Palin rasch offensichtlich, dass sie im Bereich der Außenpolitik wenig kompetent war (siehe S. 79).

Dass man in einer schwierigen Situation auch Träume zu Themen machen kann, illustrierte die vorgezogene Parlamentswahl in Griechenland vom 25. Januar 2015. SYRIZA, die »Koalition der Radikalen Linken« unter der Führung von Alexis Tsipras, verbuchte einen Erdrutschsieg, indem sie die Illusion vermitteln konnte, die Griechen könnten ihre Würde wiedererlangen, die Sparpolitik würde ein Ende finden und die EU-Partner würden dafür bezahlen, wenn man nur geschickt genug pokere. Die Illusion konnte sogar noch durch das Referendum vom 5. Juli, bei dem 62,5 Prozent der Stimmenden die auferlegten Sparmaßnahmen der Geldgeber ablehnten, eine Weile bestärkt werden. Schon bald darauf fielen Regierung und Wählerschaft aber auf den Boden der Realität zurück. Unter dem Damoklesschwert des »Grexit« mussten sogar noch härtere Sparmaßnahmen akzeptiert werden. Gleichwohl gelang es Tsipras, die vorgezogenen Parlamentswahlen vom 20. September 2015 überraschend deutlich zu gewinnen. Unter der speziellen griechischen personellen und parteipolitischen Konstellation war es für SYRIZA also möglich, sämtliche Wahlversprechen vom Januar zu brechen und gleichwohl acht Monate später die Wahlen erneut zu gewinnen!

5.3 Wie etwas zum Thema machen?

Wie oben schon ausgeführt, muss man ein Thema für die Breitenkommunikation auf ein paar einfache Schlagworte reduzieren. Popularisieren heißt, dass man erklären muss, wieso das Thema für das Publikum relevant ist. Schließlich muss man es auf klare Alternativen zuspitzen (polarisieren). Bei den Regionalwahlen in Frankreich im Dezember 2015 spitzte der Front National beispielsweise wie folgt zu: »Weniger Migration, weniger Terrorismus.« Ein Beispiel für eine erfolgreiche Themensetzung war ein Slogan zum »Wettbewerbsföderalismus«: »Schmarotzer dürfen nicht auch noch fürs Nichtstun belohnt werden.« Die Gegenformel »solidarischer Föderalismus« blieb schwach. Die deutsche FDP hat in Wahlkämpfen ihr Thema auf den Slogan »Mehr netto vom brutto« verdichtet. Ein Beispiel für eine erfolgreiche Reduktion war 1882 die Etikettierung der geplanten Stelle eines eidgenössischen Schulsekretärs als »Schulvogt«. In der Volksabstimmung betrugen die Nein-Stimmen fast 65 Prozent, die Stimmbeteiligung belief sich auf 75,5 Prozent. Man spricht heute noch von der »Schulvogt-Vorlage«, obwohl sie amtlich natürlich anders hieß: »Bundesbeschluss betreffend die Vollziehung des Artikels 27 der Bundesverfassung (Unterrichtswesen)«.

Nehmen wir als weiteres Beispiel die Themen im Wahlkampf von Bill Clinton 1992 und 1996. Es gelang der Clinton-Kampagne, u. a. die Wirtschafts- und Arbeitsmarktpolitik, die Krankenversicherung und die Staatsverschuldung (1996) zu Themen zu machen. Schwerpunkt war die Wirtschaftspolitik, die zu einer Unique Selling Proposition (siehe S. 49) gemacht werden konnte. Geschickt war 1992 der Versand des Programms an Bibliotheken. Das verlieh ihm eine gewisse Ernsthaftigkeit, und die Vorstellung, dass jeder Amerikaner das Programm gedruckt in der eigenen Gemeinde konsultieren konnte, verstärkte das Bild, nahe bei den Menschen zu sein (Maarek, 2011, S. 54).

Ob ein Thema ankommt, hängt freilich nicht nur vom Thema selbst, sondern auch vom Überbringer der Botschaft ab. Botschaften werden eher akzeptiert, wenn die Medien und die Wähler zum Überbringer Vertrauen gefasst haben; sie erhalten eine (positive oder negative) »Signatur«. Es ist ähnlich wie bei einem Telefonanruf: Ob man den Anruf entgegennimmt, hängt von der auf dem Display erscheinenden Rufnummer ab. Deshalb kann es manchmal wirksamer sein, die Botschaft mittels »Opinion Relays« zu vermitteln (siehe Abbildung 22).

Weitere Aspekte sind die Konsistenz und Beständigkeit der Kommunikation. Erst, wenn auch der eigentliche Adressat zu der Ansicht gelangt, er habe dieses Thema oder Argument schon einmal gehört (und die Position schon einmal für richtig befunden), erst dann ist die Botschaft tatsächlich angekommen. Deshalb muss der gesamte Wahlkampfapparat beständig und kohärent die gleiche Botschaft auf allen Kanälen verbreiten.

Das Thema wird nicht bloß verbal vermittelt, sondern auch durch Visualisierung. Es gilt: »Sight beats sound«. Bilder bleiben stärker im Gedächtnis hängen als Texte. Ein Beispiel einer Visualisierung ist das »Steuergesetz auf einem Bierdeckel« (»Bierdeckel«-Steuerreform des CDU-Wirtschaftsexperten Friedrich Merz 2003; Abbildung 15).

Die Idee konnte sich zwar nirgendwo durchsetzen, aber für die Themenbesetzung im Wahlkampf (»Steuersystem ist zu kompliziert«) war sie geeignet. Etwas Ähnliches schuf die Labour-Kampagne in Großbritannien 1997: Fünf je in einem Satz formulierte Wahlversprechen auf einer »Pledge Card« in der Größe einer Kreditkarte, die quasi belegen sollte, dass die Versprechen »handfest« sind. Ganz unten

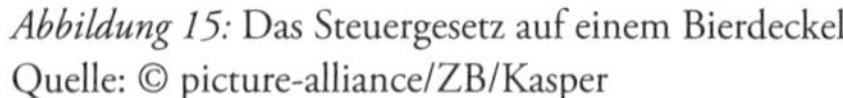

Abbildung 15: Das Steuergesetz auf einem Bierdeckel
Quelle: © picture-alliance/ZB/Kasper

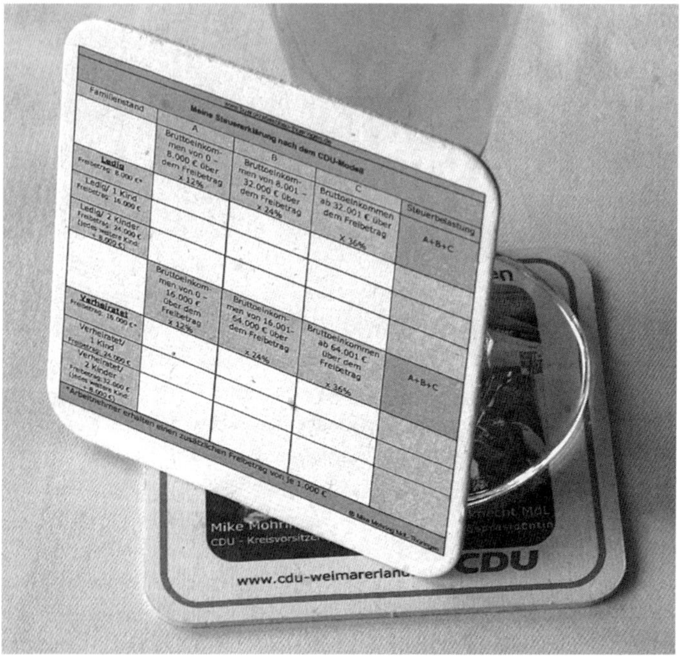

rechts war die Unterschrift von Tony Blair abgebildet und die Überschrift lautete: »Behalten Sie diese Karte und Sie werden sehen, dass wir unsere Versprechen einhalten.«

Die Labour-Kampagne für die Unterhauswahlen in Großbritannien 2015 hatte sogar noch etwas »Handfesteres« zu bieten: die wichtigsten sechs Wahlversprechen »in Stein gemeißelt« mit der »Unterschrift« des Spitzenkandidaten Ed Miliband. Dieser Stein sollte nach einem Wahlsieg im Garten von 10 Downing Street permanent an die Versprechen erinnern. Nach der Wahlniederlage von Labour wurde der Stein zerstört.

Zuweilen gelingt es, durch eine prägnante Botschaft oder eine Geschichte ein Thema zu setzen. Die Wahlstrategen des demokratischen Senatskandidaten Harris Wofford in Pennsylvania entwickelten den überaus erfolgreichen Slogan: »Wenn jeder Kriminelle das Recht auf einen Anwalt hat, sollte jeder arbeitende Amerikaner das Recht auf einen Arzt haben.« Mit einem einzigen Satz wurde die Idee einer allgemeinen Krankenversicherung von einem kaum beachteten Nebenaspekt zum politischen Thema des Wahljahrs 1991.

Für Storytelling gilt: »… wenn die Story eine Fortsetzung hat – umso besser.« (Urs Rellstab, in: Scholten & Kamps, 2014, S. 305) Mit einer Fortsetzungsgeschichte sichert man sich Aufmerksamkeit über einen längeren Zeitraum. Jede Kandidatur und jeder Wahlkampf sind selbst eine Geschichte, die sich um Hoch und Tiefs, Freund und Feind, Moral und Verschlagenheit, Unterstützung und Ablehnung usw. dreht und mit einem Happy End (Wahlsieg) oder einer Niederlage endet. Diese Geschichte muss man zu erzählen wissen, wie etwa Barack Obama (siehe S. 109). Eine für den Kandidaten gute Geschichte kann sich in den traditionellen und neuen Medien schnell verbreiten – eine Negative sogar rasend schnell.

Überzeugend war auch die Botschaft gegen US-Senator Arlen Specter, der für den Bundesstaat Pennsylvania 30 Jahre lang im Parlament saß, 2010 aber zu den Demokraten wechselte, um seine Wiederwahl zu sichern. In einem Werbespot seines Gegenkandidaten um die Nominierung hieß es: »Arlen Specter wechselte die Partei, um einen Job zu sichern. Seinen, nicht ihren.« (www.youtube.com/watch?v=x97DdZho11k) Bei der Vorwahl unterlag er seinem Herausforderer Joe Sestak.

»Wer hat's gemacht? Wir haben's gemacht!«, skandierte der »FDP-Spitzenkandidat« Rainer Brüderle auf dem Bundesparteitag 2012 seiner Partei. Diese Botschaft einer Kleinpartei war nicht glaubwürdig und sie enthielt auch kein konkretes Thema. Der über Jahre wiederholte Spruch des ehemaligen FDP-Bundesvorsitzenden Guido Westerwelle von einem »niedrigeren, einfacheren, gerechteren Steuersystem« hat sich mit der Zeit abgenutzt und wurde eher als Klientelpolitik interpretiert. Als nicht geglückt bezeichnet David Plouffe die Videobotschaft »I'm in it to win it« von Hillary Clinton im Januar 2008: »It's an awfully cold message.« (Plouffe, 2009, S. 38)

Die Christlichdemokratische Partei der Schweiz (CVP) bestimmte im November 2014, unter anderem mit dem Slogan »Wir machen uns stark für Familien« in die Parlamentswahlen 2015 zu steigen. Das Thema gehört sicher zu den Kernkompetenzen einer christlich-demokratischen Partei. Beim Stichwort »Familie« können sich aber fast alle angesprochen fühlen und insofern spricht der Slogan nicht zielgruppengerecht das Wählerpotenzial der CVP an. »Nur Einzelpersonen können wählen, keine Familien«, bemerkte der Kommunikationsexperte Lahor Jakrlin.

In einem politischen System, das direktdemokratische Elemente kennt, können politische Parteien und Kandidierende mit dem Mittel der Volksinitiative Themen setzen. In der Schweiz wurde von diesem Mittel gerade in den letzten beiden Jahrzehnten ziemlich extensiv Gebrauch gemacht, sodass Kritik laut wurde, die Volksinitiative verkomme zum politischen Marketinginstrument. Immer öfter bauen politische Parteien Volksinitiativen in ihre Wahlkampfstrategie ein (Moeckli, 2013, S. 74). Im Straßenwahlkampf ist das Sammeln von Unterschriften eine gute Methode, um mit Wählerinnen und Wählern ins Gespräch zu kommen. Mit einer Volksinitiative kann man selbst dann ein Thema setzen, wenn sie wegen zu geringer Unterschriftenzahlen nicht zustande kommt. Schon die Lancierung garantiert Medienpräsenz. Den Abstimmungstermin können die Initianten freilich nicht selbst bestimmen; dieser wird in der Schweiz von der Regierung festgesetzt. Wenn eine politische Partei im Wahljahr mit ihrer Volksinitiative ein Fiasko erlebt, wirkt sich das nicht positiv auf die Aktivisten und die Wählerschaft aus. Genau dies erlebte die Grünliberale Partei der Schweiz mit der Eidgenössischen Volksinitiative

»Energie- statt Mehrwertsteuer«. Am 8. März 2015, etwas mehr als ein halbes Jahr vor den Parlamentswahlen, sagten 92 Prozent der Stimmenden »Nein«. Auch eher glücklos war die Freisinnig-demokratische Partei der Schweiz, die erstmals in ihrer Geschichte eine Volksinitiative mit dem Titel »Bürokratie-Stopp!« lancierte. Der Aufwand zur Sammlung der 100.000 Unterschriften wurde unterschätzt. Kurz vor Ablauf der Sammelfrist am 12. April 2012 reichte die Partei die restlichen Unterschriften ein – nachdem die Bundeskanzlei ihren Schalter unbürokratisch länger als üblich geöffnet hielt. Von den eingereichten 100.649 Unterschriften erwiesen sich »auch unter Einschluss aller Zweifelsfälle bei günstigster Beurteilung« (O-Ton Bundeskanzlei) maximal 97.537 als gültig. Die Initiative war damit gescheitert, und für den Spott vonseiten initiativerprobter Parteien war gesorgt.

5.4 Beispiele von aufgezwungenen Themen

Für Bill Clinton gab es 1992 auch ein gewichtiges aufgezwungenes Thema, nämlich die Affäre Clintons mit Gennifer Flowers. Den Republikanern war es sogar gelungen, Flowers für eine Medienkonferenz anzuheuern, in der sie die über zwölf Jahre andauernde Affäre bestätigte. Als Beweis präsentierte sie heimlich aufgezeichnete Telefongespräche mit Bill Clinton. Die Veröffentlichung von »belastendem Material« in der heißen Phase des Wahlkampfes ist eine gängige Strategie der Themensetzung. So war der FDP-Spitzenkandidat Rainer Brüderle zu Beginn des Wahljahrs 2013 mit Vorwürfen der verbalen sexuellen Belästigung gegenüber einer Journalistin konfrontiert. Die Journalistin Laura Himmelreich berichtete im »Stern« von einer nächtlichen Begegnung an der Bar des Hotels Maritim in Stuttgart. »Brüderles Blick wandert auf meinen Busen. ›Sie können ein Dirndl auch ausfüllen.‹« Das Ereignis lag indessen bereits ein Jahr zurück. Der Artikel machte Sexismus zu einem Thema, und natürlich startete der FDP-Spitzenkandidat suboptimal in den Wahlkampf.

Der republikanische Präsidentschaftskandidat Mitt Romney wurde 2012 vom »47-Prozent-Video« in Bedrängnis gebracht. Mitt Romney vermittelte das Bild eines ehemaligen Gouverneurs und erfolgreichen

Geschäftsmanns, der auch in Washington reüssieren würde. Die demokratische Kampagne hat ziemlich erfolgreich versucht, Mitt Romneys Image als »abgehobener Millionär« zu prägen. Quasi als »Beweis« wurde dann in der heißen Phase des Wahlkampfs im September 2012 das »47-Prozent-Video« veröffentlicht. Heimlich aufgenommen wurde es indessen schon am 17. Mai. Dort sagte Romney: »There are 47 percent of the people who will vote for the president no matter what. [...] All right, there are 47 percent who are with him, who are dependent upon government, who believe that they are victims, who believe the government has a responsibility to care for them, who believe that they are entitled to health care, to food, to housing, to you name it.« Der Kandidat Donald Trump wurde einen Monat vor der US-Präsidentschaftswahl 2016 von einer Gesprächsaufzeichnung von 2005 kalt erwischt. In einem vulgären Gespräch unter Männern in einem Bus sagte er unter anderem, er küsse einfach drauflos oder greife Objekten seiner Begierde zwischen die Beine, ob ledig oder verheiratet. Ausführlich prahlte er über seine Versuche, eine verheiratete Frau zu verführen. Später tat er dies als »Umkleidekabinengespräch« ab. Überraschenderweise wurde das Thema »vulgärer, frauenfeindlicher Präsidentschaftskandidat« nicht dominant. Wie bei anderen Fehltritten in der Vergangenheit auch war Trump wie Teflon: der Skandal blieb nicht haften.

Bei solchen Ereignissen ist das Verhalten oder die Einstellung des »Angeschuldigten« das Thema. Drehen sich die mediale Berichterstattung und die Aktivitäten »im Netz« um Fehltritte von Kandidierenden, bleibt wie bereits erwähnt weniger Raum für die Diskussion von Sachthemen. Genau dies war bei den US-Präsidentschaftswahlen vom 8. November 2016 der Fall, denn auch Gegenkandidatin Hillary Clinton musste sich mit einer unangenehmen Geschichte herumschlagen, der sog. »E-Mail-Affäre«. In ihrer Zeit als US-Außenministerin hatte sie einen privaten E-Mail-Server auch für dienstliche Nachrichten benutzt. Nicht hilfreich für Clinton war, dass der damalige Chef des FBI, James Comey, dem Kongress zehn Tage vor der Wahl mitteilte, dass das FBI neue E-Mails entdeckt habe. Wenige Tage vor der Wahl wurde Clinton dann vom FBI »entlastet«. Am 2. Mai 2017 behauptete Clinton an einer Veranstaltung von »Women for Women International« in New York, sie wäre heute Präsidentin, wenn die Wahl am 27. Oktober stattgefunden hätte (also vor der ersten Mitteilung Comeys).

5.5 Kräfte, die die eigene Themenwahl erschweren

Nach Philippe Maarek gibt es vier Kräfte, die die Themenwahl erschweren (Maarek, 2011, S. 51 ff.). Diese vier Kräfte lassen sich nach den Dimensionen »Systemebene« und »Kräfterichtung« einordnen.

Tabelle 4: Kräfte, die die Themenwahl erschweren

Kräfterichtung / Systemebene	Antagonistische Kräfte	Opportunistische Kräfte
Systemische Kräfte	Medien	Meinungsumfragen
Personelle Kräfte	Politische Konkurrenten Politische Entscheidungen	Berater

In Anlehnung an Maarek (2011, S. 52)

Die Medien haben ihre eigenen Themen und befragen die Kandidierenden dazu; Meinungsumfragen zeigen, was die Menschen beschäftigt; Berater und Parteifreunde drängen Themen auf; Gegner zwingen Themen auf.

Wir können drei Agenden mit jeweiligen Themen unterscheiden, die sich wechselseitig beeinflussen: die Medienagenda, die politische Agenda und die Publikumsagenda (Kunczik & Zipfel, 2005, S. 369). Die Medien haben ihre eigene Agenda und Politiker sind geneigt bzw. gezwungen, sich in Richtung dieser Kraft zu bewegen. Die Publikumsagenda wiederum ist stark an die Medienagenda gekoppelt und wird durch periodische Meinungsumfragen gemessen. Opportunistisch kann ein Politiker den feuchten Finger hochhalten, fühlen, aus welcher Richtung gerade der Wind weht, und die Themen aufgreifen, die gemäß Meinungsumfragen die Menschen beschäftigen. Aber Achtung: Der Wind kann auch rasch drehen! Wie in jedem Markt muss man auch darauf achten, was die Konkurrenz macht. Diese zwingt einem zuweilen Themen auf. Aber die politische Agenda wird natürlich nicht nur von Wahlkämpfern geprägt, sondern auch ganz konkret von politischen Ereignissen, Jahrestagen sowie Entscheidungen, die anstehen oder gefällt werden. Die Kandidaten stehen auch unter dem Einfluss von politischen Beratern, die marktgängige Themen empfehlen. Dies können externe Berater sein, Parteisekretäre oder im Fall von Amtsträgern auch »Mediensprecher«. Gewöhnlich sind die systemischen Kräfte stärker als die personellen.

Maarek (2011, S. 53) erwähnt als Beispiel für die Wirkung opportunistischer Kräfte den Wahlkampf von Al Gore 2000 um die US-Präsidentschaft. Seine Berater empfahlen ihm, nicht auf den bisherigen Umweltthemen herumzureiten, da sie damals nicht als »Gewinnerthemen« angesehen wurden. Ein falscher Entscheid, denn dies nahm Al Gore einen großen Teil seiner Authentizität, waren doch Umweltthemen bislang die Grundfeste seines Images gewesen.

In einem Gastreferat, das Christoph Blocher in einem meiner Kurse an der Universität St. Gallen gehalten hatte, erwähnte er, wie er zu Beginn seiner politischen Karriere als Präsident der Schweizerischen Volkspartei des Kantons Zürich vorgegangen sei. Er habe den Wählern gewissermassen eine Offerte gemacht: Dies sind meine Themen, wollt ihr sie oder wollt ihr sie nicht? Am Anfang habe er keinen Erfolg gehabt. Er sei aber bei den Themen geblieben. Christoph Blocher wurde zur wichtigsten innenpolitischen Figur der Schweiz um die Wende vom 20. zum 21. Jahrhundert, und seine Partei hat schweizweit den Wähleranteil innerhalb von 20 Jahren fast verdreifacht.

Das unbeirrte Festhalten an bestimmten Themen über Jahre hinweg hat indessen auch seine Tücken, wenn der Zeitgeist (S. 35) und die Problemlagen sich ändern. Dann müssen die Themen überdacht werden.

5.6 Zahl der Themen und Generalthema

Die Zahl der Themen, die in einem Wahlkampf lanciert bzw. aufgegriffen werden, darf nicht zu groß sein, sonst besteht die Gefahr, sich zu verzetteln. Die einzelnen Themen sollten durch eine generelle

Stoßrichtung harmonisiert sein, die klarmacht, wofür man steht. Meist geht es dabei um eine Positionierung auf den bekannten Achsen links/rechts, liberal/konservativ, ökologisch/wachstumsorientiert oder außenpolitische Öffnung/Isolation. Mit der Beschränkung auf wenige Themen einher geht meist auch die Simplifizierung. Erst durch diese doppelte Reduktion und das Generalthema ist eine wirksame Massenkommunikation möglich. Zuweilen ergibt sich eine »Single-Issue-Kampagne« aus den Umständen heraus auch von selbst, wenn die Wahl in das Umfeld einer großen Kontroverse fällt, beispielsweise ein Neuanfang nach einer Revolution oder einem Krieg, die Abschaffung der Sklaverei, die Unabhängigkeit eines Staates oder eine tief sitzende Wirtschaftskrise. Das dominierende Thema muss aber nicht notwendigerweise polarisieren, wie beispielsweise ein angestrebter EU-Beitritt. In diesem Fall wird es bei den Wahlen auch nicht matchentscheidend sein.

Ronald Reagans Kampagne 1980 basierte auf einer kleinen Zahl von Positionsthemen, beginnend bei Steuerreduktionen. Das Generalthema war klar: weniger Staat. Franklin D. Roosevelts »new deal for the American people« bei den US-Präsidentschaftswahlen von 1932 war auch ein solches Generalthema. Im Bundestagswahlkampf 1957 trat die CDU mit dem Generalthema »Keine Experimente« an. Das bisher Erreichte sollte nicht (durch Stimmen für die SPD) aufs Spiel gesetzt werden. Falls man mit dem Generalthema genau das allgemeine Lebensgefühl und die Stimmungslage trifft, kann dies zu einem Erdrutschsieg führen. Dies war, wie bereits erwähnt, bei der griechischen Parlamentswahl vom 25. Januar 2015 der Fall.

Im Zentrum der eigenen Kampagne sollten Themen stehen, bei denen man selbst stark und der Hauptgegner schwach ist (»Gewinnerthemen«). Konfliktreiche kontroverse Themen muss man aufnehmen, selbst wenn der Gegner dort stark ist, denn das Meiden dieser Themen könnte den Eindruck der Zögerlichkeit erwecken und das Feld völlig dem Gegner überlassen. Wichtig ist, dass solche »Hoch-Konflikt-Themen« von Beginn an aufgenommen werden und nicht erst reagiert wird, wenn der mediale Druck so groß geworden ist, dass es nicht mehr anders geht. Zuweilen kann auch scheinbar Nebensächliches zum Thema werden, z. B. bei Tony Blair 1996 die Bekämpfung des Brustkrebses.

5.7 Vermeidung unliebsamer Themen

Regierende Parteien möchten zuweilen vermeiden, dass im Wahlkampf ein »heißes Thema« dominiert, zu dem es auch innerparteilich verschiedene Meinungen gibt. Die Methode dazu heißt Referendum. Der Streitgegenstand wird dem Elektorat separat zum Entscheid vorgelegt. Dies war etwa beim Referendum über den NATO-Beitritt in Spanien 1986 der Fall oder bei Abstimmungen in skandinavischen Staaten über den Euro. Der britische Premierminister David Cameron hatte im Wahlkampf 2015 für den Fall eines Wahlsieges seiner konservativen Partei bis spätestens 2017 ein Referendum über die EU-Mitgliedschaft Großbritanniens versprochen (»Brexit«). Dies erwies sich zunächst als sehr geschickter Schachzug; überraschenderweise gewann Cameron die Unterhauswahlen klar. Da am 23. Juni 2016 eine knappe Mehrheit der Stimmenden, wiederum überraschend, den Austritt aus der EU befürwortete, kostete dies aber David Cameron schließlich sein Amt.

Es gibt auch *Tabuthemen*, die in einem Wahlkampf besser nicht aufgegriffen werden. Im Mai 2013 wollte SPD-Chef Sigmar Gabriel ein Tempolimit auf Autobahnen zum Thema machen. Schon bald trat er aber auf die Bremse. Auch SPD-Kanzlerkandidat Peer Steinbrück war dagegen. In den USA sind das Waffentragen oder die Todesstrafe Tabuthemen. Michael Dukakis war der letzte Präsidentschaftskandidat einer großen Partei, der sich gegen die Todesstrafe aussprach. Bei linken Parteien sind oft Migration, Asyl, Ausländerkriminalität oder Sozialhilfebetrug Tabuthemen.

In der kanadischen Provinz Quebec verlor Ministerpräsidentin Pauline Marois April 2014 die Parlamentsmehrheit, weil sie einen schweren kommunikativen Fehler machte. Sie träumte von einem erneuten Referendum zur Unabhängigkeit. Die Bevölkerung war dieser Diskussion überdrüssig. In Quebec war bereits in den Jahren 1980 und 1995 über eine Abspaltung von Kanada abgestimmt worden. Die bislang regierende Parti Québecois (PQ) kam nur noch auf 25,4 Prozent der Stimmen.

5.8 Der Ton der Kampagne

Mit der Imagebildung und der Themenwahl im Zusammenhang steht die Wahl des Tons der Kampagne. Tritt man »neutral«, »aggressiv«, »versöhnend«, »spaltend«, »optimistisch«, »wild entschlossen« usw. auf? Ein aggressiver Ton ist natürlich nicht kompatibel mit einem Image als Versöhner und Themen, die gesellschaftliche und regionale Integration postulieren. Setzt man auf Positionsthemen, so ist eher eine polarisierende Kampagne erforderlich. Legt man den Schwerpunkt auf Kompetenzthemen, so sollte die Kampagne eher integrierend sein. Die Lösungskompetenz steht hier im Mittelpunkt, und in dieser Beziehung sind die Präferenzen der Wählerschaft normalverteilt. Bei den Positionsthemen liegt dagegen eine bimodale Verteilung der Präferenzen vor: Die Wählerschaft ist gespalten, eine Mitteposition gibt es nicht. Eine integrierende Kampagne ist auch dann notwendig, wenn sich die Konkurrenten inhaltlich kaum unterscheiden. Eine integrierende Kampagne mobilisiert eher die zweckrationalen Wechselwähler, eine polarisierende Kampagne eher die wertrationalen Stammwähler (zu dieser Typologie: Kapitel 8.5). Der Kampagneneindruck und die Identifikation mit der Kampagne können für die Teilnahme und den Wahlentscheid wichtige Rollen spielen. »Die SVP wählt man auch, weil man es schätzt, wie sie ihre Wahlkämpfe führt.« (Longchamp, 2015, S. 93) Der Ton der Kampagne kann zu einem eigenen Thema werden.

Ungewöhnlich harsche Töne und ein lamentables inhaltliches Niveau herrschten im Wahlkampf um die Nomination zum US-Präsidentschaftskandidaten der Republikaner 2015/16 und auch im eigentlichen Präsidentschaftswahlkampf 2016 vor. Donald Trump schreckte auch vor einer vulgären Sprache und immer neuen Provokationen nicht zurück – und erhielt gerade dadurch hohe Medienpräsenz und auch Zustimmung in einem beträchtlichen Teil der republikanischen Wählerschaft. Faktenkenntnisse zählten nicht zu seinen Stärken. Gleichwohl schaffte er es, alle seine parteiinternen Mitbewerber aus dem Rennen zu werfen und schließlich US-Präsident zu werden. Beim über lange Zeit angeschlagenen Ton und seinem Image als »Rüpel« wird es für ihn schwierig werden, als Präsident ein Bild des seriösen Staatsmannes zu vermitteln, sofern er dies überhaupt anstrebt.

5.9 Wahlversprechen

Soll eine Partei oder ein Kandidat im Wahlkampf »Wahlversprechen« machen? Kandidierende und Parteien sollen natürlich Themen lancieren, Positionen beziehen und Ziele formulieren. Damit wird festgelegt, welche Politik sie machen, wenn sie gewählt werden oder wenn eine Partei sogar eine Regierungsmehrheit bekommt. Bezüglich Versprechen ganz konkreter Maßnahmen sind zwei Ausgangslagen zu unterscheiden:

1) Eine Partei hat nach der Wahl die Mehrheit im Parlament und damit auch die politische Macht, ihre Wahlversprechen umzusetzen, sofern der Wille dazu besteht. Dies ist gewöhnlich nach Wahlen in Großbritannien der Fall, da die stärkste Partei jeweils auch die Mehrheit im Unterhaus stellt.

2) Macht ein Kandidat für ein Parlamentsmandat ein Versprechen, so weiß er von vorneherein, dass er dieses Versprechen natürlich nicht alleine erfüllen kann, sondern dafür eine Mehrheit suchen muss. Auch bei den meisten politischen Parteien ist die Situation so, dass sie alleine keine Mehrheit im Parlament werden erzielen können und nur die Chance haben, an der Regierung beteiligt zu werden oder allenfalls eine Regierung anzuführen. Zum Beispiel war bei der deutschen FPD stets klar, dass sie nur die Juniorpartnerin in einer Koalition sein konnte. Gleichwohl verbreitete der ehemalige FDP-Vorsitzende Guido Westerwelle über Jahre die Botschaft, er werde einem Koalitionsvertrag nur zustimmen, wenn dieser ein »niedrigeres, einfacheres und gerechteres Steuersystem« enthalte (siehe S. 86).

In der Schweiz, wo keine Partei die Chance hat, eine Mehrheit im Parlament und in der Regierung zu stellen, sind Wahlversprechen ohnehin nur Zielvorstellungen. Selbst Barack Obama gelang es bis zum Ende seiner zweiten Amtszeit nicht, das 2008 gegebene Wahlversprechen, das Gefangenenlager Guantanamo zu schließen, einzulösen.

Zum Thema Versprechen gehören auch Aussagen über Koalitionen, die man nach den Wahlen eingehen möchte oder ausschließt. Wenn die Beteiligung an der Regierung oder gar die Führung der Regierung in greifbare Nähe rückt, ist eben die politische Macht oft wichtiger als die Einhaltung von Wahlversprechen (siehe auch die Regierungsbildung im Kosovo 2014, S. 76). Das geschah bei der

Regierungsübernahme von Wolfgang Schüssel 2000 in Österreich. Vor den Parlamentswahlen im Oktober 1999 hatte er angekündigt, in die Opposition zu gehen, falls die ÖVP bei der Wählerstärke nur Platz drei belege, was dann auch eintraf. Gleichwohl ging er eine Koalition mit der rechtspopulistischen FPÖ ein, was sogar internationale Proteste und »Sanktionen« der EU hervorrief.

Nicht nur falsche Wahlversprechungen, sondern handfeste Lügen hatten die in Ungarn regierenden Sozialisten vor den Parlamentswahlen vom 23. April 2006 aufgetischt. Gemäß Auszügen aus dem Tonbandprotokoll einer Fraktionssitzung sagte der damalige Premierminister Ferenc Gyurcsany: »Wir haben offensichtlich in den vergangenen anderthalb bis zwei Jahren von Anfang bis Ende gelogen. Es war vollkommen klar, dass das, was wir sagten, nicht die Wahrheit war. [...] Und im Übrigen haben wir vier Jahre lang überhaupt nichts getan.« Seine Regierung habe durch »Hunderte Tricks« und »göttliche Vorsehung« die Wahl gewonnen. Das war die Initialzündung für die schwersten Unruhen seit der Wende 1989/90.

Aber möchte die Wählerschaft tatsächlich die Wahrheit hören, was die Absichten der Parteien angeht? Keine so guten Erfahrungen mit diesem Ansatz hatte die deutsche CDU im Bundestagswahlkampf 2005 gemacht. Sie hatte eine Mehrwertsteuererhöhung von zwei Prozentpunkten angekündigt, in der Annahme, die Wählerschaft würde diese Ehrlichkeit schätzen. Dies war nicht der Fall. Die CDU kam nur auf einen Wähleranteil von 35 Prozent und musste mit der SPD, die diese Steuererhöhung im Wahlkampf abgelehnt hatte, eine große Koalition eingehen. Die Koalition erhöhte dann den Regelsatz der Mehrwertsteuer ab 2007 gleich um drei Prozentpunkte.

6 Instrumente im Wahlkampf

6.1 Was sind Instrumente im Wahlkampf?

Wir haben festgestellt, dass ein Wahlkampf in einer Demokratie hauptsächlich ein Kommunikationsprozess ist, bei dem es darum geht, Teile der Wählerschaft zu motivieren und zu überzeugen. Insofern sind Instrumente im Wahlkampf in einer gefestigten Demokratie zur vor allem Kommunikationsinstrumente, d. h. Kanäle, mit denen man die eigene Botschaft an die Zielgruppen bringen kann. Im Folgenden geht es also um diese Kanäle und deren Verwendung. Menschen kann man aber nicht nur überzeugen, man kann sie auch durch Anreiz oder Druck zu einem bestimmten Verhalten bewegen. In einem weiteren Sinn würden demnach auch Bestechung, Bedrohung, Einschüchterung, Erpressung, Versprechen von Ämtern und Aufträgen, Korruption und Ähnliches zu den Instrumenten zählen. Diese Instrumente sind insbesondere in labilen Demokratien und autoritären Systemen von Bedeutung.

In welchem Umfang die Kommunikationsinstrumente eingesetzt werden können, hängt natürlich von den verfügbaren Ressourcen ab, insbesondere vom Geld, der Kampagnenorganisation, den Aktivisten und Unterstützern, vom Bekanntheitsgrad der Kandidierenden und von ihrem Netzwerk an Medienvertretern. Eine erfolgreich geführte Kampagne erschließt auch mehr Ressourcen: Die Aussicht auf Wahlerfolg lässt die Spenden reichlicher fließen, die Zahl der Unterstützer wächst und die Medien interessieren sich stärker für den erwarteten Sieger. Der deutsche Publizist Paul Sethe hatte in einem Leserbrief im »Spiegel« 1965 formuliert: »Pressefreiheit ist die Freiheit von zweihundert reichen Leuten, ihre Meinung zu verbreiten.« Reiche Leute bzw. große Unternehmungen können natürlich mit dem Einsatz großer Geldbeträge auch bestimmen, wer sich in einem Wahlkampf Gehör verschafft, zumindest was »Paid« oder »Owned Media« angeht. Wie bei den Massenmedien können auch im Internet die Kanäle im eigenen Besitz sein (Owned Media). Etwas anderes sind die »Earned Media«, d. h. Kommunikation in den Social Media und auf verschiedenen Plattformen über die eigenen politischen Produkte. Hier geht es um längerfristig erarbeitete Reputation und um Vertrauen.

In Österreich konnte sich der Milliardär Frank Stronach mit seinem Geld nicht nur Gehör verschaffen, sondern gleich auch noch eine eigene Partei gründen (»Team Stronach«) und einige Abgeordnete noch vor der Parlamentswahl 2013 zum Übertritt motivieren. Nach einem missglückten Wahlkampf eroberte das Team immerhin elf Nationalratsmandate. Aber das Geld des Parteigründers allein konnte das Team nicht zusammenhalten. Schon vier Monate nach der Wahl verkündete Stronach seine Rückkehr nach Kanada und in der Partei zeigten sich Zerfallserscheinungen. Einer der reichsten amerikanischen Unternehmer, Donald Trump, stieg 2015 in den US-Präsidentschaftswahlkampf ein. Im Vorwahlkampf um die Nomination zum republikanischen US-Präsidentschaftskandidaten im Sommer 2015 machte er sich über die Höhe der Spendengelder von Hillary Clinton lustig. Er prahlte, er sei etwa zehn Milliarden Dollar schwer (»I'm really rich«). Gehör verschaffte er sich, aber das heißt nicht, dass seine Person und die Inhalte vorteilhaft rezipiert wurden. Vor allem in den Leitmedien und im Ausland war dies nicht der Fall. Wenn viel Geld aus dubiosen Quellen zur Verfügung steht, bietet das für die Medien und die politische Konkurrenz auch eine Angriffsfläche.

Wie anfangs dieses Kapitels erwähnt, dienen die meisten Instrumente der Kommunikation mit der Wählerschaft, insbesondere den Zielgruppen. Diese Kommunikationsinstrumente sind in Abbildung 16 zusammengestellt.

Kommunikation ist entweder unmittelbar – d. h. man kann die Inhalte selbst bestimmen – oder läuft mittelbar über Medien. In den folgenden Kapiteln wird einzeln auf diese Instrumente eingegangen, wobei die Instrumente in die Kategorien »traditionell« und »neu« eingeteilt und weiter differenziert werden. Die Massenmedien bleiben das mit Abstand wichtigste mittelbare Instrument. Meinungsumfragen gehören insofern dazu, als man damit die Wirkung der Kommunikation messen kann. In den »Earned Media« muss man sich, wie oben erwähnt, langfristig eine Reputation erarbeiten. Jedes Instrument erreicht und kontaktiert eine bestimmte Anzahl Wählerinnen und Wähler. Sie zu kontaktieren genügt aber nicht, es kommt darauf an, ob und wie sie die Inhalte zur Kenntnis nehmen (Rezeption). Das

Abbildung 16: Kommunikationsinstrumente

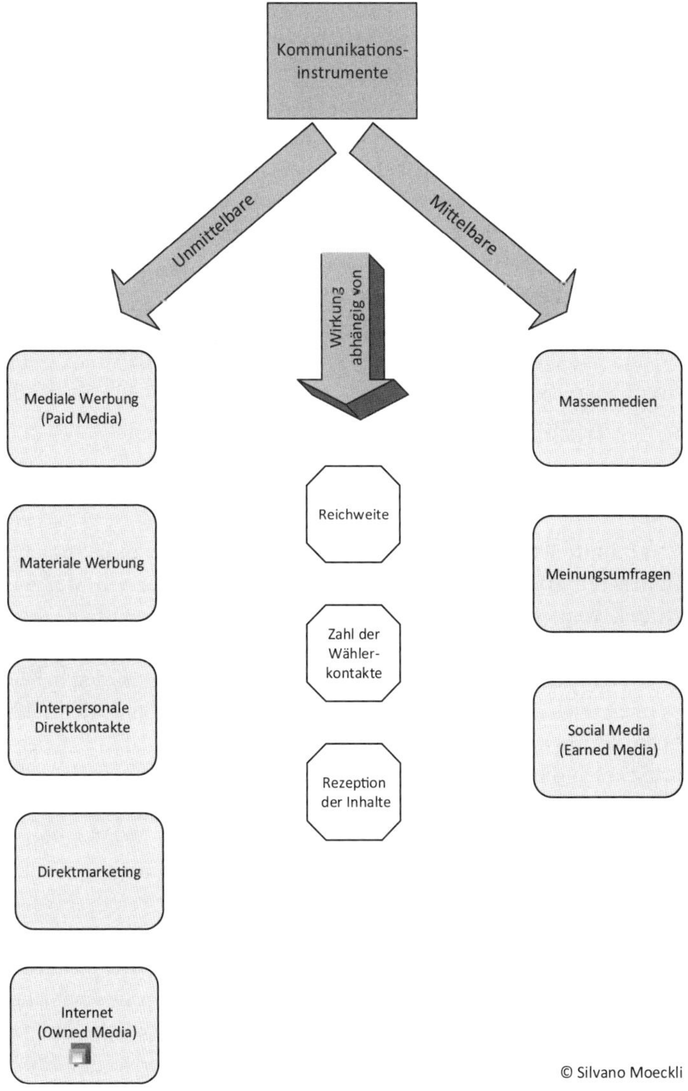

wiederum hängt vom Inhalt, von der Form, vom Kommunikator und von der Wiederholung ab. Beim Mix der Instrumente stellt sich natürlich immer auch die Frage nach den Kosten und deren Verhältnis zu den erhofften Wirkungen.

Am wirksamsten ist Wahlkampfkommunikation, wenn sie harmonisiert auf mehreren Kanälen erfolgt, auf neuen wie auf traditionellen. Die Kanäle laufen immer mehr in- und übereinander. Es sind drei einfache Fragen zu beantworten (vgl. Schulz, 2015, S. 39):

1) Wie groß ist die Reichweite der verwendeten Kanäle, d. h. die Zahl der Kontakte mit Wählern?
2) Werden die Zielgruppen erreicht?
3) Nehmen die Zielgruppen die Inhalte auch tatsächlich auf?

6.2 Traditionelle Instrumente

6.2.1 Unmittelbare mediale Werbung

Zur unmittelbaren medialen Werbung zählen in erster Linie Inserate in den Printmedien und Werbespots in den elektronischen Medien. Mittels Werbespots und Inseraten kann man unmittelbar, ohne Filter, kommunizieren. Man bezahlt, und dafür kann man Inhalt, Zeitpunkt und Reichweite selbst bestimmen. Inserate in den Printmedien haben es nicht leicht, Aufmerksamkeit zu erzielen, gerade wenn, wie in der Schweiz und den USA, viele Kandidaten für sich werben und gleichzeitig auf unterschiedlichen Staatsebenen noch Sachfragen zu entscheiden sind. Auch ist es schwierig, genau die Zielgruppen anzusprechen. »Eine zielgruppengenaue Streuung ist für Wahlwerbung allerdings viel komplizierter als für Wirtschaftswerbung.« (Schulz, 2015, S. 41) Es gibt keine passgenauen Medien.

Kommerzielle politische Werbung in den elektronischen Massenmedien lässt die Rechtsordnung der USA zu; in Kontinentaleuropa ist sie fast überall nicht gestattet oder stark reguliert. In Deutschland können politische Parteien in den öffentlich-rechtlichen Sendern in den letzten vier Wochen vor der Wahl kostenlos Sendezeit für selbst produzierte Spots beanspruchen. Bei den privaten Sendern können die Parteien »gegen Erstattung der Selbstkosten« Werbezeit kaufen.

Wählerstarke Parteien erhalten mehr Sendezeit als Kleinparteien. Rechtlich kaum geregelt ist Werbung im Internet, die man auch zur unmittelbaren medialen Werbung zählen kann. Im Internet werden auch jene Spots platziert und »verewigt«, die schon im Fernsehen zum Einsatz kamen.

In den USA wird noch immer das meiste Geld für TV-Spots ausgegeben, denn damit können viele Menschen erreicht werden, und mit der Kombination von bewegtem Bild, Person, Text und Musik können Emotionen geweckt werden. Der Kandidat muss am Schluss des Spots erklären, dass er ihn billigt (»I approve this message«). Anonyme Attacken auf den Gegner sollen so verhindert werden. Viele Spots in den USA sind »negativ«, und zwar hauptsächlich über Personen, nicht über Themen. Bei Angriffen auf den Gegner ist aber Vorsicht geboten, denn das kann auch zu Bumerang- und Victim-Syndrom-Effekten führen (siehe Kapitel 4.8). Gerade unfaire Attacken mittels medialer Werbung können zum Gegenstand der Medienberichterstattung und zum Wahlkampfthema werden. Ein Beispiel für einen negativen Spot ist das »Swiftboat Veterans For Truth Ad on John Kerry« 2004 (www.youtube.com/watch?v=phqOuEhg9yE). »Man warf Kerry vor, er habe seine Rolle als Kapitän eines Patrouillen-Boots im Vietnamkrieg mit Lügen überhöht, um sich für die Verleihung von Verdienst-Medaillen zu empfehlen. Obwohl sich die Vorwürfe später als sachlich falsch erwiesen, nahm Kerrys guter Ruf Schaden, und er war nicht in der Lage, adäquat auf die Angriffe zu reagieren.« (Burgard, 2012, S. 65)

Politische Werbespots im Fernsehen, die einen Kandidierenden im besten Licht darstellen, haben auch ihre Tücken. Es wird vom Aussehen und Verhalten her ein Bild eines Politikers gezeichnet, dem dieser in der Realität kaum entsprechen kann. Wähler, die dem Politiker persönlich begegnen, erwarten möglicherweise, dass dieser aussieht und sich verhält »as seen on TV«. Wie Schauspieler müssen dann die Politiker immer »in voller Montur« auftreten.

Originelle und humorvolle Spots verbreiten sich zuweilen in Windeseile im Internet, was für zusätzliche Aufmerksamkeit sorgt. Ein Beispiel dafür ist der Spot des damaligen norwegischen Premierministers Stoltenberg, der im Wahlkampf 2013 einen Tag lang als Taxifahrer tätig war. Der Überraschungseffekt der Fahrgäste war natürlich groß und hatte erheblichen Unterhaltungswert. Auf YouTube (www.youtube.com/watch?v=bBXV-LXzeig) waren mehr als 1,5 Millionen Klicks verzeichnet. Übrigens: Wie schon kurz erwähnt verlor Stoltenbergs Arbeiterpartei die Wahl. Jens Stoltenberg wurde 2014 NATO-Generalsekretär. Im April 2017 inszenierte sich Österreichs Bundeskanzler Christian Kern als Pizzakurier (https://www.youtube.com/watch?v=lnRk3PxxCI4). Diese Aktion generierte auf seiner Facebook-Seite fast eine Million Aufrufe und mehr als 2.000 Kommentare. Sie sorgte in Österreich für viel Gesprächsstoff – und natürlich auch für Spott.

6.2.2 Materiale Werbung

Von der unmittelbaren medialen Werbung ist die materiale zu unterscheiden. Hier geht es um Plakate, Straßenschilder, Ballone, Spruchbänder, Maskottchen, Flugblätter, Broschüren an alle Haushalte, Abzeichen, Flyer, Spielkarten, Einkaufstaschen, Regenschirme, »Garantiekarten«, DVDs, Feuerzeuge, Eiskratzer – alles, was nicht nur medial dargestellt wird, sondern »greifbar« ist. Wenn die Gegenstände im Straßenwahlkampf gratis abgegeben werden, nennt man sie »Giveaways«, wenn sie verkauft werden »Merchandising-Artikel«. Vorsicht ist geboten bei Billigst-Artikeln aus dem asiatischen Raum (Balsiger, 2014, S. 170). Je nach politischer Positionierung bieten diese Angriffsflächen, und das Image des Kandidierenden bzw. der Partei kann angekratzt werden.

Wieso druckt man noch Wahlkampfzeitungen, Flugblätter und Poster, wenn man deren Inhalt auch elektronisch über das Internet oder Massenmails verbreiten könnte? Zeitungen, Flugblätter oder gar adressierte Sendungen wirken handfester, ernsthafter. Als Wähler bekommt man durch die materiale Werbung etwas »in die Hand« oder kann es direkt sehen. »Printed matters« zeigen auch besser die konkrete Bedeutung der Kampagnenkommunikation (Maarek, 2011, S. 107). Mit personalisierten Flugblättern oder Briefen kann man gezielt kleinere Gruppen mit spezifischen Themen ansprechen, was gerade bei noch unentschlossenen Wählern wirksam sein kann.

»The traditional means of political communication in use up to the mid-twentieth century are thus far from being useless today.«

(Maarek, 2011, S. 110) So schafft eine flächendeckende Plakatierung im öffentlichen Raum eine »Wahlkampfatmosphäre«. Plakate dienen auch oft als Mittel der Provokation (siehe S. 64). Getragene Gegenstände schaffen ein Gemeinschaftsgefühl und heben die Moral der Aktivisten. Generell muss es gelingen, unter den Aktivisten eine positive Grundstimmung entstehen zu lassen, denn nur »Akteure, die von den Erfolgschancen der eigenen Partei überzeugt sind, setzen sich mit ganzer Kraft ein« (Rhomberg, 2009, S. 198). Parteiprogramme und Bücher spielen eine untergeordnete Rolle. Breit gestreute unmittelbare Kommunikation, wie etwa die von der SVP Schweiz in einer Auflage von fast vier Millionen an alle Haushalte verteilten »Extrablätter«, ist jedoch sehr kostspielig. In seinem Vorwort zum Extrablatt vom November 2012 erläutert Parteipräsident Toni Brunner: »Was Tamedia, Ringier, NZZ, AZ Medien und die Südostschweiz Mediengruppe schreiben, prägt die öffentliche Wahrnehmung in der Schweiz. Was sie verschweigen, wird kaum mehr wahrgenommen. Diese Entwicklung ist bedenklich und nicht ungefährlich, insbesondere dann, wenn Verlagshäuser auch politische Interessen verfolgen. Wir als SVP haben doch das Gefühl, dass wir öfter verzerrt und auch einseitig dargestellt werden. Die Medien berichten gerne über Personalien und Befindlichkeiten, aber die Ziele, Aktivitäten und Erfolge unserer Partei werden häufig verschwiegen.« Nicht jede Partei hat indessen die Möglichkeit, für einen solchen Druck und Versand fast eine Million Franken aufzutreiben.

Die Wirkung materialer Werbung wird durch die sofortige Identifizierung als Werbung abgeschwächt und ruft auch kritische Abwehrreaktionen hervor. Eine erste Frage lautet oft, wer dafür bezahlt hat. Bei einer Breitenkommunikation wie einem Versand an alle Haushalte gibt es immer Empfänger, die sich nicht bloß über den Inhalt enervieren, sondern schon dadurch, dass sie Adressat dieser Kommunikation geworden sind. So wurde nach dem Versand des SVP-Extrablatts vom Februar 2013 diskutiert, wer bei Annahmeverweigerung das Porto für den Rückversand zahlt (Antwort: der Absender). Wer unerwünschte Promo-Sendungen von politischen Parteien nicht dem Altpapier übergibt, sondern sich die Mühe der Rücksendung macht, der hat sich wirklich aufgeregt, was oft harsche Einzelreaktionen und Anschlusskommunikation auslöst.

Unverzichtbarer Teil jeder Kampagne ist und bleibt das Plakat. »Plakate haben eine besonders hohe Reichweite.« (Schulz, 2015, S. 45) Es sollte ein Blickfänger sein, der auch bei politisch wenig interessierten Wahlberechtigten Aufmerksamkeit weckt. Gestaltung und Botschaft, Timing und Standort des Plakats müssen stimmen. Plakate sind gewöhnlich auf einen Kopf oder ein Thema fokussiert. Als zusätzliches Gestaltungselement kam in den 1930er-Jahren die Fotografie hinzu, die Authentizität vermitteln sollte (Neue Zürcher Zeitung, 11. September 2015, S. 50). Das erste Fotoplakat in der Schweiz war jenes von Paul Senn 1931: Junges Paar mit entschlossenem Gesichtsausdruck, kämpferisch und solidarisch mit erhobenen Armen, unter Verwendung der Signalfarbe Rot, mit dem einprägsamen Slogan »Gegen Krise und Not – Für Arbeit und Brot« (http://sammlungen-archive.zhdk.ch/view/objects/asitem/Exhibitions$00401603/17).

Wie bereits erwähnt können Plakate auch als Mittel für gezielte Provokationen eingesetzt werden (siehe Abbildung 11: Plakat zur Lancierung der Ausschaffungs-Initiative der SVP 2007). Neu ist das keineswegs, wie ein Bildband mit rund 400 anstößigen Plakaten des langjährigen Leiters der Basler Plakatsammlung illustriert (Thalmann, 2009). Hingewiesen sei auch auf die Website des Deutschen Historischen Museums in Berlin, auf der man Bilder aus der Sammlung historischer Wahlplakate und Erläuterungen findet (http://www.dhm.de/sammlung-forschung/sammlungen0/plakate.html).

Eines der originellsten Plakate im Schweizer Nationalratswahlkampf 2011 war dasjenige des Berner Stadtpräsidenten, Alexander Tschäppät, der für die Sozialdemokratische Partei (SP) kandidierte (Abbildung 17). Der Kopf des Kandidaten wird nicht gezeigt, einen Hinweis auf seine Partei gibt es auf diesem Plakat nicht. Es ist auch nicht in der Farbe der SP, in Rot, gehalten, sondern in Grün, der Farbe der Schweizerischen Volkspartei (SVP). »svp« steht doppeldeutig für diese Partei und für das Französische »s'il vous plaît«. Dies steht in kleiner Schrift ganz unten in einer Fußnote. Im Kanton Bern gibt es Gebiete, wo Französisch gesprochen wird.

Auch im Nationalratswahlkampf 2015 machte Alexander Tschäppät mit einem originellen (diesmal weißen) Plakat auf sich aufmerksam. Auf acht Zeilen stand der Name »TSCHÄPPÄT«

Abbildung 17: Plakat von Alexander Tschäppät im Nationalratswahlkampf 2011

geschrieben, zuoberst ganz groß, dann in immer kleinerer Schrift. Zuunterst war zu lesen: »Weitsichtige wählen Alexander Tschäppät. Kurzsichtige auch.«

Die Anspielung auf bereits Bekanntes ist eine bewährte Methode, um Aufmerksamkeit zu erregen. So auf einem Plakat des Luzerner Nationalrats Felix Müri im Schweizer Wahlkampf 2007 (Abbildung 18). Dieses lehnt sich an ein bekanntes Bild aus der Nespresso-Werbung mit George Clooney an. Anstelle von »What else?« stand »Wer sonst?«.

Umgekehrt geht es auch: Der Produzent von alkoholfreiem Bier, Clausthaler, machte im Wahljahr 1995 mit folgendem Plakattext auf sich aufmerksam: »Damit immer genug Flaschen da sind: Wählt Claus Thaler.« Auch die Anspielung an vertraute Insider-Begriffe kann wirksam sein, wie die Aussage »klasse Kämpferin« auf einem Plakat für Manuela Auer (Abbildung 19). Da sie als Sozialdemokratin 2014 für die Arbeiterkammer Vorarlberg kandidierte, passte der Spruch.

Abbildung 18: Plakat von Felix Müri (Kanton Luzern 2007)

Abbildung 19: Manuela Auer »klasse Kämpferin« (2014)

Wörtlich abgekupfert vom Schweizer Detailhandelsunternehmen Migros war der Slogan »Für die Region. Aus der Region«, den die Kandidaten Stefan Jordi und Michael Aebersold 2014 auf ihrem Plakat für die Parlamentswahlen im Kanton Bern verwendet hatten. Die Migros verzichtete auf eine Klage (Balsiger, 2014, S. 205f.), und natürlich berichteten die Medien darüber.

Plakate, die ein Lächeln hervorrufen, ohne dass sie gleich beleidigend sind, kommen gewöhnlich gut an. Der Slogan »Gegen Laufzeitverlängerung« auf nachstehender Abbildung ist schön doppeldeutig, das Bild zeigt eine eingenickte Regierungsspitze und die Website heißt »Abwaehlkalender.de«. Hier konnte man jeden Tag in Form eines Kalenderblattes einen Grund sehen, weshalb die Regierung Merkel abgewählt werden sollte. Die Zielgruppe wird unten rechts gleich mit dem vertrauten »Du« angesprochen. »Diese Art von Humor hat bereits eine lange Tradition in der grünen Wahlwerbung und verfehlt daher vermutlich nicht den intendierten Mobilisierungseffekt.« (Christina Holtz-Bacha, 2015, S. 114)

Abbildung 20: Plakat der »Grünen« im Bundestagswahlkampf 2013

»Voluntary or unauthorized posters« sind Plakate, die an »verbotenen Stellen« aufgeklebt werden. Sie helfen, die Kohäsion der Aktivisten zu stärken, indem man gemeinsam »etwas Verbotenes« macht. Eine Variante ist das Überkleben oder Verfälschen von Poster der Konkurrenz.

Die technologische Weiterentwicklung des Plakats sind ePanel und eBoard in Full-HD-Qualität. Die Botschaft wird digital auf einem Display dargestellt, kann beliebig modifiziert und auch nur für kurze Spots benutzt werden. Überdies sind kurze Buchungszeiten von beispielsweise einer Stunde möglich. Da diese neuen Formen des »Plakats« nicht unbedingt eine beruhigende Wirkung auf die Umgebung haben und man sich ein wenig wie in Las Vegas fühlt, werden sie in der Schweiz nur zurückhaltend bewilligt. In der Stadt Winterthur gab es 2015 schon zehn City ePanels. Politische Werbung ist allerdings nicht zulässig. Oft findet man auf Plakaten auch QR-Codes. Mittels »Mobile-Tagging« (Markierung mit dem Mobiltelefon) können Interessierte auf weitere Informationen zugreifen. Allerdings macht sich kaum jemand die Mühe, den QR-Code zu scannen.

Eine spezielle Art der Printwerbung ist das »Teasing«. Darunter versteht man eine aufeinanderfolgende Reihe von Postern oder Inseraten mit Bezug zueinander. Es wird gewissermaßen eine Fortsetzungsgeschichte erzählt. Wie das englische Wort schon sagt, muss es »neckend« sein, damit der Betrachter interessiert wieder hinsieht. »Wo ist Beda?«, das war alles, was im Sommer 2015 auf einem großen orangefarbenen Plakat im Kanton St. Gallen stand. Die Farbe zeigte es an: Es musste sich um die Werbung für einen Nationalratskandidaten der Christlichdemokratischen Partei handeln. Wer neugierig war, konnte sich über den aufgedruckten QR-Code näher informieren. Die »Auflösung« war natürlich auf dem nächstfolgenden Plakat zu sehen.

Zur materialen Werbung gehören auch Bücher. Sie erzählen meist eine schöne Geschichte des Kandidaten, die sich besser einprägen lässt als ein Parteiprogramm. Barack Obama schrieb vor seiner ersten Präsidentschaftskandidatur sein zweites Buch »The Audacity of Hope: Thoughts on Reclaiming the American Dream«. Drei Monate nach dem Erscheinen des Buches 2006 kündigte Obama seine Kandidatur an. Hillary Rodham Clinton präsentierte im Juni 2014 ihr Buch

»Hard Choices«. Schon 2004 hatte sie ein Buch vorgelegt: »Living History«. Die ehemalige Vizepräsidentschaftskandidatin Sarah Palin publizierte 2009 ihr Buch »Going Rogue«. Präsidentschaftskandidat Mitt Romney wollte nicht nachstehen und kam 2011 mit »No Apology: Believe in America« auf den Markt. Der Untertitel war auch sein Wahlkampfslogan 2012. Vizepräsidentschaftskandidat Paul Ryan legte wie Palin erst nach der Kampagne ein Buch vor: »The Way Forward: Renewing the American Idea«.

6.2.3 Mittelbare massenmediale Kommunikation

Hierbei geht es um die mittelbare Kommunikation über die redaktionellen Teile der Medien. Politische Medieninhalte sind Ergebnis von Interaktionsprozessen, »die im Rahmen von Strukturen der Politik wie der Medien zwischen politischen und medialen Akteuren stattfinden« (Jarren & Donges, 2011, S. 26). Im Wahlkampf wird der Interaktionsprozess meist von den Kandidierenden bzw. den Parteien selbst durch Medienkonferenzen, Medienmitteilungen oder Events, zu denen Medienschaffende angelockt werden, angestoßen. Er kann aber auch von Medienschaffenden kommen, indem diese um ein Interview oder einen Artikel nachsuchen. Die Vorteile: Für diese Medienpräsenz müssen die Kandidierenden kein Geld ausgeben (»free media«), das Medium hat meist eine höhere Glaubwürdigkeit als eine politische Partei und man erreicht auch Wähler außerhalb des eigenen Lagers. Der Nachteil: Form und Inhalt der Kommunikation können nicht selbst bestimmt werden. Sie ist nicht unmittelbar wie die selbst bezahlte Werbung. Wenn die Kommunikation von den Medien angestoßen wurde, ist sie oft reaktiv. Die parteiunabhängige Presse ist nicht leicht zugänglich. Einfacher ist der Zugang, wenn der Kandidat die Medienschaffenden bzw. Eigentümer persönlich kennt und eine Beziehung zu ihnen aufgebaut hat. Nach Maarek ist die nichtparteigebundene Presse immerhin »relatively influenceable« (Maarek, 2011, S. 104). Die Presse ist seit Jahren von Leserschwund und schrumpfenden Anzeigeeinnahmen geplagt, es stehen weniger redaktionelle Ressourcen zur Verfügung. Umso empfänglicher ist die Presse für vorgeformte Inhalte. Ein gängiges Format ist das Interview, das nur wenig redaktionelle Eigenleistung abverlangt. Dieses wird natürlich

»gegengelesen« und autorisiert. So lassen sich die eigenen Botschaften leicht unterbringen.

Die wirksamste massenmediale Kommunikation erfolgt nach wie vor über das Fernsehen. Die Reichweite dieses Mediums bleibt unübertroffen. Eine besonders hohe Reichweite haben *TV-Duelle* von Spitzenkandidaten, insbesondere in politischen Systemen, in denen das Rennen um die politische Spitzenposition unter zwei Parteien bzw. Lagern ausgemacht wird (wie in den USA, in Deutschland, in Großbritannien und in Frankreich). TV-Duelle sind dann meist ein Kulminationspunkt jeden Wahlkampfs. Entsprechend viel wird von den Kontrahenten gewöhnlich in die Vorbereitung investiert, z. B. werden Studios nachgebaut (siehe S. 114), Debatten in Rollenspielen trainiert, Witze einstudiert. Mit der Nervosität unmittelbar vor Beginn solcher Live-Debatten gehen Spitzenkandidaten unterschiedlich um, wie David Plouffe (2009, S. 62) berichtet. Das Team hätte nie wieder den Fehler begangen, Obama in letzter Minute mit Informationen zu überhäufen, wie bei der ersten TV-Debatte im Vorwahlkampf 2007. Er bevorzugte eine entspannte Konversation über unpolitische Themen. Obama erbrachte schließlich gemäß Plouffe eine »solide Leistung«.

In den USA spielen die TV-Debatten der beiden Spitzenkandidaten in der Endphase des Wahlkampfes eine herausragende Rolle. Das erste Duell zwischen Hillary Clinton und Donald Trump am 27. September 2016 verfolgten in den USA über 80 Millionen Menschen. Trump stieg offenbar wenig vorbereitet ein in die Debatte – zum Vorteil Clintons. Seit der ersten TV-Debatte 1960 zwischen John F. Kennedy und Richard Nixon wissen die Kandidierenden, dass diese wahlentscheidend sein kann. »Die professionellen Beobachter lauern vor allem auf politische Irrtümer und Fehlreaktionen der Kandidaten.« (Schulz, 2015, S. 62) In den USA ist eine spezielle Kommission für die Organisation der Debatten und die Spielregeln verantwortlich. Es gibt verschiedene Formate: »Townhall« mit Zuschauern, die Fragen stellen können, Streitgespräch mit Moderatoren mit oder ohne Publikum, an einem Tisch sitzend oder an Rednerpulten stehend. Beim Townhall-Format spielt das Nonverbale eine größere Rolle, weil sich die Kandidaten im Studio bewegen. Es ist wie bei einem Pokerspiel: Man kann alles gewinnen oder alles verlieren (siehe Dukakis, S. 159).

Wichtig ist nicht nur, bei der Debatte eine gute Figur zu machen. Wichtig ist auch, die Deutungshoheit darüber zu gewinnen, wer die Debatte gewonnen hat. Natürlich gibt es dazu Meinungsumfragen. Einflussreich für das Gesamturteil sind die sogenannten »Experten«, die in den Massenmedien auftreten. Jede Seite reklamiert gewöhnlich den Sieg für sich. Im sogenannten »Spin Room« stehen Berater und Helfer der Kandidaten den Medienschaffenden vor und nach der Debatte für Interviews zur Verfügung, um der Deutung den eigenen »Dreh« zu verleihen.

Auftritte in Late-Night-Shows haben gewöhnlich die höhere Reichweite als solche in reinen Politformaten (von Debatten der Spitzenkandidaten einmal abgesehen). Sie eignen sich sehr gut für den »Verkauf« des Produkts »Person«. Nicht alle Kandidierenden sind für dieses Format geeignet, denn man muss fähig sein, Lacher zu produzieren. Barack Obama war in diesem Metier ein Meister, der es sich als erster amtierender Präsident leisten konnte, in einer spätabendlichen Talkshow aufzutreten. Hillary Clinton hingegen hatte Mühe. Auftritte im Fernsehen haben generell einen Agenda-Setting-Effekt, d. h. andere Medien berichten im Anschluss daran oft auch über das Thema oder den Kandidaten, und es gibt ein Echo in den Social Media. Die Kontrolle über das Medium Fernsehen ist schwierig, weil für die Wirkung auch die nonverbale Kommunikation eine große Rolle spielt. Diese kann man zwar auch trainieren; die Kameraposition aber bestimmen die Fernsehmacher.

Bei der nonverbalen Kommunikation (siehe Kapitel 4.3) kann man physische Erscheinungsmerkmale und nonverbale Verhaltensweisen unterscheiden. Sind Erscheinungsmerkmale und Verhaltensweisen dauerhaft bzw. wiederkehrend, können sie zu Markenzeichen einer Person werden. Ronald Reagan war immer braungebrannt. Bei Michael Gorbatschow ist das Geburtsmal auf der Stirn auffällig. Markenzeichen von Lech Walesa ist sein Schnauzbart. Andere prägen ihr unverkennbares Merkmal durch Kleider: Sie tragen stets Maßanzüge, Fliege, ein Seidentuch – oder nie Krawatte, wie der griechische Ministerpräsident Alexis Tsipras und sein erster Finanzminister Janis Varoufakis. Bei Frauen wird gewöhnlich stärker auf die Bekleidung und Frisur geachtet als bei Männern. Eine nonverbale Verhaltensweise ist Angela Merkels mit den Händen geformte »Raute«. Ein anderer Aspekt der nonverbalen Kommunikation mittels der äußeren Erscheinung ist, dass man sich nicht zu sehr vom gewöhnlichen Bürger und vom durchschnittlichen Politiker unterscheiden möchte (Maarek, 2011, S. 119). Zuweilen genügt schon die Anpassung an die Konvention, um »besser« auszusehen. Dilma Rousseff optimierte vor ihrem ersten Präsidentschaftswahlkampf 2010 in Brasilien ihr Aussehen durch eine Schönheitsoperation. Silvio Berlusconi besuchte regelmäßig eine Schönheitsklinik in den USA, ließ sich Haare transplantieren und begab sich zum Fettabsaugen in die Privatklinik »Ars Medica« in Gravesano im Tessin.

Nach einer TV-Debatte am 1. September 2013 erregte Angela Merkels Halskette bei Teilen des Publikums mehr Aufmerksamkeit als die diskutierten Themen. Die Halskette bekam einen eigenen Twitter-Account: @schlandkette. Vizepräsidentschaftskandidatin Sara Palin trat im Präsidentschaftswahlkampf 2008 stets in eleganter Robe auf. Als bekannt wurde, dass sie für Kleider und Schminke 150.000 Dollar aus der Parteikasse aufgewendet hatte, brach ein Sturm der Entrüstung los. Ein Spender verlangte gar sein Geld zurück. Bei den ukrainischen Präsidentschaftswahlen 2010 erschien Julia Timoschenko meist in Weiß, was heißen sollte: Ich bin rein, nicht korrupt, habe eine weiße Weste. Den geflochtenen Zopf nach »Bäuerinnenart« trug sie seit der Orangenen Revolution 2004 bis 2016.

Viele nonverbale Verhaltensweisen geschehen unbewusst. Einige können trainiert werden. Kennedy sah bei der ersten TV-Debatte 1960 praktisch nie zu seinem Gegner Nixon, sondern in die Kamera (Maarek, 2011, S. 122). Der Kandidat weiß, dass die Zuschauer quasi durch das Auge der Kamera blicken. Also muss er genau darauf achten, bei welcher Kamera gerade das »rote Licht« an ist. Die Kamera zeigt den Kandidaten regelmäßig auch dann, wenn er nicht spricht. Wie erwähnt (S. 59) schaute Präsident George H. W. Bush 1992 während einer Fernsehdebatte mit Bill Clinton auf seine Armbanduhr, als eine Zuschauerin im Studio eine Frage stellte (siehe www.youtube.com/watch?v=hBrW2Pz9Iiw).

Nicht alle nonverbalen Gesten, die bei einer Rede vor einer Versammlung das Gesagte verstärken sollen, kommen im Fernsehen gut an. Bei einer großen Veranstaltung sehen die meisten Zuschauer den Redner aus einer gewissen Distanz. Im TV-Bild kann eine bestimmte Geste, beispielsweise das Zeigen mit dem Finger auf den Gegner, als

Großaufnahme erscheinen und deshalb eine viel stärkere Wirkung erzeugen. Theatralische Gesten wie das wilde Herumfuchteln mit den Armen sollten eher vermieden werden. Ein Meister solch (genau einstudierter) großer Gesten war Adolf Hitler. Aber er trat nicht live im Fernsehen auf und hatte auch keine Kontrahenten im Studio. Was filmisch in der »Deutschen Wochenschau« transportiert wurde, war sorgfältig komponiert. Dazu gehörte insbesondere die enthusiastische Reaktion des Publikums.

Das Training im Formalen ist heute oft intensiver als das Training der Vermittlung politischer Inhalte. Sattelfestigkeit bezüglich der vertretenen Inhalte muss natürlich auch geübt werden. Das gilt insbesondere für die »Soundbites«, die Vermittlung von kurzen einprägsamen Zitaten, die in der Anschlussdiskussion aufgegriffen und so weiterverbreitet werden. Ein guter Spruch ist nicht immer auch eine gute inhaltliche Antwort. Aber er bleibt in Erinnerung. »Soundbites« werden vor der Debatte auswendig gelernt. Die Kunst besteht darin, sie im richtigen Moment und elegant einzubringen. Debatten werden mit einem fiktiven Gegner in voller Länge eingeübt. Ja, es werden, wie bereits erwähnt, ganze Studios nachgebaut, um auch das Bewegungsverhalten im Raum zu trainieren. Wer mediengewandt ist, erhält Medienanfragen und Einladungen zu Talksendungen. »Dabei spielt es keine Rolle, wenn sie nicht zu den besten Kennern der Materie gehören, denn entscheidend ist, dass sie sich pointiert ausdrücken können und prominent sind.« (Balsiger, 2014, S. 11) Und wer häufig interviewt wird und in Talkshows auftritt, erhält noch mehr Anfragen.

Eine besondere Form der mittelbaren massenmedialen Kommunikation ist das Interview (siehe auch S. 110). Hier steht der Kandidierende einem Medienschaffenden Rede und Antwort. Allerdings findet nicht jedes Interview in Form eines persönlichen oder telefonischen Gesprächs statt. Oft erfolgt das Frage- und Antwortspiel schriftlich per E-Mail. Wenn es sich nicht um ein Live-Gespräch handelt, wird der Kandidat gewöhnlich verlangen, den Inhalt zu »autorisieren«. Oft werden dann noch wesentliche Änderungen an den Antworten und manchmal auch an den Fragen vorgenommen. Wenn der Medienschaffende wenig Zeit hat, kann der Interviewte sogar die Fragen vorgeben. Wichtig ist, dass der Kandidierende auch die Headline und die Zwischentitel vorher zu sehen bekommt.

Bei Interviews hat aber normalerweise der Medienschaffende die Gesprächsführung inne. Er hat seine Agenda und bestimmte Punkte, die er abhaken will. Der Kandidierende hat seine eigenen Themen und Botschaften, die er »rüberbringen« möchte. Gewöhnlich kommt es nicht gut an, wenn der Interviewte die Fragestellung einfach ignoriert und seine vorher auswendig gelernten Punkte aufzählt. Für diesen Konflikt empfiehlt Rose (Rose, 2010, S. 199) »Überbrückungen« – im ersten Halbsatz geht man auf die Frage ein, im zweiten kommt man zu den eigenen Punkten:

- »That's an issue, but what the public are most concerned about is …«
- »Some say that, but what our research shows is …«
- »Yes that debate will run and run, and today we are focused on …«
- »An important point and I'd like to answer it in three ways, if I may …« (high risk, as it requires style and confidence, but used to great effect by elder statesman who, of course, never do answer)
- »I agree that needs answering and I will in a moment, if I may, but first I would just like to say …« (using politesse to take control of the interview agenda)
- »That is an issue but the important thing to focus on …« (very popular but patently judgemental and thus rather obvious)
- »Well I think the three main things to focus on are …« (double bridge, only viable if the question wasn't very clear)
- »Let me be absolutely clear …« (not a bridge at all, a smokescreen favourite of UK Prime Minister Tony Blair, which everyone takes as ›I'm not answering that‹)
- »But what we know works in this field is …« (useful, as long as you really do know)
- »That's a possibility but what were calling for is …« (likewise)
- »That's one view, but we need to look at how this fits into the bigger picture.«

»Don't be like politicians and push past the question without acknowledging it, from A to C without B – that's rude.«

Neben willkommener Berichterstattung in den Massenmedien gibt es solche, die man als Kandidat lieber verhindert hätte. Dazu gehören Berichte oder Bilder über negative politische und persönliche Seiten und Vorgänge. Anders sieht es aus, wenn es negative Berichterstattung über Gegenkandidaten gibt. Es sind ja gerade die Dinge, die der Kandidat nicht von sich selbst preisgibt, die die investigativen Medien, die stets auf der Suche nach einem Primeur (einer exklusiv aufgegriffenen Geschichte) sind, interessieren. Im englischsprachigen Raum zirkuliert folgendes Bonmot: »News is what somebody does not want you to print. All the rest is advertising.« Nichtautorisierte Bilder und Geschichten sind gewöhnlich für den Kandidaten eher peinlich. Sie können aber auch imagefördernd sein, wenn die Kandidaten »menschlich rüberkommen«.

Die mittelbare Kommunikation mit einer Zielgruppe kann wirksamer sein, wenn sie indirekt erfolgt, nämlich über Repräsentanten dieser Gruppe. Der Kandidat trifft in diesem Fall persönlich ausgewählte Personen, die diese Gruppe repräsentieren – z. B. Polizisten, Hispanics, Katholiken, alleinerziehende Mütter, ethnische Minderheiten. Die Wirkung auf die Gesamtgruppe erfolgt dadurch, dass diese Medienkontakte in den Medien abgebildet werden (Maarek, 2011, S. 100 f.). Dies schafft Identifikation. Natürlich muss versucht werden, die Berichterstattung in die gewünschten Bahnen zu lenken, beispielsweise durch das Zur-Verfügung-Stellen von eindrücklichen Bildern.

6.2.4 Interpersonale Direktkontakte

Trotz Massenmedien und Social Media bleiben interpersonale Direktkontakte unverzichtbar, also der Wahlkampf »auf der Straße«, an Ständen, Unterschriftensammlungen, Hausbesuche, Diskussionsveranstaltungen, Fundraising Dinners, inszenierte Events usw. Diese direkte Präsenz wird bei Spitzenkandidaten auch in den Medien abgebildet, ungefiltert bei der unmittelbaren Kommunikation, umgeformt in den Massenmedien. Nicht jeder ist so eifrig wie Jacques Chirac, der zwischen 1993 und 1995 zwei Millionen Französinnen und Franzosen die Hand schüttelte. Prominente Kandidierende können es bei einem Händedruck bewenden lassen und bleiben in Erinnerung. Weniger bekannte Kandidierende müssen sich schon auf einen Small Talk einlassen, damit die kurze Begegnung (wahl-)wirksam ist. Damit reduziert sich natürlich die Zahl der möglichen Kontakte rapid. Straßenwahlkampf ist vor allem zu empfehlen, wenn die Amtsträger durch Mehrheitswahl direkt bestimmt werden. Bei einer Listenwahl ist das Spektrum an Kandidierenden weniger überschaubar und man wählt in erster Linie eine Partei.

»Klinkenputzen« – also Besuche zu Hause – ist bei Wahlkämpfen in den USA und Großbritannien eine gängige Methode. Diese wurde mittlerweile perfektioniert. Besuche erfolgen nicht zufällig, sondern gezielt, gestützt auf Datenbanken, und mit den Inhalten der Gespräche werden die Datenbanken auch gleich wieder gefüttert. Eine solche »Mobile Canvassing App« offeriert bspw. das Unternehmen »i360«. Die Schlussmobilisierung erfolgt sowohl durch Hausbesuche als auch andere Instrumente wie Telefonanrufe und SMS. In der Schweiz werden Hausbesuche heutzutage nicht mehr geschätzt. Als die sozialen Milieus noch existierten, wussten die Parteiaktivisten auch ohne Datenbanken, an welche Türen sie klopfen mussten.

Aus den sozialen Milieus rekrutierten sich früher auch die Teilnehmenden an Diskussionsveranstaltungen bzw. Versammlungen. Die Säle waren voll. Heutzutage muss man bei solchen Veranstaltungen mehr bieten als nur »sprechende Köpfe«, um Publikum und Medienschaffende »hinter dem Ofen« hervorzulocken. »Konventionelle Podiumsveranstaltungen sind out. […] Am besten werden Veranstaltungen bewertet, die nicht direkt mit dem Wahlkampf identifiziert werden.« (Jaques-Bosch, 1997, S. 54) Es ist zuweilen besser, sich als Kandidat an Veranstaltungen zu zeigen, die auch ohne Wahlkampf ohnehin stattfinden, wie z. B. Jahresversammlungen. Heutzutage gehören bei Wahlkampfveranstaltungen ein unterhaltender Teil und eine Gratis-Verköstigung schon fast zum Standard. Fällt die Wahl, wie die Schweizer Parlamentswahl, in den Oktober, bietet sich ein Oktoberfest an. Gut besucht sind in der Schweiz die von der Schweizerischen Volkspartei veranstalteten »Buurezmorge« (Bauernfrühstücke), die meist von Volksmusik umrahmt werden. Fast schon Kultstatus in der Schweiz hat die von Christoph Blocher 1989 ins Leben gerufene jährlich durchgeführte »Albisgüetli-Tagung« der SVP des Kantons Zürich. Hier gibt es Essen, Musik und deftige Reden. Eingeladen ist auch immer der Schweizer Bundespräsident. Selbst ausländische Journalisten besuchen diese Veranstaltung gerne, weil sie gute Bilder und Schlagzeilen liefert. Finden Events auf der Straße statt, treten natürlich die Kandidierenden auf. Nebst Reden gibt es Musik, Tanz,

Essen – und am Schluss gelegentlich sogar ein Feuerwerk. Das habe ich so auch bei einer Wahlkampfveranstaltung auf dem Skanderbeg-Platz 2013 in Tirana (Albanien) erlebt. In Deutschland ist der »politische Aschermittwoch« der politischen Parteien über Bayern hinaus zur Tradition geworden. Unter »Bierzelt-Atmosphäre« wird auf den politischen Gegner eingedroschen und der eigene Zusammenhalt gestärkt. Für die Medien fallen meist einige knackige Zitate ab.

Der Event ist das eine. Das Abbild in den Medien das andere. Für eine weitere Verbreitung der Albisgüetli-Tagung sorgen die Veranstalter selbst auf ihrer Website, wo auch die Videos der Reden angeklickt werden können. Sind die Medien nicht präsent, beliefern die Veranstalter die Medien mit Stoff, nicht nur mit Textmitteilungen, sondern auch mit Bildern und Videos. Bei der erwähnten Wahlkampfveranstaltung in Tirana trat am Schluss eine Traube junger Menschen in den Parteifarben auf, scharte sich um den Spitzenkandidaten und verbreitete mit enthusiastischen Ausrufen eine Siegerstimmung – alles eingefangen von zahlreichen Kameras.

Zu einem unterhaltsamen Direktkontakt kann auch ein *Witz* gehören. Es gibt Spitzenkandidaten, die beschäftigen Spezialisten, welche sie mit Witzen versorgen. Ein gelungener »Opening Joke« zu Beginn und passende Witze während einer Rede lockern die Atmosphäre im Publikum auf. Gut kommen auch *Anekdoten* über ungewöhnliche Begebenheiten an, die einen Bezug zum Redner haben.

Im April 2007 erzählte das damalige Mitglied der Schweizer Regierung, Christoph Blocher, folgenden Witz über seinen Regierungskollegen Moritz Leuenberger (der Witz war alt, die Anwendung neu):
Moritz Leuenberger will den Schweizer Zoll ohne Pass überqueren und erhält den Bescheid, er müsse beweisen, wer er sei. Roger Federer habe dies getan, indem er ein wenig Tennis gespielt habe. Und Alex Frei habe ein Fußball-Dribbling gezeigt. Nun müsse Leuenberger auch beweisen, was er könne. Leuenberger antwortete, er könne nichts. Worauf die Zöllner antworten: Ja, dann sind Sie Leuenberger.

6.2.5 Direktmarketing

Beim Direktmarketing werden einzelne Wähler direkt angesprochen. Briefe erlauben eine Personalisierung der Form und des Inhalts. Es können komplexe Botschaften übermittelt und es kann um Geldspenden geworben werden. Anders als Nachrichten über elektronische Kanäle werden Briefe fast immer geöffnet, insbesondere dann, wenn das Kuvert und die Anschrift nicht gleich auf Massenversand schließen lassen. Verfügt man in Datenbanken über Merkmale der Empfänger, können die Inhalte personen- und gruppenspezifisch variiert werden (siehe S. 43). Nachteilig sind hier die hohen Kosten. Amtsträger können zuweilen pauschal frankierte Kuverts verwenden. Zu berücksichtigen ist jeweils die Rechtsordnung: Staaten kennen unterschiedliche Regelungen, was die Zulässigkeit des Direktmarketings angeht.

Aktivisten sprechen einzelne Wähler persönlich an, sei es Face-to-Face oder telefonisch. Beim Phone-Marketing sind Namenslisten von Sympathisanten erforderlich (nicht allein Wählerlisten). Diese werden unter anderem durch soziale Netzwerke generiert (dazu später, S. 136). Es gibt Personen, die stehen auf vielen Listen und werden dementsprechend oft angerufen und angeschrieben. »Social Non-Participants« hingegen stehen auf keiner Liste.

Anrufe, die eine auf Band gesprochene Botschaft übermitteln, sind in Europa weniger üblich als in den USA. Am andern Ende der Leitung kann sogar der Präsident sprechen. Wenn man die Anrufe nicht personen- oder zielgruppenspezifisch tätigen kann, sollte man eher darauf verzichten, denn die Angerufenen reagieren meist negativ oder nehmen den Anruf gar nicht entgegen.

Wie erwähnt (S. 117), sind Hausbesuche in der Schweiz nicht üblich und geschätzt. In den USA sind sie eher akzeptiert. Für Spitzenkandidaten sind diese einfacher als für Aktivisten, da ihnen stets ein Medientross folgt und die Besuche meist auch für die Besuchten eine willkommene Abwechslung darstellen. Es macht einen Unterschied, ob eine aus den Medien bekannte Person vor der Haustüre steht oder ein völlig unbekannter Kandidat oder ein Aktivist. Kurz vor den Vorwahlen in Iowa am 3. Januar 2008 klopften Obama-Anhänger an mehr als 50.000 Haustüren an einem Tag. Das war, wie

David Plouffe (2009, S. 130) schreibt, effektiver als Telefonanrufe, denn die Wähler hätten genug gehabt von Anrufen.

Das traditionelle Direktmarketing wird heute ergänzt durch das Marketing über das Mobiltelefon und Social Media.

6.2.6 Leserbriefe und Onlinekommentare

Möglichkeiten unmittelbarer medialer Kommunikation ohne große Kosten sind (gesteuerte) Leserbriefe, Kommentare in der Onlineausgabe von Zeitungen, Facebook-Einträge, Twittermeldungen, Blogs usw. Letztere gehören natürlich nicht mehr zu den traditionellen Methoden.

Leserbriefe finden gerade in den regionalen und lokalen Teilen einer Zeitung große Beachtung und sollten deshalb als Instrumente für den Wahlkampf nicht geringgeschätzt werden. Der St. Galler Nationalratskandidat Lukas Reimann hatte 2006 mit einem viel beachteten Leserbrief mit dem Titel »Minarett – ein Symbol der Eroberung!« in der »Wiler Zeitung« die Besetzung des Themas »Islam« gewissermaßen gestartet. Voraussetzung für dieses Instrument ist, dass es eine vielfältige Printmedienlandschaft gibt. Die Lokalpresse und damit die lokalen Leserbriefspalten indessen schrumpfen.

»Unechte« Leserbriefe, für die Personen gesucht werden, welche ihren Namen unter einen von der Kampagnenleitung verfassten Leserbrief setzen, gehören in der Schweiz schon lange zum Standardrepertoire in Wahl- und Abstimmungskämpfen. Es steht den Redaktionen dabei frei, Leserbriefe zu kürzen oder gar nicht zu publizieren. Pendant des Leserbriefes in den Onlineausgaben von Zeitungen sind Leserkommentare im Anschluss an Artikel. Hier ist Manipulation noch einfacher als in den Printausgaben. Im Abstimmungskampf um die Volksinitiative »Gegen die Abzockerei«, die am 3. März 2013 in der Schweiz mit einem rekordhohen Ja-Stimmenanteil von 67,9 Prozent angenommen wurde, schaltete eine Agentur auf einem virtuellen Marktplatz folgende Annonce (Moeckli, 2013, S. 115 f.): »Für unseren Kunden suchen wir per sofort 5 Studierende, die bei einem Onlineprojekt mitarbeiten. Ihre Aufgabe besteht darin, zu einem politischen Thema Stellung zu nehmen. Sie unterstützen unseren Kunden in der täglichen Sichtung der Medienberichterstattung und reagieren entsprechend auf Leserkommentare.« Aufgabe dieser bezahlten Studierenden war es, unter falschem Namen Kommentare gegen befürwortende Stimmen der »Abzocker-Initiative« auf News-Portalen zu schreiben. Den Studierenden wurden genaue Vorgaben gemacht, wie sie arbeiten sollen: »Vorgehen: Ein Student löst diverse (8–10) gefakte E-Mail-Adressen (bei gmx.ch, hotline.com, bluemail.ch etc.). Gängige Namen verwenden (Huber, Müller, Baumgartner). Bei der Eingabe schauen, dass es den Ort, PLZ und die Straße auch effektiv gibt (Check mit Weisseseiten.ch) […]« Beim Wirtschaftsdachverband Economiesuisse, der acht Millionen Franken in die Nein-Kampagne investierte, bestritt man es, hinter dieser Aktion zu stehen.

Gekaufte Kommentare auf Online-Plattformen sind mittlerweile ein gut laufendes Geschäft. Wie kommerzielle Produkte werden auch politische Produkte von »Schreibsöldnern« durch erfundene Kommentare in bestem Licht dargestellt (bzw. die Produkte der Konkurrenz schlechtgemacht). So sollen zwei österreichische Politiker die Dienste der Wiener PR-Agentur »mhoch3« in Anspruch genommen haben (Neue Zürcher Zeitung vom 11. November 2014, S. 50). Um Kommentaren den Anschein der Authentizität zu geben, schreibt die Agentur in ihrer Wegleitung: »Rechtschreibefehler sind erwünscht.« Gemäß einer Schätzung des Magazins »Datum« soll die Agentur 80.000 bis 100.000 PR-Postings pro Jahr absetzen. Eine Petersburger Agentur soll Schreiberlinge dafür bezahlen, auf den Online-Ausgaben von Medien positive Kommentare im Sinne des Kremls zu hinterlassen. Neben privaten Agenturen wird auch der Staatsapparat eingesetzt. Manipuliert werden kann auch der sog. »Klout Score«, der den Einfluss eines Users im Netz misst und mit einem Wert zwischen 1 und 100 angibt. Mittlerweile verlangen immer mehr Online-Redaktionen, dass sich Kommentatoren registrieren, bevor sie Einträge machen können, und sie prüfen die Kommentare vor der Freigabe inhaltlich. Das ist natürlich aufwendig.

6.2.7 Meinungsumfragen

Mit Meinungsumfragen werden nicht nur die Wirkung der eigenen Kommunikation gemessen und die politische Stimmung eingefangen, sondern auch die politische Stimmung gemacht. »Generell kann jedoch gesagt werden, dass es für Parteien vor allem darauf ankommt, in den Medien als möglicher Sieger zu erscheinen und damit Trend und Meinungsklima auf ihrer Seite zu haben.« (Woyke, 2013, S. 146) Pendelt in Deutschland eine Partei in den Meinungsumfragen bei der Sonntagsfrage um die Sperrklausel herum (fünf Prozent), so kann dies mobilisierende oder demobilisierende Wirkungen haben. »Die Umfragen prägen auch den Eindruck der Bürger vom Wahlkampf und ihre Annahmen zu den Siegchancen der Parteien und Kandidaten.« (Schulz, 2015, S. 68) Um eine Beeinflussung des Elektorats zu verhindern, ist in etlichen Staaten die Publikation von Meinungsumfragen kurz vor der Wahl verboten. Dies nützt aber nicht viel, denn statt in Paris kann man das Umfrageergebnis in Genf publizieren.

Meinungsumfragen werden von Parteien, Kandidierenden oder Medien selbst als Kommunikationsinstrument eingesetzt. Parteien oder Kandidierende publizieren die Ergebnisse nicht, wenn sie unvorteilhaft oder gar dem Gegner dienlich sind. Medien, die keinen Stoff haben, geben gerne Meinungsumfragen in Auftrag, und schon verfügen sie über einen »Primeur«. Da repräsentative Meinungsumfragen nicht gerade billig zu haben sind, wird oft beim Umfang der Stichprobe und bei der Methode gespart. »Die Medien als Auftraggeber der Umfragen berichten aber über ein Faktum, an dessen Zustandekommen sie selbst entscheidend beteiligt sind. Die Umfragen sind eher ein Medienkonstrukt als objektive Realität, sie sind Medienrealität mit weitreichenden Folgen. Die Umfrage-Ergebnisse werden in der Regel zum Gegenstand der politischen Diskussion, regen vielfältige Spekulationen über den weiteren Verlauf der Kampagne an.« (Schulz, 2015, S. 67) Im Zentrum des medialen Interesses steht das »Horse Race«, und dies ist der Hauptgrund für die fader werdende politische Debatte. Eine minime Veränderung bei den Umfragewerten ist wichtiger als die Debatte über politische Inhalte (Maarek, 2011, S. 86). Die Kommunikation geht am Kandidaten vorbei und wird tautologisch: Die Wählerschaft liest in den Massenmedien ihre Meinung und dies wirkt wiederum meinungsbildend (siehe Abbildung 21).

Nachdem der SPD-Vorsitzende Sigmar Gabriel am 24. Januar 2017 bekannt gegeben hatte, dass er Martin Schulz als Kanzlerkandidat und Parteivorsitzenden vorschlage, gerieten Partei und neuer Kandidat in ein Umfragehoch. Noch nie wurde beim ZDF-Politbarome-

Abbildung 21: Die Umlenkung der politischen Kommunikation durch Meinungsumfragen

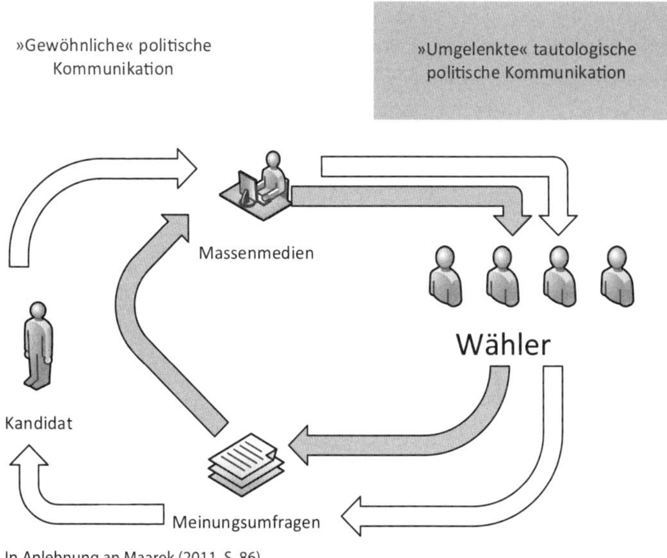

In Anlehnung an Maarek (2011, S. 86)

ter ein so großer Zuwachs für eine Partei gemessen wie für die SPD im Februar 2017: von 24 auf 30 Prozentpunkte. 49 Prozent der Befragten sagten, sie hätten Martin Schulz lieber als Bundeskanzler (Angela Merkel kam auf 38 Prozent). Die Berichterstattung über den Rückzug Gabriels und die Nominierung von Schulz war so massiv gewesen, dass dies natürlich Auswirkungen auf die Ergebnisse von Meinungsumfragen hatte. Und diese »sensationellen Umfrageergebnisse« waren wiederum Stoff für eine umfangreiche Berichterstattung. Der Kandidat Schulz hat in seiner Startphase mehr bewegt als Umfrageergebnisse: Er hat der SPD neue Energie, neue Mitglieder und große Geschlossenheit beschert. Am 19. März 2017 wurde Martin Schulz mit 605 gültigen Stimmen einmütig zum Parteivorsitzenden gewählt. Dieses »Traumergebnis« fand wiederum ein großes Echo in den Medien. Berichterstattung, Umfrageergebnisse und Euphorisierung der Partei gingen Hand in Hand. Beim ersten »Härtetest« für den Hoffnungsträger Schulz, der Landtagswahl im Saarland am 26. März 2017, zeigte sich, dass die SPD potenzielle Wähler wieder abholen konnte. Aber noch viel stärker wurden potenzielle CDU-Wähler mobilisiert, die eine rot-rote Koalition befürchteten und ihre populäre Ministerpräsidentin Annegret Kramp-Karrenbauer behalten wollten. Die Wahlbeteiligung stieg von 61,6 auf 69,7 Prozent, und die CDU konnte entgegen den Meinungsumfragen ihren Wähleranteil um 5,5 auf 40,7 Prozent erhöhen. Der Hype um Schulz flachte danach ab. Bei der Landtagswahl in Nordrhein-Westfalen am 14. Mai 2017 gab es den gleichen »Schulz-Effekt«: Die Wahlbeteiligung stieg um 5,6 Prozent, und fast eine halbe Million ehemalige Nichtwähler gaben ihre Stimme der CDU, die um 6,7 Prozentpunkte zulegen und die SPD überholen konnte.

Die Ergebnisse von Meinungsumfragen hängen stark von der Frageformulierung ab. Mit einer entsprechenden Formulierung kann man Ergebnisse »herbeimessen«. Es macht für die Antwort einen Unterschied aus, ob ein Mönch den Abt fragt: »Darf man beim Beten rauchen?« oder »Darf man beim Rauchen beten?« Kaum je breit diskutiert werden methodische Fragwürdigkeiten von Meinungsumfragen. Repräsentative Stichproben bei telefonischen Umfragen sind fast nicht mehr möglich, weil immer mehr Menschen keinen Festnetzanschluss mehr haben und die Antwortquote etwa bei Anrufen in der Schweiz nur noch bei etwa einem Viertel liegt. Der Standardfehler des Mittelwertes und die Befragungsart werden dabei meist nicht thematisiert. D.h. es kann bei der Befragung geschummelt werden, und publiziert werden nicht die Rohdaten, sondern die »gewichteten Ergebnisse«.

Bei Wahlkämpfen können Umfrageergebnisse zu Underdog- und Bandwagon-Effekten führen (siehe Kapitel 4.8). Mobilisierend oder demobilisierend wirken Meinungsumfragen insbesondere bei Abstimmungskämpfen. So hatte eine Meinungsumfrage des GfS-Forschungsinstitutes Bern vor der Abstimmung über die Minarett-Initiative am 29. November 2009 in der Schweiz eine Nein-Mehrheit von 53 Prozent gemessen. Die Gegner wähnten sich in falscher Sicherheit. Vor der Abstimmung über die Masseneinwanderungsinitiative am 9. Februar 2014 sah das gleiche Institut einen Anteil von 43 Prozent der mutmaßlich Stimmenden, die »Ja« oder »eher Ja« sagen würden. Die

Initiative wurde knapp angenommen. Vor der Abstimmung über die Ecopop-Initiative – hierbei ging es um eine Begrenzung des Bevölkerungszuwachses durch Zuwanderung – erhob das Institut in der ersten Umfrage einen Ja-Stimmenanteil von 35 und in der zweiten Umfrage einen solchen von 39 Prozent. Die Initiative kam bei der Abstimmung vom 30. November 2014 aber nur auf 26 Prozent. Noch weiter daneben lag eine Online-Umfrage der Gratiszeitung »20 Minuten« vom 21. Oktober 2014, an der sich 13.397 Personen beteiligten. Sie ergab eine Zustimmung von 53 Prozent. Vor dem Hintergrund des Ergebnisses der Masseneinwanderungsinitiative und der Umfrageergebnisse engagierten sich die Gegner der Ecopop-Initiative in der Schlussphase des Abstimmungskampfes besonders stark. Umfrageergebnisse können auch einen Einfluss auf die Spendenbereitschaft und die Rekrutierung von Freiwilligen und Aktivisten haben.

In den USA und in Deutschland gibt es zahlreiche Meinungsforschungsinstitute, die Wahlumfragen durchführen. Die Vorhersage von Wahlergebnissen ist oft der einzige harte Test für Meinungsforschungsinstitute bezüglich der Treffsicherheit ihrer Ergebnisse, und insofern hängt ihr Renommee davon ab. Meinungsforschungsinstitute verdienen ihr Geld sonst für gewöhnlich mit Marktforschung, und bei dieser gibt es diesen harten Test nicht. In der Schweiz besteht das Problem darin, dass es sich nur die Schweizerische Radio- und Fernsehgesellschaft leisten kann, periodisch seriöse Umfragen zu Wahlen und Abstimmungen in Auftrag zu geben. Das Institut, das diese durchführt, hat dann praktisch ein Monopol.

Von repräsentativen Meinungsumfragen zu unterscheiden sind »Abstimmungen« im Internet, die schon zu den »neuen Instrumenten« des folgenden Kapitels gehören. Egal, wie hoch die Beteiligung bei Online-Umfragen und wie gut die Gewichtung der Ergebnisse aufgrund der sozialen Merkmale der Teilnehmenden ist: Sie können niemals repräsentativ sein, obwohl sie heutzutage als »repräsentativ« verkauft werden. Dies war im Juli 2015 bei einer Online-Umfrage über den Bau eines zweiten Straßentunnels am Gotthard der Fall. »Volk für eine zweite Gotthard-Röhre« titelte beispielsweise »20 Minuten« am 19. Juli 2015. 70,8 Prozent der Befragten seien dafür. »Für die repräsentative Umfrage des Meinungsforschungsinstituts Opinion Plus wurden 1.000 Stimmberechtigte online zwischen dem 4. und

14. Juli 2015 in der Deutschschweiz und der Romandie befragt. Der Unschärfebereich liegt bei maximal ± 3,2 Prozent.« Das klingt ziemlich »wissenschaftlich«, ist es aber nicht. Den Wortlaut der Fragestellung erfährt man nicht. Anfang Juli ist Hauptreisezeit und da häufen sich Meldungen über Staus am Gotthard. Man kann bei Befragungen Uninteressierte nicht durch Interessierte ersetzen, und das geschieht eben bei Online-Umfragen. Die Angabe des Standardfehlers des Mittelwertes ist hier reine Augenwischerei. Die Abstimmung vom 28. Februar 2016 ergab eine Ja-Mehrheit von 57 Prozent.

»Umfragen«, »Petitionen«, »Abstimmungen« oder »Likes« sind auch leicht zu manipulieren. Mittlerweile gibt es »Like-Farmen« wie Boostlikes.com, die zur Hauptsache der Verkaufsförderung bzw. (beim Konkurrenten) Verkaufshemmung dienen. 1.000 Fans auf Facebook kann man sich für etwa 70 Dollar bei »Like-Farmen« in Indien, Ägypten, Indonesien oder Sri Lanka kaufen. »Abstimmungen« im Internet kann man im Lauf eines Wahlkampfes dazu einsetzen, um Stimmung für oder gegen eine Partei, eine Person oder ein Thema zu machen. Die »Meinung« im Netz soll suggerieren, es handle sich um die öffentliche Meinung oder den »Mainstream«. T-Online bringt bei Umfrageergebnissen im Internet richtigerweise eine Fußnote an: »Diese Nutzerumfrage ist nicht repräsentativ für die Gesamtbevölkerung. Online-Umfragen sind einem hohen technischen Missbrauchsrisiko ausgesetzt, die Ergebnisse dieser Umfrage könnten eventuell von Dritten manipuliert worden sein.«

6.3 Neue Instrumente

6.3.1 Internet und »neue Medien«

»Wahlkampf im Internet« ist bei allen Akteuren und in der Forschung ein großes Thema. Einen Überblick über die wissenschaftliche Literatur und die Nutzung des Internets in Wahlkämpfen geben Jungherr and Schoen (2013) sowie Knecht (2011). Dank Internet sind die Kosten der Verbreitung der Inhalte gering (nicht aber die Kosten der Produktion der Inhalte). Aber Achtung: Wahlkampf im Internet heißt nicht, dass die Inhalte neu sind. Das Internet ist in erster Linie ein neuer Kanal. Praktisch alle bedeutenden »traditionellen« Medien sind heute mit ihren Inhalten auch im Internet präsent. Zeitungsartikel und mithin die Berichterstattung über den Wahlkampf findet man auch online. Oft greifen die Internetnutzer, die politische Inhalte suchen, auf die Websites der traditionellen Medien wie Zeitungen, Fernseh- und Radiostationen zu. Immer mehr Menschen lesen Online-Ausgaben von Zeitungen oder schauen sich Sendungen auf Tablets oder Smartphones an. Die Parteien und Kandidierenden stellen daher Berichte über ihre »traditionellen Aktivitäten« auch ins Netz.

Die Inhalte der traditionellen und der neuen Medien überlappen sich; der Stoff wird nicht unbedingt reichhaltiger, aber auf mehr Kanälen zugänglich. Wer also im Lauf einer Kampagne in der Printausgabe einer Zeitung oder in einer Sendung in den elektronischen Medien präsent ist, ist es auch im Netz. In die andere Richtung gilt dies nur in Ausnahmefällen. In die traditionellen Medien schaffen es nur Nachrichten, die organisatorische und nachrichtenwertige Selektionshürden überwinden (zu den Nachrichtenfaktoren siehe S. 56 sowie Kunczik and Zipfel (2005, S. 248)). Im Internet können beliebige nutzergenerierte Inhalte publiziert werden; fragt sich nur, was auch zur Kenntnis genommen wird. Die Nachrichtenfaktoren sind dieselben wie bei den traditionellen Medien. Was flapsig ist und von einer prominenten Person stammt, wird eher rezipiert und weitergereicht. Oft beziehen sich die Diskussionen in den Social Media auf Inhalte der traditionellen Medien. Anders als bei Printausgaben können Nutzer im Netz auf den Websites der Medienunternehmungen Kommentare hinterlassen, und der Betreiber kann genau messen, wie oft und wann auf welche Artikel bzw. Sendungen zugegriffen worden ist. Das ist dann wiederum ein Indikator für die »Marktfähigkeit« von Themen.

Die neuen Medien erlauben ein »Narrowcasting«: Gruppen können gebildet und gezielt angesprochen werden. Im Netz bilden sich Teilpublika (Social Networks). Jeder Nutzer des Internets hat gewissermaßen sein eigenes Medium zur Verfügung und kann selbst zum Sender werden, mit eigener Website, Blog, Forum und Videokanal. »Im Idealfall werden die Aktivitäten viral, d. h. sie verbreiten sich gleichsam epidemisch über weite Bereiche des Internets.« (Schulz, 2015, S. 38)

Das Internet hat ein technisches und ein politisches Kommunikationspotenzial. Technisch besteht es in der Multimedialität, der Selektivität und der Interaktivität. Hinzu kommen die Aktualität und die große Kapazität, was Datenmengen und die Überwindung von Distanzen angeht. Die Kommunikation erfolgt unverzerrt (ohne Gate Keeping, Filterung oder Interpretation durch Medienschaffende). Neben zielgruppenspezifischen Kommunikationsräumen können auch allen zugängliche Räume geschaffen werden (Breitenkommunikation). Das Internet schaltet die Selektions- und Transformationsmacht der Medien aus und wird selbst zu einer Informationsquelle für die Medien. Aber es fallen auch die Selektions- und die Verdichtungsleistung der Medien weg. Die eigene Beurteilung, was wichtig und was vertrauenswürdig ist, wird bei der Menge an Inhalten schwieriger.

Die Internet-Population ist stark gewachsen und wächst weiter, aber die Nutzung ist vor allem nichtpolitisch. Nur ein kleiner Anteil der Nutzer bezieht politische Informationen übers Internet oder ist politisch interessiert. Desinteressierte Wechselwähler werden kaum übers Internet erreicht. Zweckrationale Wechselwähler und wertrationale Stammwähler (siehe dazu Kapitel 8.5) gehören eher zu den Nutzern. Da Inhalte scheinbar anonym veröffentlicht werden können, werden die neuen Medien auch für Beschimpfungen, Drohungen und Diffamierungen genutzt (siehe später: Shitstorm). Anders als am Stammtisch sieht man keinen erhitzten Kopf gleich gegenüber. Viele Kommentare auf Diskussionsforen fallen durch »ein lamentables Niveau auf; es wird kaum diskutiert, sondern anonym ausgeteilt« (Balsiger, 2011, S. 155) Mark Balsiger fragt, ob Blogs die »Pissoirwände« des Internets seien.

Die verwendeten neuen Instrumente sind selbst eine Botschaft im Wahlkampf: Man ist in der »neuen Zeit« angekommen, man ist auf der Höhe der Zeit. Die neuen Medien symbolisieren Zukunftsfähigkeit und Fortschritt, Responsivität und Transparenz. Wer die neuen Instrumente nicht verwendet, ist stehen geblieben.

Die Bedeutung der neuen Medien für die Kampagne nimmt weiter zu (Maarek, 2011, S. 158 ff.). Sie können nicht nur als Pull-, sondern auch als Push-Medium eingesetzt werden, d. h. die Information erreicht den Empfänger ohne sein Zutun, wenn er einmal für einen bestimmten Dienst eingetragen ist. Die neuen Medien sind heutzutage zudem unverzichtbar für die innere Organisation einer Kampagne. Im Internet kann man alle Kampagnenteile zusammenführen und alle Aktivitäten abbilden.

Mittels des Internets sind auch kleine Gruppen und Individuen in der Öffentlichkeit präsent. Dank Suchmaschinen werden diese auch gefunden. Deshalb hat die Präsenz von Lobbys und marginalen politischen Parteien im Netz stark zugenommen (Maarek, 2011, S. 170 ff.). Die etablierten politischen Parteien sind nicht mehr die einzige Verbindung zu den Bürgern. Über das Internet können sich Meinungen artikulieren, die in den traditionellen Medien eher nicht zum Zug kommen. Maarek (2011, S. 171) nennt als Beispiel das Referendum über die Europäische Verfassung in Frankreich 2005. Anders als in den Medien gab es in den Blogs und Foren viele negative Kommentare. Ähnliches gilt in Deutschland bezüglich des Euros und der Schuldenkrise. Die traditionellen Medien berichten dann wiederum über diese neuen Stimmen.

Philippe Maarek zieht zum Gebrauch des Internets für die Kampagne folgendes Fazit (Maarek, 2011, S. 172 f.): Das Internet ist zu einem aktiven Instrument moderner politischer Kommunikation geworden. Wegen der niedrigen Kosten und des technischen Fortschritts hat es die Verfügbarkeit von Informationen multipliziert. Es ist aber noch nicht so zentral für Kampagnen wie das Fernsehen, das ein Push-Medium ist. Durch das Internet kann der Kontakt zur Gesellschaft, der interpersonal verloren ging, neu geknüpft werden. Das Internet ist zur Hauptsache ein Pull-Medium: Der Nutzer muss aktiv werden, um die Inhalte zur Kenntnis zu nehmen, also zumeist schon politisch interessiert sein. Parteien und Kandidierende erreichen über das Internet meist nur die stark engagierten Wähler. Für das Fundraising ist das Internet effektiv. Push-SMS und -MMS sind neue Möglichkeiten, ebenso iApps. »Das Internet scheint also weniger zur politischen Beteiligung bisher politisch uninteressierter Menschen zu führen, als politisch interessierten und motivierten Menschen die politische Beteiligung zu erleichtern.« (Jungherr & Schoen, 2013, S. 142) Simone Unger (2012, S. 224) kommt aufgrund einer Online-Befragung unter 231 Nutzern von »studiVZ« (Online-Community für Studierende) zum Schluss: »Diese Ergebnisse machen deutlich, dass die Wahlentscheidungen der Rezipienten bei der Bundestagswahl

2009 so gut wie gar nicht durch die Online-Aktivitäten der Parteien und Politiker beeinflusst wurden.«

Die neuen Medien sind zwar heutzutage in einem Wahlkampf unverzichtbar. Sie bieten Parteien und Politikern die Möglichkeit, »eigene Inhalte ohne mediale Filterung und Selektion zu publizieren und in Echtzeit auf Beiträge der politischen Konkurrenz zu reagieren« (Rhomberg, 2009, S. 187). Aber allein mit der virtuosen Beherrschung dieser Medien gewinnt man keinen Wahlkampf. »Wahlen werden nicht im Internet gewonnen.« (Balsiger, 2014, S. 88) Rastlose Aktivitäten im Internet schaffen nicht nur Mehrwert, sondern auch Angriffsflächen. »Denn in der Webgemeinde verbreiten sich am ehesten unterhaltsame, komische und skurrile Inhalte. Die können für die Kampagne eher schädlich als nützlich sein.« (Schulz, 2015, S. 38) »Wenn du keine Botschaft hast, ist es egal, ob du schneller twittern als reden kannst. Erst kommt die Botschaft, dann der Kanal. Und über den Kanal entscheidet am Ende nichts anderes als der radikal effektivste Einsatz von Geldern und personellen Ressourcen.« (Stauss, 2013, S. 32) In einem Kopf-an-Kopf-Rennen kann der gewiefte Einsatz der neuen Medien aber durchaus den Unterschied ausmachen. Die Summe der Aufmerksamkeit ist auch durch die neuen Medien nicht über 100 Prozent zu steigern. Sie verteilt sich einfach auf noch mehr Kanäle. Die Zunahme der Zahl der Medienkontakte bedeutet keine Zunahme der Aufmerksamkeit und Verarbeitung von Inhalten. Zudem haben sich auch die Möglichkeiten, an nichtpolitische Inhalte zu gelangen, vervielfacht.

6.3.2 Big Data

»Die großen Erwartungen an die Emanzipation des Wählers durch das Internet sind schon wieder zerstoben. Zwar steht er noch immer im Mittelpunkt, aber nicht mehr als aktiv Beteiligter, sondern nur noch als vermarktbares Produkt. Wie der jüngste Präsidentschaftswahlkampf in den USA gezeigt hat, geht es jetzt nicht mehr unbedingt um die Einbindung der Wähler, sondern vor allem darum, ihre Daten für politische Zwecke zu nutzen und individuelle Profile zu erstellen.« (Woyke, 2013, S. 142) »Big Data« meint das Sammeln und Auswerten großer Datenmengen. Dadurch wird das »Micro-Targeting« erst möglich, das Vermessen jedes einzelnen Wählers (Newman, 2016, S. 161 f.). In den USA sind umfassende Datensammlungen aus unterschiedlichsten Quellen eher möglich, weil der Datenschutz schwächer ist als in Europa. »Außerdem ist die Bevölkerung eher bereit, persönliche Daten preiszugeben, als das bei uns der Fall ist.« (Schulz, 2015, S. 35) »Während das Sammeln und Speichern personenbezogener Daten in den USA sehr schwach reglementiert ist und fast unbeschränkte Möglichkeiten zur direkten Wähleransprache bestehen, ist es in Deutschland unvorstellbar, dass sich eine Partei Millionen Mailadressen kauft und daraus Wählerprofile erstellt, in denen sogar die bevorzugte Automarke vermerkt ist.« (Burgard, 2012, S. 194) Generell erfordern die Sammlung und Analyse von Massendaten erhebliche finanzielle Mittel.

Schon die Labour Partei hatte bei den Kampagnen für Tony Blair 1997 eine Electronic Filing Software (EFS) eingesetzt. Die Datenbank, nach König Artus' magischem Schwert Excalibur genannt, wurde zum Symbol der Professionalität der Labourkampagnen. Sie wurde gefüttert mit Zeitungsmeldungen, politischen Analysen, Anweisungen, Reden, Gerüchten etc. Die Daten dienten als Basis für rasche Angriffe und Gegenangriffe auf den politischen Gegner in der Öffentlichkeit. Argumente und Gegenargumente kamen so fast zeitgleich in die Nachrichten.

Von solchen Materialdatenbanken zu unterscheiden sind Personendatenbanken. Harper Reed hat mit einem Team von rund 40 Programmierern eine Software für die Obama-Kampagne 2012 entwickelt, mit der sich sogenanntes Micro-Targeting betreiben lässt (siehe NZZ am Sonntag vom 23. Dezember 2012, S. 49 f.). Daten aus verschiedenen Quellen werden gesammelt: aus Wählerregistern, Spendenlisten, Facebook-Konten, Cookies, Kreditkartenunternehmen, Supermärkten, Zeitungsverlagen. Die Daten werden in verschiedenen Datenbanken abgelegt und über ein zentrales Interface (Codename Narwhal) zum Abruf bereitgestellt. Mit dem ermittelten persönlichen Profil einzelner Wähler lässt sich dann bestimmen, inwiefern und mit welchen Mitteln sie für die eigene Kampagne zugänglich sind. Die Datenbanken werden verwendet, um zielgruppengenau und zeitgerecht elektronische Werbung in den regionalen Medien zu kaufen, Telefonanrufe zu tätigen, Spendenaufrufe oder

Hausbesuche zu machen (siehe auch S. 43). Harper Reed machte in einem Gespräch mit der »NZZ am Sonntag« ein Beispiel: »Wenn man einen Spendenaufruf verschickt, muss man wissen, ob der Empfänger schon einmal gespendet hat. Hat er z.B. gerade 1.000 Dollar überwiesen, darf man ihn nicht fragen, ob er bereit wäre, 10 Dollar zu geben. Das wäre ein Affront.« Es hat auch keinen Sinn, wenn Aktivisten der Demokraten an Türen klopfen, hinter denen eingefleischte Republikaner wohnen. Nach Hausbesuchen füttern die Aktivisten die Datenbank über eine Smartphone-App sofort mit neu gewonnenen Daten über die Besuchten. Aus der Datenbank können auch kleine repräsentative Gruppen herausgezogen werden, mit denen man die Wirkung von E-Mails, Briefsendungen und Anrufen testen kann.

Für die Kongresswahlen 2014 hatten die Republikaner von den Demokraten gelernt und entsprechend nachgerüstet. Sie schafften sich ein Hightech-Instrumentarium an, das ihnen Zugang zu Datensätzen von mehr als 250 Millionen Amerikanern verschaffte, darunter 190 Millionen aktive Wähler (Neue Zürcher Zeitung vom 7. November 2014, S. 3). So ließen sich wohlgesonnene Wähler aufspüren und an die Urne locken. Ein Unternehmen namens i360 (www.i-360.com/) weiß Bescheid über Konsumgewohnheiten, Kreditwürdigkeit, Aktivitäten in sozialen Netzwerken, bevorzugte Automobilmarken, unterstützte Interessengruppen und Wahlkampagnen sowie Gewohnheiten beim Fernsehkonsum (Neue Zürcher Zeitung vom 29. Januar 2015, S. 3). Das Unternehmen »Cambridge Analytica«, das für die Kampagne von Donald Trump arbeitete, wirbt auf seiner Website mit folgendem Satz (https://cambridgeanalytica.org): »We collect up to 5.000 data points on over 220 million Americans, and use more than 100 data variables to model target audience groups and predict the behavior of like-minded people.« Die in Umlauf gebrachte These, »Cambridge Analytica« habe mit Hilfe von Persönlichkeitsprofilen von US-Wählern Donald Trump 2016 zum Sieg verholfen (»Das Magazin« N°48 vom 3. Dezember 2016), ist wohl eher PR für das Unternehmen selbst. Potenzielle Wähler aus den Daten herauszufischen ist das eine; sie mit überzeugenden Argumenten zu versorgen und zur Teilnahme an der Wahl zu motivieren das andere.

In naher Zukunft wird es wohl so sein, dass dank »Big Data« jeder einzelne Wähler bezüglich seiner politischen Präferenzen genau vermessen werden kann, wie das heute beim Marketing für Produkte und Dienstleistungen schon der Fall ist. Die Kontaktnahmen können dann punktgenau erfolgen. Allerdings ist die Zuordnung eines Wählers zu einer Partei in Staaten, in denen es viele und auch immer wieder neue Parteien gibt, schwieriger als in den USA, wo nur die demokratische und die republikanische Partei relevant sind. Bei der Präsidentschafts- und der Parlamentswahl in Frankreich 2017 hat die von Emmanuel Macron 2016 gegründete Partei »La République En Marche« das bestehende Parteiensystem umgepflügt. Macron wurde zum Staatspräsidenten gewählt, und seine Partei erzielte in der Nationalversammlung eine klare Mehrheit.

6.3.3 Website

Eine eigene, professionell aufgemachte, permanente und laufend aktualisierte Website zählt heute natürlich zur Standardausrüstung in Wahlkämpfen. Das gilt für Parteien wie für Kandidierende. Der Internet-Auftritt ist wie eine Visitenkarte; sie muss aktuell sein (Balsiger & Roth, 2007, S. 22). Wenige Monate vor den Wahlen eine Website aufzuschalten und sie gleich nach der Wahl wieder vom Netz zu nehmen genügt nicht. Websites können auch parteiintern die Verbindung der nationalen Kampagne zu gliedstaatlichen und regionalen Kampagnen verbessern. Der Auftritt muss vom Erscheinungsbild einheitlich sein, die Inhalte müssen harmonieren. »Altogether, websites can be image and resource improving or image destructing and resource consuming, depending on the design and maintenance of the website.« (Knecht, 2011, S. 21)

Von den Parteien und Kandidierenden aus gesehen bleibt die Website die zentrale Kommunikationsplattform. Man kann die Inhalte selbst generieren und präsentieren. Eine Website muss als »Hub« funktionieren, alles läuft dort zusammen. Was über die traditionellen Instrumente kommuniziert wird, erscheint auch auf der Website. Die Website dient der innerparteilichen Kommunikation. Gegenüber der Wählerschaft ist eine Website gewöhnlich Einwegkommunikation. Für die Nutzer ist sie hauptsächlich Informationsplattform. Aber natürlich sind auch Rückmeldungen möglich, weil die Site mit Links zu Social Media versehen ist und zudem eine

Kontaktnahme ermöglicht. Videos, Spiele, Facebook und Twitter können eingebunden werden. Wichtig für die Kampagne ist auch das Fundraising über die Website. Spenden können gleich online getätigt werden. Informationen, die für den Besucher »außerhalb« der eigenen Reihen bereitgestellt werden sollten, sind Biografien, Events, Forum, Mailbox, Spendenkonten, Videoarchiv, Links, Informationen und Downloading-Plattformen für die Medien, manchmal mit Passwort versehen, ebenso Informationen und Downloading-Plattformen für Aktivisten, mit Passwort. Weshalb ein Passwort? Zielgruppen wie Medienleute und Aktivisten sollen das Gefühl bekommen, über exklusive Zugänge zu verfügen. Zudem erlaubt ein Passwort eine Erhebung der Nutzer der angebotenen Dienste. Die Website muss attraktiv und übersichtlich gestaltet und auch smartphonetauglich sein. Gemäß Statistischem Bundesamt nutzten 2016 in Deutschland 87 Prozent der Personen ab 10 Jahre das Internet. 81 Prozent der Internetnutzer gingen (auch) per Handy oder Smartphone ins Internet.

Websites werden zunehmend von Infoportalen zu Mitmach-Portalen für potenzielle Unterstützer. 2009 baute die CDU in Deutschland mit www.cdu.de/team-deutschland eine komplexe Plattform auf. »Die Hürde, sofort für die Kampagne aktiv zu werden, wurde so niedrig wie nie zuvor gelegt: Mittels der bei der Registrierung eingegebenen Postleitzahl ermittelte das Portal automatisch den Wahlkreis des Users und bot einen Link zur Info-Seite des entsprechenden Bundestagskandidaten an. Um es so einfach wie möglich zu machen, sich für ›seinen‹ Kandidaten zu engagieren, wurde gleich der lokale TeAM-Leiter vorgestellt. Per Mausklick konnte man mit ihm direkt in Kontakt treten. Die wichtigsten Wahlkampftermine in der Region waren abrufbar.« (Burgard, 2012, S. 190)

Websites können auch für gruppenspezifische Inhaltsvermittlung genutzt werden, wie dies neuerdings bei Onlineshops bei der Preisgestaltung der Fall ist (»Dynamic Pricing«). Anhand der Internetverbindung werden Wohnort und Hardwarekonfiguration ermittelt. Daraus werden Schlüsse gezogen auf die Wohn- und Einkommenssituation. Wer ein iPhone besitzt, kann sich offenbar etwas leisten. Für den Wahlkampf heißt dies: Besucher der Website können kategorisiert, potenzielle Wähler können gezielter ermittelt und mit unterschiedlichen Inhalten versorgt werden, etwa was den Wahlkreis betrifft. Ein Erstbesucher der Website bekommt andere Inhalte zu sehen als ein »Stammkunde«. Die Plattform für Barack Obama »MyBo« machte sich 2008 dynamische Inhalte zunutze: »Um die Ansprache möglicher Spender auf der Plattform zu optimieren, griff der Wahlkampfstab auf Informationen über die einzelnen Nutzer zurück (beispielsweise wurde geprüft, ob sie vorher bereits Geld für die Kampagne gespendet hatten). Auf dieser Grundlage konnten auf das Profil des jeweiligen Nutzers abgestimmte, also individualisierte Seiten angezeigt werden, die sich aus Bausteinen zusammensetzten, die bei anderen Nutzern mit denselben Eigenschaften zu verstärktem Spendenverhalten geführt hatten.« (Jungherr & Schoen, 2013, S. 109; Kreiss, 2012)

Während der Kampagne dient die Website der Aufrechterhaltung der internen Kommunikation unter den aktiven Unterstützern und den Festangestellten. Gegenüber dem Publikum und den Medienschaffenden heißt die Losung »Maintaining the ›buzz‹« (Maarek, 2011, S. 170): sich permanent bemerkbar machen, durch neue Bilder, Infos, Newsletter, persönliche E-Mails, den Kauf von Keywords auf Suchmaschinen, der Multiplikation von »Friendly« Blogs, künstliches »Cross-Linking«, um das Ranking zu verbessern, den Kauf von Werbung auf nichtpolitischen und kommerziellen Websites und der Beteiligung an Social Networks.

Auf seiner Website oder über einen Live-Stream auf einer Plattform kann ein Kandidat auch einen eigenen Fernsehkanal betreiben. Thomas Fuchs war in der Schweiz der Erste, der dies getan hatte. Allerdings hat er den Kanal wieder aufgegeben (www.thomas-fuchs.ch). Im August 2014 war er auf YouTube mit sechs Videos präsent. Die Frage ist nämlich, wer überhaupt zuschaut. Je mehr Kanäle es gibt, desto schwieriger wird es, sich auf diesem Markt zu behaupten. Nicht alle haben ein so treues Publikum wie Christoph Blocher mit »Tele Blocher« (www.teleblocher.ch/).

6.3.4 E-Mail

Die E-Mail gehört zwar nicht zu den »neuen Instrumenten«, bleibt indessen in einer Kampagne unverzichtbar. Man kann damit auf einfache Art und praktisch »gratis« Aktivisten und potenzielle Wähler informieren. Spitzenkandidaten sind per E-Mail niederschwellig erreichbar. Obwohl die E-Mail eigentlich ein interpersonales Zweiwegmedium ist, wird sie hauptsächlich für Massenversände verwendet. Täglich werden weltweit ungefähr 269 Milliarden E-Mails verschickt und empfangen.. Das permanente Sammeln von E-Mail-Adressen ist Pflicht. 2008 verfügte die Obama-Kampagne über 13 Millionen E-Mail-Adressen. »We had hired an enormous e-mail team [...] and also made sure all the states had their own fully staffed new media and e-mail teams.« (Plouffe, 2009, S. 329) Man lernte, dass die Unterzeichnung der E-Mails durch Obama selbst etwas Außergewöhnliches bleiben sollte, und dass die Empfänger sehr gut auf E-Mails von Michelle Obama reagierten.

Bedeutsam ist der periodische Versand von E-Newsletter. Links verweisen auf eine Website oder Social Media, wo man bei Bedarf weitere Informationen abrufen kann. Wenn man über die Zielpersonen eine Datenbank angelegt hat, werden die Newsletter personalisiert. Anrede und Inhalt werden dann auf Gruppen von Zielpersonen mit den gleichen Merkmalen zugeschnitten. So können etwa Wahlversprechen je nach Region, Geschlecht, Berufsgruppe oder Alter variiert werden. Der Versand von Newsletter an den gleichen Personenkreis über eine ganze Amtsperiode hinweg – also nicht erst wenige Monate vor den Wahlen – ist eine Art »Kundenbindung«.

Die private E-Mail-Nutzung wird allmählich überlagert oder gar verdrängt vom Gebrauch von Apps, die auch die Übermittlung von Text, Ton, Bild und Video ermöglichen, wie WhatsApp, Skype oder Facebook. Noch ist die Kampagnenkommunikation wenig in diese Bereiche vorgedrungen. Das ist aber nur eine Frage der Zeit.

6.3.5 Social Media

Social Media – das Englische »social« heißt auch »gesellig« – sind Plattformen, auf denen die Nutzer die Inhalte selbst generieren. Sie sind über das Internet grundsätzlich allen zugänglich und jedermann kann Inhalte verbreiten, ohne dass sie durch die traditionellen Medien gefiltert und bearbeitet werden. Ein Teil davon sind soziale Netzwerke wie Facebook und Twitter, auf denen man persönliche Profile generiert. Man hat einen eigenen Kreis von »Freunden« und »Follower«.

Ein anderer Teil sind niederschwellig zugängliche Plattformen (»Sharing Communities«), auf denen man Texte, Bilder und Videos mit oder ohne vorherige Registrierung ansehen und veröffentlichen kann. Dazu gehören Blogs, Chatforen und Plattformen wie Instagram, Snapchat und YouTube. MySpace, Facebook und LinkedIn »are in fact an Internet variation of personal ads found in newspapers« (Maarek, 2011, S. 163). Solche Netze sind indessen mehr als bloße persönliche »Anzeigen«, weil Interaktion möglich ist. Es stehen für die Nutzer auch neue Kanäle für die »bottom-up«-Kommunikation mit Kandidierenden und Entscheidungsträgern zur Verfügung. Anders als die früheren sozialen Milieus sind es offene Systeme. Für die Teilnahme muss gewöhnlich nicht bezahlt werden (zumindest nicht mit Geld; man »zahlt« mit persönlichen Daten und nimmt Werbung in Kauf). Traditionelle Medien sind auch in den Social Media aktiv, greifen Inhalte mit Nachrichtenwert heraus und bewerben ihre eigenen Inhalte. Social Media sind zudem ein wichtiges Monitoring-Instrument, um zu verfolgen, wie die eigenen Aktivitäten ankommen und was die politische Konkurrenz macht. Aber Vorsicht: Repräsentativ sind die Rückmeldungen über Social Media nicht, da »Freunde« den geführten Wahlkampf schnell »toll« finden.

Es gibt mittlerweile zahlreiche Social Media. Indessen ist es für Wahlkämpfende unmöglich, überall mitzumischen. Besser ist, Kandidierende konzentrieren sich auf die wichtigsten Kanäle, und das sind derzeit Facebook, Twitter und YouTube (Balsiger, 2014, S. 95). Twitter ist auch dazu geeignet, auf eigene Aktivitäten auf anderen Internet-Plattformen hinzuweisen und Unterstützer zu mobilisieren. In Deutschland gab es 2016 knapp sechs Millionen aktive Nutzer von Twitter, weltweit waren es 320 Millionen. Anders als bei Facebook sind bei Twitter die Inhalte allgemein zugänglich, ohne dass sich »Leser« registrieren müssen. Mit Twitter bringt man etwas mit maximal 140 Zeichen schnell auf den Punkt, aber die Meldung geht auch rasch wieder in vielen anderen unter, sofern sie nicht knackig ist und von den traditionellen Medien weiter verbreitet wird. Je prominenter ein Twitterer, desto eher folgen ihm Medienschaffende. Diese sind generell eifrige Nutzer von Twitter, sowohl was das Lesen wie das Schreiben von Meldungen angeht. Je höher der Twitterer auf der politischen Leiter steht, desto unwahrscheinlicher ist es freilich, dass er die Meldungen selbst verfasst. Twitter ist dann einfach ein Teil der allgemeinen Kommunikationsstrategie. Barack Obama hatte etwa 67 Millionen Follower, David Cameron etwa 1,3 Millionen (Stand Dezember 2015). US-Präsident Donald Trump kam im März 2017 auf 27 Millionen. Ein eifriger Twitterer während seiner kurzen Amtszeit als Ministerpräsident Finnlands war Alexander Stubb. Er hatte 2014 167.000 Follower und seine Tweets waren insofern interessant, als er sowohl über seine politische Arbeit wie über seine Freizeitaktivitäten berichtete, auch bebildert. »Politics is a daily fight against cynicism. Meeting folks around the country is the best step in this fight. Let's make it all better«, hieß es am 8. Dezember 2014. Dass er neben der finnischen auch die englische Sprache gebrauchte, bedeutete offenbar: Ich wende mich auch an die internationale Gemeinschaft.

Wenigstens momentan en vogue sind gepostete »Selfies«, zuweilen auch mit einer speziellen App verfremdet, damit sie lustig wirken. Diese können auch in Wahlkämpfen gut verwendet werden, geben sie der Kampagne doch einen Touch des Selbstgemachten, Authentischen und Normalen. Wer jung ist und Aufmerksamkeit erregen möchte, versucht es mit einem freizügigen Selfie (siehe S. 146). Auch Bilder, die nicht für die breite Öffentlichkeit bestimmt sind, finden oft den Weg dorthin. Kandidierende sollten sich generell nicht vor Kameras exponieren, wenn sie in verfänglichen Situationen sind.

Mark Balsiger (2014, S. 98) empfiehlt für die Präsenz auf den Social Media die »i-hasi-Formel«: interaktiv, humorvoll, authentisch, stetig und interessant. Wie bei einem Talk sollte auch etwas Spaß mit dabei sein.

An Stammtischen oder in Sälen kann man heute kaum noch neue Kontakte knüpfen. »Wenn Sie aber dorthin gehen, wo die Masse sich heute aufhält, können das nur Social Media sein.« (Balsiger, 2011, S. 139) Social Media, schreibt Balsiger, bedeuten nicht Werbung, sondern Dialog. Die Arbeit damit ist zeitintensiv. Sie ist erst glaubwürdig, wenn sie über Jahre konsequent erfolgt. Ein Einstieg erst kurz vor der Wahl ist eher kontraproduktiv. Social Media bieten Chancen zu einem starken Online-Profil, das man selbst prägen kann. Der Nachteil: Weil das Medium allen zugänglich ist, ist man wie »im Goldfischglas«: Man wird von allen Seiten gesehen. »Vorsicht vor der Duz-

Kultur im Netz«, warnt Balsiger (2011, S. 145). Wer im Wahlkampf Social Media einsetzt, muss auch Präsenz und Reaktion zeigen.

Die Nutzer von Social Media formen keinen kollektiven Akteur mit einer beständigen organisatorischen Struktur und Hierarchiestufen. Es handelt sich, ähnlich wie bei einer Zuschauermenge in einem Stadion, um ein soziales Aggregat. Dieses Aggregat kann man durchaus fallweise mobilisieren, etwa für Demonstrationen oder für Geldspenden. Der »Arabische Frühling« hat dies eindrücklich gezeigt. Das gleiche Beispiel illustriert aber auch, wie flüchtig solche Netzwerke sind, wenn die ursprünglichen »gewöhnlichen« sozialen Netzwerke wieder an Boden gewinnen. Bei Aktivitäten im Netz ist es immer schwierig einzuschätzen, welche politische Energie dahintersteckt. Vom Sofa aus auf die Maus zu klicken ist einfach; auf einer Demonstration Flagge zu zeigen viel schwieriger.

In den Social Media ist es einfacher als in den traditionellen Medien, »Stimmung« für sich selbst und gegen andere Kandidierende oder Parteien zu machen, den Anschein zu erwecken, als verträten Tausende oder Hunderttausende Menschen die gleiche Position. Aktivitäten und Wertungen lassen sich kaufen (siehe Kapitel 6.2.6). »Mit mehr als einer Million Twittermeldungen hat der südkoreanische Geheimdienst vor einem Jahr Wahlwerbung für Präsidentin Park gemacht«, meldete die Neue Zürcher Zeitung am 12. Dezember 2013. Der Kandidat der Opposition, Moon Jae In, wurde schlechtgeredet und die spätere Siegerin Park positiv dargestellt. Die türkische Regierung beschloss nach den Protesten um den Gezi-Park in Istanbul 2013, 6.000 ehrenamtliche Twitterer und Blogger in einem »Koordinationszentrum soziale Netzwerke« in Ankara auszubilden, die auf allen Kanälen »von den Glanzleistungen der Regierung, den Fehltritten der Opposition oder unbeugsamen Bürgern« berichten (Neue Zürcher Zeitung, 18. Februar 2014, S. 52). In St. Petersburg beschäftigt eine Agentur Hunderte von bezahlten »Trollen«, um die öffentliche Meinung im Westen im Sinne Russlands zu beeinflussen. »Jeder Troll muss ein klares Tagessoll erfüllen: 50 Kommentare auf Nachrichtenportalen, 50 Kurznachrichten auf Twitter und die Bewirtschaftung von sechs Facebook-Seiten.« (Neue Zürcher Zeitung, 18. Juni 2014, S. 5)

Durchschlagskraft im Wahlkampf erhält die Aktivität auf Social Media erst, wenn die traditionellen Medien Inhalte aufgreifen und weiterverbreiten. Dies gelang z. B. dem Mitglied der Aargauer Kantonsregierung, Susanne Hochuli, 2012 bei ihrer Wiederkandidatur ausgezeichnet (Balsiger, 2014, S. 71 ff.). Die Presse berichtete eifrig von ihren originellen Tweets. Drei davon wurden gar als großformatige Plakate verwendet. Mark Balsiger schreibt, dass 2012 noch der Reiz des Neuen herrschte (Balsiger, 2014, S. 80). Dieser dürfte nachlassen. Wenn bereits etablierte Politiker Medienschaffende auf ein Thema aufmerksam machen möchten, ist eine Meldung auf Twitter immer noch eine gute Idee. Sie können damit rechnen, dass die Medien diese zur Kenntnis nehmen und eventuell rückfragen. In einem Interview mit dem Fernsehsender Fox-News sagte US-Präsident Donald Trump, mit »seinem eigenen Medium« Twitter könne er die verlogenen etablierten Medienhäuser umgehen. Aber erst dadurch, dass Massenmedien auf der ganzen Welt die Inhalte seiner Tweets verbreiten, entfalten sie ihre Wirkung.

Twitter liefert heute auch die Begleitmusik zu großen Medienereignissen wie TV-Debatten. Beim Duell zwischen Angela Merkel und Peer Steinbrück 2013 veröffentlichte das ZDF die Twitter-Reaktionen als eine Art Performance-Kurve der Kontrahenten auf seiner Website (Schulz, 2015, S. 63). Die »Netzaktivitäten« sind allerdings in keiner Weise repräsentativ für die Zuschauer, da sich hauptsächlich die politisch stark Engagierten daran beteiligen und die Tweets auch orchestriert sein können.

6.3.6 Video und Audio

Der wichtigste Kanal für Videos im Internet ist YouTube, das zu den »Sharing Communities« zählt. Videoclips dienen weniger der Information, sondern der Unterhaltung, der Emotionalisierung und der Mobilisierung. Kommentare und Bewertungen sind auch möglich. Kurze Clips eignen sich ausgezeichnet zur Inszenierung symbolischer Politik. Der indische Premierminister Narendra Modi griff »medienwirksam selbst zum Besen und fegte den Vorplatz eines Polizeigebäudes in Delhi und später eine Strasse in seinem Wohnviertel« (Neue Zürcher Zeitung vom 13. Dezember 2014, S. 11). Er rief neun andere

Prominente an und forderte sie auf, das Gleiche zu tun (»Clean India Campaign«). In unzähligen Videos (z. B. www.youtube.com/watch?v=yU0Gglv74zQ) war zu sehen, wie im ganzen Land fleißig gewischt wurde. Das sollte offenbar den Eindruck einer tatkräftigen Umweltpolitik erwecken. Darüber sagt aber eine solche inszenierte Handlung gar nichts. Die Informationskosten für die Mediennutzer sind indessen beim Anschauen eines kurzen Clips viel geringer als bei der Lektüre eines kritischen Berichts, und für das »Mood Management« (dazu Kunczik & Zipfel, 2005, S. 347) ist ein Clip auch besser. Nachhaltige Wirkung auf das Verhalten der indischen Bevölkerung hatte die Kampagne Modis nicht. »Ausser Besen nichts gewesen«, betitelte die Neue Zürcher Zeitung am 5. Juni 2015 einen Artikel des indischen Schriftstellers Kiran Nagarkar.

Georges Wüthrich berichtet von einer gelungenen Mobilisierung in der Schweiz mit einem personalisierten Videoclip, der natürlich von der Obama-Kampagne abgekupfert war (in: Scholten & Kamps, 2014, S. 205): »Die Befürworter der Ausdehnung der Personenfreizügigkeit mit der EU arbeiteten 2009 erstmals mit einem im Schneeballsystem verbreiteten Videoclip, das sich in seiner Machart an den klassischen Nachrichtenfaktoren orientierte. Der personalisierbare Spot entpuppte sich als cleverer Schachzug. ›Weitersagen!‹ lautete die Losung. Gestartet wurde die ›virale‹ Aktion zwei Wochen vor dem Abstimmungstermin. Wer den Spot von Freunden und Bekannten erhielt und sich einloggte, wurde in einer fingierten TV-Nachrichtensendung persönlich zum Schuldigen für die verloren gegangene, wichtige Abstimmung gemacht. Der Dumme hatte am Abstimmungssonntag verschlafen und damit eine weltweite Aufregung verursacht.« 350.000 Stimmberechtigte sollen diesen Clip gesehen haben.

Ein Spitzenkandidat muss heute damit rechnen, dass alle seine Auftritte gefilmt oder aufgenommen werden, und zwar nicht, wie er es gerne hätte, mit großen Kameras von Fernsehstationen, sondern unbemerkt mit dem Mobiltelefon, und dann natürlich in eher kompromittierenden Situationen oder wenn er brisante Aussagen macht. Das musste 2012 nicht nur Mitt Romney mit seinem »47 Prozent Video« (S. 88) erleben, sondern schon 2006 Senator George Allen aus Virginia. Allen entdeckte während einer Wahlkampfveranstaltung im Publikum einen Anhänger seines Gegenkandidaten. »Allen deutete auf den Aktivisten und forderte seine Zuhörer auf, diesen – einen Jugendlichen indischer Abstammung – mit der Bezeichnung ›Macaca‹ zu begrüßen und im ›echten Amerika‹ willkommen zu heißen. Der Angesprochene filmte Allens Kommentar und stellte das Video auf YouTube. Verschiedene politische Blogs verlinkten das Video und kommentierten Allens Äußerungen kritisch.« (Jungherr & Schoen, 2013, S. 100) Barack Obama lieferte im Wahlkampf 2008 ebenfalls eine Steilvorlage für seine Gegner. Gemäß David Plouffe (2009, S. 215) war dies »his biggest unforced error of the entire campaign«. Mayhill Fowler hatte an einer Fundraiser-Veranstaltung in San Francisco teilgenommen und nahm Obamas Rede auf. Barack Obama sprach über heruntergekommene kleine Gemeinden in Pennsylvania bzw. im mittleren Westen, in denen die verbitterte Bevölkerung ihrem Frust durch feindliche Gefühle gegenüber Immigranten oder dem Freihandel Luft verschafft. Bei einem Auftritt in Pennsylvania selbst hatte er die dortige Situation natürlich anders beschrieben. Fowler machte die Aufnahme publik. Niemand in der Obama-Kampagnenleitung wusste, dass der Kandidat diese Aussage gemacht hatte. »Suddenly, we were back in major damage-control mode.« (Plouffe, 2009, S. 216) Nicht nur die Aussage war delikat, auch der Kontext: in einem Raum mit wohlhabenden Spendern in San Francisco. Die kommunikative Verteidigungsstrategie war, dass die Worte schlecht gewählt waren, das Problem aber real sei.

Bei Hobby-Videos auf YouTube kann es auch vorkommen, dass das gezeichnete Bild schlechter ist als die Realität, wie im Beispiel des unbeholfen wirkenden Luzerner Stadtratskandidaten Marco Fischer 2009 demonstriert (www.youtube.com/watch?v=aJq6tku5vNI). Immerhin kam das Video auf über 300.000 Klicks. Selbst getextet und originell war ein Song, der 2015 für den Nationalratskandidaten und Präsidenten der Jungen SVP des Kantons St. Gallen, Mike Egger, warb (www.youtube.com/watch?v=sEhvnsMUd6U). Wichtiger als die Klicks auf YouTube war die wohlwollende Berichterstattung über den Song im »St. Galler Tagblatt« mit dem Titel »Die junge SVP greift frech zur Rockgitarre«.

Videos eignen sich auch als Informationsinstrument für die eigene Kampagne. So versandte die Obama-Kampagne 2008 Memos »State of the Race« oft in Video-Form via E-Mails an alle Unterstützer

(Plouffe, 2009, S. 83). Wie Plouffe schreibt, macht es eben einen großen Unterschied, ob man wichtige Informationen nur auf der Website publiziert oder ob man sie direkt an die Unterstützer »hinauspusht«.

6.3.7 Online-Spiele und Apps

Kurz vor den Parlamentswahlen 2007 lockte die Schweizerische Volkspartei SVP mit dem ausländerfeindlichen Online-Spiel »Zottel rettet die Schweiz«. Unter der Adresse: www.zottel-game.ch/ konnte der Besucher als weißer Ziegenbock schwarze Schafe vor der Grenze abfangen. In der Beschreibung hieß es dazu: »Kick die schwarzen Schafe dorthin zurück, wo sie hergekommen sind.« Der Vorstand der Konferenz der kantonalen Justiz- und Polizeidirektoren (KKJPD) bat die SVP Schweiz in einem Schreiben, ihr Online-Spiel vom Netz zu nehmen. Dies wurde getan, aber das Spiel fand im Ausland Nachahmer, und es wurden Spiele zu anderen Themen entwickelt. Das Spiel »Superwilli« wurde im Kampf gegen die SVP-Masseneinwanderungsinitiative entwickelt. Wilhelm Tell vermöbelt darin SVP-Symbole. Es kostete etwa 40.000 Franken und wurde von Economiesuisse finanziert.

Schon im Schweizer Wahljahr 2011 wurden einige Polit-Apps lanciert. Der Zürcher Ständerat Felix Gutzwiller ließ die App »Talking Felix« entwickeln, eine Adaption von »Talking Carl« (Balsiger, 2014, S. 155). Bei den Apps für Wahlkämpfe ist noch viel Raum für Innovationen. Zukunftsträchtig sind sie auf jeden Fall, denn anders als den PC hat man das Mobiltelefon immer dabei, und immer mehr Nutzer sind auch stets online.

In Online-Spielen lassen sich mit Einblendung Botschaften übermitteln und festigen (»In-Game-Werbung«). Gerade die junge Wählerschaft dürfte mit Spielen gut erreichbar sein.

6.3.8 Mobiltelefon, SMS und MMS

Das Telefon und Telefonate zählen zwar zu den traditionellen Kommunikationsinstrumenten. Das Mobiltelefon hat die Wirkung, dass Kandidierende viel leichter und überall für Interviews und Stellungnahmen erreichbar sind. Dank des Smartphones sind die Kandidierenden auch stets auf dem neuesten Nachrichtenstand. Zitate können rasch »autorisiert« werden. Dieses kommunikationstechnische Potenzial ist für den Austausch mit Medienleuten wichtig. In der Schweiz hat das »Handy« die Bedeutung der Parteipräsidenten ungeheuer gesteigert. Mussten früher die Parteisekretariate bei Medienanfragen die Journalisten oft zeitlich vertrösten oder selbst Stellung nehmen, so sind heute die Parteipräsidenten und Kandidaten für Reaktionen auf aktuelle Ereignisse fast jederzeit und an jedem Ort erreichbar.

In Kampagnen noch zu wenig genutzt werden SMS und MMS. Voraussetzung dafür ist die Erstellung einer Datenbank mit Mobiltelefonnummern. Diese sind aber nicht so leicht zugänglich wie Festnetznummern oder E-Mail-Adressen. Also muss man sie systematisch sammeln. Das tat die Obama-Kampagne im August 2008 auf originelle Weise. Man hatte zwar schon über sechs Millionen E-Mail-Adressen, aber die Zahl der Mobiltelefonnummern war im niedrigen sechsstelligen Bereich. Wer schon vor den Medien via SMS wissen wollte, wer Vizepräsidentschaftskandidat der Demokraten wird, konnte sich per E-Mail in eine Liste eintragen (»Be the First to Know«). Über zwei Millionen taten dies – und hinterließen ihre Mobiltelefonnummer (vgl. Plouffe, 2009, S. 295).

6.3.9 Fokusgruppen

David Plouffe berichtet, dass die Obama-Kampagne oft mit Fokus-Gruppen arbeitete. Diese erlaubten einen Einblick, wie Wähler die Schlüsselthemen diskutierten und wie Argumente in einer Kampagne ankommen und unterschieden werden (Plouffe, 2009, S. 86). Die fünf bis zwölf Teilnehmer der Fokusgruppe werden aus zufällig ausgewählten oder gezielt herausgepickten Wahlberechtigten zusammengestellt, und sie diskutieren anhand eines Leitfadens unter Leitung eines professionellen Moderators politische Themen. Es geht insbesondere darum, die Dynamik der Kommunikation zu verfolgen. Das gibt Hinweise darauf, wie sich die Kommunikation in der ganzen Gesellschaft abspielt. Mittunter werden auch Online-Fokusgruppen gebildet.

6.3.10 Die Gefahren der neuen Medien

Die neuen Medien bieten viele neue Chancen – aber es lauern auch neue Gefahren (dazu Pörksen & Detel, 2012). Ziehen wir nochmals den Vergleich mit dem Stammtisch heran. Am Stammtisch ging es auch darum, die »Lufthoheit« zu gewinnen, d.h. die Diskussionsthemen und den Diskussionsverlauf zu bestimmen und Dampf abzulassen. Aber die Teilnehmenden kannten sich, saßen sich von Angesicht zu Angesicht gegenüber, und was abgehandelt wurde, blieb im Raum. Bei den Social Media wird auch untereinander diskutiert, aber die Teilnehmenden kennen sich meist persönlich nicht, man kann sich scheinbar auch »anonym« beteiligen, und was einmal gesagt oder gepostet wurde, ist im Prinzip für alle zugänglich und lässt sich kaum mehr aus der Welt schaffen. Ein einziger unglücklicher Post kann eine politische Karriere zunichtemachen. Während in den traditionellen Medien ein investigativer Journalist erforderlich ist, der den »Skandal« an die Öffentlichkeit trägt, kann man sich in den Social Media ohne Zutun Dritter selbst entlarven.

Genau dies geschah im Fall von Anthony Weiner, damals Kongressabgeordneter der US-Demokraten. Er verschickte jahrelang über seinen Twitter-Account Links zu Nacktbildern von sich selbst an zahlreiche Internetbekanntschaften. Ende Mai 2011 verschickte er, offenbar aus Versehen, ein Bild, das seinen immerhin noch von der Unterhose verhüllten Penis zeigte, an all seine damals rund 56.000 Follower. Weiner leugnete zunächst, räumte dann aber ein, Internetsex mit mehreren Frauen gehabt zu haben. Obwohl keine strafbare Handlung vorlag und sich seine Frau an seine Seite stellte, musste Weiner aufgrund des starken öffentlichen Drucks am 16. Juni zurücktreten. Eine Kandidatur für die Primärwahlen um das Amt des Bürgermeisters von New York scheiterte 2013 kläglich.

In der Schweiz gab es, wie in anderen Staaten auch, schon einige spektakuläre Vorfälle im Zusammenhang mit der Nutzung der neuen Medien. Am 23. Juni 2012 erzeugte SVP-Mitglied Alexander Müller via Twitter-Account @dailytalk mit folgendem Tweet einen »Shitstorm«: »Vielleicht brauchen wir wieder eine Kristallnacht […] diesmal für Moscheen.« Die Folgen waren gravierend: Austritt aus der SVP, Rücktritt vom Amt des Schulrates, Verlust des Jobs. Müller hatte noch versucht, den Eintrag zu löschen – vergeblich, er war längst kopiert und wieder in Umlauf gebracht worden. Der »Tages-Anzeiger« schrieb: »Hätte Alexander Müller einen Ausländer verprügelt, würde das kaum jemand mitkriegen. Gerichtsberichterstatter nennen keine Namen, die Vorstrafe würde nach einigen Jahren gelöscht. Müller könnte wieder von vorne anfangen.« Das Internet aber vergisst nie. In einem Interview mit dem »Tages-Anzeiger« sagte er am 31. Januar 2013 verbittert: »Es war ein Shitstorm, der über mich hinweggefegt ist. Es war unglaublich, äusserst brutal, schnell und kaum fassbar. Im Kesseltreiben des Shitstorms hat man als Betroffener keine Chance, erstens zu begreifen, was eigentlich passiert, zweitens überlegt zu reagieren. Ich war tage- wenn nicht monatelang traumatisiert. Seither bin ich isoliert und ausgegrenzt. Man hat mich fertiggemacht und mich anschliessend meinem Schicksal überlassen. Ja, ich habe tatsächlich alles verloren.« Das Bezirksgericht Uster sprach Alexander Müller im Mai 2014 wegen Rassendiskriminierung schuldig und verurteilte ihn zu einer bedingten Geldstrafe.

Seppi Spiess, Präsident der SVP der Gemeinde Schwyz, kommentierte im September 2012 auf Facebook die Erschießung eines Moldauers durch einen Schwyzer Kantonspolizisten: »Ich hatte richtig Freude. So müsste es sein, niederschiessen, dann kostet diese Sauware nichts mehr.« Folgen: Rücktritt als Präsident der SVP, Beurlaubung am Arbeitsplatz. Marcel Toeltl, Präsident der SVP St. Margrethen, unterstellte am 25. Februar 2015 Flüchtlingen aus Eritrea und Syrien, einen niedrigen IQ zu haben. Das mediale Echo sei »extrem« gewesen, der Shitstorm auf Twitter ebenso, sagte Marcel Toeltl am Telefon zum »St. Galler Tagblatt«. Nach diesem Sturm der Entrüstung entschuldigte er sich am 1. März für diese Aussage, beließ sie aber auf seiner Website. Einen viel prominenteren Politiker traf es im August 2014: Geri Müller, Nationalrat der Grünen und Stadtammann von Baden (siehe auch S. 73). Er versandte Nackt-Selfies, die er teilweise im Amtshaus aufgenommen hatte, an eine Facebook-Bekannte, eine 31-jährige Gymnasiallehrerin.

Mark Balsiger (2014, S. 102) gibt folgenden guten Rat: »Texten Sie nie, wenn Sie übermüdet oder verärgert sind. Lassen Sie zudem generell die Finger von Social Media, wenn Sie mehr als 0,5 Promille Alkohol im Blut haben. Veröffentlichen Sie nur das, was Sie auch morgens um 8 Uhr im Zürcher Hauptbahnhof mit einem Megaphon verstärkt sagen würden.« Und weil alles, was man als Kandidat in der Öffentlichkeit auf »gewöhnliche Weise« sagt und tut, aufgezeichnet und über die neuen Medien weiterverbreitet werden kann, noch ein Rat von David Plouffe (2009, S. 217): »Don't say anything you don't want posted on YouTube and whipped around the Internet at warp speed.«

Aber selbst wenn man die neuen Medien nicht selbst nutzt, lauern Gefahren. »Aufzeichnungsgeräte (z. B. Mobiltelefon, Digitalkamera) sind nahezu unbegrenzt verfügbar und im Einsatz. Was früher zwar nicht unentdeckt, aber undokumentiert blieb, wird heute beobachtet, gesichert und über soziale Netzwerke, Videoplattformen, Blogs, Wikis und persönliche Webseiten verbreitet.« (Schieren, 2014, S. 285) Wie alle Menschen hinterlassen auch Kandidierende überall Datenspuren, die nicht gelöscht werden können. Aus den Daten kann man durch Verknüpfung Bewegungs- und Verhaltensprofile erstellen. Oft weiß der Betroffene gar nicht, dass sie vorhanden sind. Heute ist die Wahrscheinlichkeit, dass tatsächliches oder vermeintliches Fehlverhalten ans Licht kommt, viel höher als in der Zeit, als es ausschließlich Dokumentationen auf Papier oder Tonträgern gab. Der altbekannte Spruch »Alle Geheimnisse werden irgendwann publik« war noch nie so aktuell wie heute.

Es macht einen Unterschied aus, ob Äußerungen und Verhalten von Kandidierenden zufällig von Einzelnen aufgezeichnet und ins Netz gestellt werden oder ob Kandidierende oder Parteien von in- oder ausländischen Geheimdiensten systematisch überwacht und ausspioniert werden. Eine ausländische Regierung kann versuchen, den Wahlausgang in ihrem Sinne zu beeinflussen, indem sie zu einem günstigen Zeitpunkt »belastendes Material« über einen unbequemen Kandidaten den Medien oder der »Enthüllungsplattform« Wikileaks zuspielt. So standen um Frühjahr 2017 Vorwürfe im Raum, der russische Geheimdienst habe im US-Präsidentschaftswahlkampf 2016 den Server des Demokratischen Nationalkomitees (DNC) gehackt und durch die Publikation von E-Mails offengelegt, dass die Parteiführung insgeheim Partei für Hillary Clinton und gegen Bernie Sanders ergriffen hatte. Sofort wurde der Vorwurf laut, Russland habe sich diese E-Mails beschafft, um Donald Trump zu helfen. An einer Anhörung im US-Repräsentantenhaus am 20. März 2017 sagte FBI-

Chef James Comey, die US-Bundespolizei FBI untersuche mögliche Absprachen zwischen dem Wahlkampfteam von Präsident Donald Trump und Russland.

Enthüllungen von Wikileaks und Edward Snowden lassen erahnen, was für Möglichkeiten der Überwachung und Ausspionierung den Geheimdiensten großer Staaten heutzutage zur Verfügung stehen: Sie können in Computer, Tablets, Smartphones und Fernsehgeräte eindringen – überhaupt in alle Geräte, die online sind. Ja sie können selbst Computer aushorchen, die nicht mit dem Internet verbunden sind. Oft arbeiten sie auch mit den Herstellern der Hardware zusammen. Der britische Geheimdienst GCHQ (Government Communications Headquarters) kann mit einer speziellen Software Klickzahlen frisieren, Online-Umfragen fälschen (Neue Zürcher Zeitung vom 17. Juli 2014, S. 50) und ganz generell die »Stimmung im Netz« manipulieren. Das berichtete Mitte Juli 2014 der US-amerikanische Enthüllungsjournalist Glenn Greenwald auf der Online-Plattform »The Intercept« unter Berufung auf neue Dokumente des Whistleblowers Edward Snowden. Am besten geht man in einem Wahlkampf davon aus, dass alle vorhandenen elektronischen Dokumente gestohlen werden können. Bei heiklen Besprechungen sollte man das Mobiltelefon nicht mit in den Raum nehmen, denn es könnte »verwanzt« sein. Selbst Verschlüsselung bietet keine absolute Sicherheit, und dies gilt auch für das sog. E-Voting. Der Ausgang von Wahlen in der Schweiz ist für die internationale Politik zu wenig relevant, als dass sich hier ein hoher Aufwand lohnen würde. Bei Wahlen in den USA, Deutschland, Frankreich oder Großbritannien sieht die Rechnung anders aus.

In den neuen Medien kann viel leichter gefälscht und manipuliert werden als in den traditionellen. Videos, Bilder und Text können manipuliert, Geschichten erfunden und so Skandale konstruiert werden. Im April 2015 zirkulierte für einige Stunden ein Tweet, der angeblich vom Account von Donald Trump stammte: »If Hillary Clinton can't satisfy her husband, what makes her think she can satisfy America?« Das Trickreiche an diesem Tweet war, dass man es Trump zutraute, eine solche Nachricht formuliert zu haben.

Gefälschte Nachrichten und faktenfreie Behauptungen im politischen Kampf gab es schon immer. Bereits Octavian streute falsche

Gerüchte über seinen Gegenspieler Marcus Antonius, zum Beispiel dieser sei Alkoholiker und wolle die Hauptstadt des Römischen Reiches nach Alexandria verlegen. Seitdem Donald Trump die große politische Bühne betreten hat, machen die englischen Begriffe »Fake news« und »Alternative facts« weltweit die Runde. Über die Kanäle des Internets kann jedermann falsche Nachrichten verbreiten, ohne dass die Behauptungen vorher durch einen Filter laufen, solange die Betreiber von Plattformen für die Inhalte nicht verantwortlich sind. Eine »Zensur« ist indessen heikel, einmal abgesehen vom Aufwand, wenn sie im Einzelfall erfolgt. Einige afrikanische Länder haben die Verwendung von Facebook, WhatsApp und Twitter vor Wahlen generell verboten, berichtete die New York Times am 17. November 2016. Regierungen im Tschad oder in Uganda gaben als Gründe für das Verbot Sicherheitsbedenken und das Verbreiten von falschen Wahlresultaten an. Es besteht aber auch der Verdacht, dass durch das Verbot die Verbreitung von »Real news« verhindert werden soll: Nachrichten über Wahlfälschungen.

6.4 Unlautere Instrumente

Je mehr auf dem Spiel steht, desto größer ist die Versuchung, im Wahlkampf, bei der Stimmabgabe oder bei der Stimmenauszählung unlautere Mittel einzusetzen. Autoritäre Systeme haben Wahlbetrug meist nicht nötig, weil der Wahlausgang ohnehin feststeht. Oft anzutreffen ist Wahlbetrug in nicht gefestigten Demokratien, wenn ein Kopf-an-Kopf-Rennen erwartet wird. Ich wähle zunächst ein historisches Beispiel aus der Schweiz. Der Ausgang der Parlamentswahlen von 1847 im Kanton St. Gallen war von schicksalhafter Bedeutung für die ganze Schweiz, denn davon hing die politische Neuordnung des Landes ab, der Übergang von einem Staatenbund zu einem Bundesstaat. Eine liberale Mehrheit im Kanton St. Gallen war erforderlich, damit sich an der eidgenössischen Tagsatzung eine Mehrheit für die Auflösung des katholischen Sonderbundes ergeben konnte. Überraschenderweise gewannen die Liberalen im südlichen Bezirk Gaster, was zu einer freisinnigen Mehrheit im Kantonsparlament (77 : 73), zu einem Votum gegen den Sonderbund und zu einem entsprechenden Entscheid der Tagsatzung führte. Die unterlegenen Konservativen riefen »Betrug«. Ob die folgenden Aussagen, die in einem Auszug aus dem »Missivenprotokoll« des Bezirksamt Gaster vom 30. Mai 1847 niedergeschrieben worden sind, der Wahrheit entsprechen, ist unklar (Zeitschrift für schweizerische Geschichte, Band 30, Heft 3, 1950): »Während das Zeichen für Beginn der Gemeinde [Bezirkslandsgemeinde vom 2. Mai 1847] durch Läuten gegeben wurde, erschien ein Bürger von Amden in meinem Hause und machte mir die Anzeige, dass die Schäniser Kirchenuhr jener in Weesen und Amden um volle 3/4 Stunden vorgehe, und dass somit die meisten Bürger von Amden und Weesen zu spät auf dem Wahlplatze eintreffen müssten, wenn nicht der Beginn der Verhandlungen um die bezeichnete Zeit zurück geschoben werde.« Die Kantonsparlamentarier wurden damals an Versammlungen gewählt, und falls es zutrifft, dass die Kirchenuhr am Versammlungsort Schänis vorging, kamen Männer aus anderen Gemeinden zu spät zur Wahl. Dieser Plan konnte nur aufgehen, wenn die Drahtzieher sich sicher sein konnten, dass die Männer aus Schänis mehrheitlich liberal gesinnt waren.

Zu den unlauteren Instrumenten gehören natürlich alle illegalen Aktivitäten wie Wahlbestechung, Drohung, Intrige, Einschüchterung, Erleichterung oder Verhinderung der Stimmabgabe, Betrug bei der Auszählung. In halbautoritären Staaten und nicht gefestigten Demokratien sind diese, wie erwähnt, an der Tagesordnung und oft von oben orchestriert; in konsolidierten Demokratien werden sie eher selten in Einzelfällen angewandt. In Scheindemokratien sind häufig nicht die unlauteren Instrumente im Wahlkampf das Hauptproblem, sondern der unfaire Kontext bei der Wahlbewerbung, der Wahlgesetzgebung und dem Medienzugang.

Ein Musterfall des Einsatzes unlauterer Instrumente war in Deutschland der Wahlkampf zur Landtagswahl 1987 in Schleswig-Holstein (»Barschel-Affäre«). Um eine drohende Wahlniederlage abzuwenden, engagierte Ministerpräsident Uwe Barschel den Journalisten Reiner Pfeiffer vom Axel Springer Verlag als Medienreferent in der Staatskanzlei. Dieser griff zu ziemlich »unkonventionellen« Instrumenten. Er erstattete gegen Engholm eine anonyme Anzeige wegen Steuerhinterziehung; er ließ Björn Engholm durch Detektive überwachen, in der Hoffnung, Pikantes aus dem Privatleben Engholms zu erschnüffeln; er rief Engholm zu Hause an, gab sich als Arzt Dr. Wagner aus und behauptete, er habe vertrauliche Hinweise erlangt, dass Engholm an AIDS erkrankt sein könne; er fälschte eine Pressemitteilung der schleswig-holsteinischen Grünen, in der diese scheinbar unter der Überschrift »Grüne: Engholms Taufe eine peinliche Wahlkampfmasche« Engholms Wiedereintritt in die Kirche als »Gipfel der Taktlosigkeit« bezeichneten.

Am Samstag vor der Landtagswahl vom 13. September 1987 wurde die »Spiegel«-Titelgeschichte mit diesen Vorwürfen publik. Das Wahlergebnis war ein Patt, und inwiefern die Publikation des »Spiegels« einen Einfluss darauf hatte, lässt sich schwer sagen. Aber man stelle sich vor, die Vorwürfe wären trotz der eidesstattlichen Erklärung Pfeiffers frei erfunden gewesen. In einer Pressekonferenz am 18. September 1987 wies Barschel alle gegen ihn erhobenen Vorwürfe zurück und erklärte: »Über diese Ihnen gleich vorzulegenden eidesstattlichen Versicherungen hinaus gebe ich Ihnen, gebe ich den Bürgerinnen und Bürgern des Landes Schleswig-Holsteins und der gesamten deutschen Öffentlichkeit mein Ehrenwort – ich wiederhole: Ich gebe Ihnen mein Ehrenwort! – dass die gegen mich erhobenen Vorwürfe haltlos sind.« Nach diesen Worten senkte er den Kopf, schloss die Augen und griff mit den flachen Händen an seine Wangen, wie wenn er nonverbal kommunizieren wollte: »Was habe ich da bloß behauptet!« Seit dieser Aussage hat die Glaubwürdigkeit eines »Ehrenworts« in der deutschen Politik abgenommen. Der Druck auf Barschel wurde für ihn bald unerträglich. Am 2. Oktober 1987 trat er vom Amt des Ministerpräsidenten zurück. Neun Tage später wurde er im Hotel Beau-Rivage in Genf tot in der Badewanne seines Zimmers aufgefunden – und von einem Reporter des »Sterns« fotografiert. Ob ein »Fremdverschulden« vorlag, ist bis heute umstritten.

Unbekannte verteilten 2013 bei den Provinzwahlen im Norden Sri Lankas Tausende von gefälschten Exemplaren der »Uthayan«, der wichtigsten Tageszeitung im Norden des Landes. Darin wurde fälschlicherweise berichtet, ein führender TNA-Politiker sei überraschend zur Regierung übergelaufen; die Tamil National Alliance boykottiere daher die Wahlen (Neue Zürcher Zeitung, 24. September 2013, S. 7).

Auf dem »Observation Report Form« für Wahlbeobachtungseinsätze der Organisation für Sicherheit und Zusammenarbeit in Europa

(OSZE) steht gewöhnlich folgende Frage: »Anyone voting with a premarked ballot paper (carousel voting)?« In Mazedonien nennt man diese Manipulation am Wahltag »den bulgarischen Zug«, welcher wie folgt geht: Ein Parteiwähler begibt sich ins Wahllokal, bekommt einen Wahlzettel und geht damit in die Wahlkabine. Ins Kuvert legt er aber ein leeres Blatt, den leeren Wahlzettel steckt er ein. Diesen leeren Zettel bringt er zu einem Treffpunkt der Partei, wo er »richtig« markiert und einem anderen Wähler übergeben wird. Dieser hat den Auftrag, diesen Wahlzettel in die Urne zu werfen und wiederum einen leeren zurückzubringen. So kommt der Zug in Fahrt. Damit soll sichergestellt werden, dass »richtig« gewählt wird. Freilich verhindert dies nicht, dass ein Wähler den bereits ausgefüllten Wahlzettel ungültig macht oder gar nicht einwirft. Mir ist aus meiner Praxis kein Fall bekannt, in dem internationale Beobachter solches »Karussellwählen« feststellen konnten.

Das Paradebeispiel des Einsatzes unlauterer Instrumente bleibt der Einbruch ins Hauptquartier der Demokratischen Partei im Watergate-Gebäudekomplex in Washington D.C. am 17. Juni 1972 (»Watergate-Skandal«). Fünf Einbrecher hatten offenbar versucht, Abhörwanzen zu installieren und Dokumente zu fotografieren. Dies wurde in Verbindung gebracht mit den im November anstehenden Präsidentschaftswahlen und dem Amtsinhaber Richard Nixon. Die Suche nach dem Auftraggeber des Einbruchs führte bis ins Weiße Haus. Unter dem Druck eines drohenden Impeachments trat Nixon am 9. August 1974 zurück. Der Begriff »Watergate« steht seither für schmutzige Tricks in der Politik – und deren Aufdeckung durch die Medien.

Heiligt der aus Sicht des Kandidaten gute Zweck – der Wahlsieg und die politische Macht, um etwas für die Menschen zu erreichen – den Einbezug fragwürdiger oder unerlaubter Mittel in die Wahlkampfstrategie? »Keine Ethik der Welt kommt um die Tatsache herum, dass die Erreichung ›guter‹ Zwecke in zahlreichen Fällen daran gebunden ist, dass man sittlich bedenkliche oder mindestens gefährliche Mittel und die Möglichkeit oder auch die Wahrscheinlichkeit übler Nebenerfolge mit in den Kauf nimmt, und keine Ethik der Welt kann ergeben: wann und in welchem Umfang der ethisch gute Zweck die ethisch gefährlichen Mittel und Nebenerfolge ›heiligt‹.« (Weber,

2010, S. 58) Mit »Nebenerfolgen« meinte Weber vermutlich unerwünschte »Nebenfolgen«.

In einer reifen Demokratie ist der Einsatz unlauterer Instrumente nicht zu empfehlen. Irgendwann wird dieser publik werden – mit höchst ungewissen Konsequenzen für die Urheber. Integrität und Glaubwürdigkeit sind wichtige Ressourcen, die man auf einen Schlag verspielen kann. Albert Oeckl schrieb 1976 über die Glaubwürdigkeit (zitiert nach Kunczik (2002, S. 169)): »Glaubwürdigkeit ist heute das meist gesuchte und höchst bewertete Gut im menschlichen Zusammenleben, das fast überall schmerzlich vermisst wird.« In wenig gefestigten Demokratien sagen sich etliche Parteien und Kandidierende: »Da unsere Gegner unlautere Mittel einsetzen, müssen wir es auch tun, sonst sind wir im Nachteil.« Eine höchst gefährliche Spirale! Die anderen übers Ohr zu hauen lohnt sich nur in flüchtigen sozialen Beziehungen. Menschen generell und Politiker insbesondere setzen viel Energie dafür ein, andere zu »bestrafen«, d. h. die Betrogenen werden bei nächster Gelegenheit mit gleichen Mitteln zurückschlagen.

Rache bei Betrug ist nicht nur in der Politik ein starkes Motiv: »Denn es ist wohl festzustellen, dass die Menschen entweder gütlich behandelt oder vernichtet werden müssen. Wegen geringer Unbill rächen sie sich, wegen großer vermögen sie es nicht; jede Unbill muss also so zugefügt werden, dass man keine Rache zu befürchten hat.« (Machiavelli, 2008, Kapitel III) Wie oben festgehalten, ist eine reife Demokratie nicht mit Zuständen zur Zeit der Renaissance zu vergleichen. Gewöhnlich muss man nach der Wahl zumindest im Parlament wiederum mit dem politischen Gegner zusammenarbeiten. Der Einsatz von Mitteln wie Diffamierung, Verleumdung, Streuung von Gerüchten, Verschwörungstheorien, Dementis oder Wahlbetrug schlägt deshalb gewöhnlich auf die Urheber zurück. Es können sich schon während des Wahlkampfes Bumerang-, Mitleids- und Solidarisierungseffekte einstellen (siehe Kapitel 4.8), und die Betrogenen werden bei der nächsten Gelegenheit auf Rache sinnen.

7 Die Kandidierenden

7.1 Imagekampagne zuerst

Wie schon bei den Schritten des politischen Marketingprozesses erwähnt, geht die Imagekampagne der Themenkampagne voraus. »Zur Imagebildung eines Kandidaten ist es zwingend erforderlich, dessen politisches und persönliches Profil, insbesondere jedoch auch dessen Qualitäten in Abhängigkeit von den Bedürfnissen der politischen Wählerschaft herauszuarbeiten, zu akzentuieren und zu einem spezifischen Image zu verdichten.« (Strohmeier, 2002, S. 94) Der Kandidierende muss versuchen, sein Image selbst zu prägen und es sich nicht von Gegnern aufdrücken zu lassen. Gustave Le Bon (1982, S. 128 f.) schrieb, als erste Eigenschaft müsse ein Kandidat einen Nimbus haben. »Persönlicher Nimbus kann nur durch Reichtum ersetzt werden. Talent und selbst Genie sind keine Vorbedingungen für den Erfolg.« Ein Nimbus kann durch eine Imagekampagne erzeugt oder verstärkt werden. Wir erinnern uns an die chinesische List-Formel »Schmücke dich mit der Vergangenheit«. Taten in der Vergangenheit oder Positionen in der Gegenwart werden als herausragend und im besten Licht dargestellt. Ehemalige Revolutionsführer werden wegen ihres Nimbus nach mehr oder weniger demokratischen Wahlen zu Staatschefs. Dwight D. Eisenhower war »Supreme Commander« der alliierten Truppen in Europa und leitete 1944 die Invasion in der Normandie. 1952 wurde er mit 55 Prozent der Wählerstimmen zum US-Präsidenten gewählt.

Das Image eines Helden ist zwar in Wahlkämpfen von Vorteil. Aber Wahlen lassen sich auch mit anderen Images gewinnen. Grob können für politische Spitzenpositionen vier Stereotypen unterschieden werden: der Held (Ausnahmekönner, Retter), der einfache Mann (wie du und ich), der politische Führer (der für Unterhaltung sorgt) und der Landesvater (Tabelle 5). Es hängt vom Kontext ab, welcher Typus am besten ankommt. In turbulenten Zeiten ist oft der Held gefragt. Nach einer Phase abgehobener politischer Führung und Skandalen kommt oft der einfache Mann gut an. Auf einen schwachen Präsidenten folgt oft ein politischer Führer, und nach einer Politik der Polarisierung sehnt man sich häufig nach dem versöhnenden Landesvater. Das Image kann man wie gesagt entsprechend den Erfordernissen der Zeit prägen, aber nicht beliebig, sondern nur im Rahmen der realen Kandidateneigenschaften. Aus einem Langweiler kann man keinen politischen Unterhalter machen, aus einem leicht erregbaren Menschen keinen Landesvater.

Beispiele für den Typus Landesvater sind der Ministerpräsident von Baden-Württemberg, Winfried Kretschmann, und die deutsche Bundeskanzlerin, Angela Merkel (»Mutti« genannt). Letztere hat das Image, Deutschland unaufgeregt durch Turbulenzen zu steuern. Das Image der Vaterfigur passte schon vom Lebensalter her bestens zu Bundeskanzler Konrad Adenauer. Rund 50 Prozent seiner Arbeitszeit soll er gemäß Klaus-Otto Skibowski, der für Adenauers Öffentlichkeitsarbeit verantwortlich war, für die Selbstdarstellung investiert haben (Burgard, 2012, S. 67). Er vermischte Politisches mit Privatem und zeigte sich in den Medien auch beim Bocciaspielen in den Ferien oder als Rosenzüchter. Auch Angela Merkel verstand es 2009 und 2013, ihr Privatleben zu inszenieren. »Einen Gegenentwurf zur kühlen Reformkampagne von 2005 bildete auch die Inszenierung ihres Privatlebens. Das Image der unnahbaren ›bekannten Unbekannten‹ sollte dem der warmherzigen, bodenständigen, ›menschelnden‹ Merkel weichen, die nicht nur Bundeskanzlerin, sondern auch ›Gattin, Hausfrau und Teilzeit-Oma‹ ist.« (Burgard, 2012, S. 101) Ein Satz wie »Gerade am Wochenende habe ich Johannisbeerkuchen gebacken« kommt hervorragend an und wird eifrig zitiert. Ebenso die Aussage auf einem Flyer der CDU: »Mein Mann beschwert sich selten. Nur auf dem Kuchen sind ihm immer zu wenig Streusel. Er ist halt Konditorensohn.« Was für ein Unterschied zu ihrem eher abgehoben wirkenden Vorgänger Gerhard Schröder! »Hatte die Kandidatin Merkel im Wahlkampf 2005 noch kalt und unnahbar gewirkt, spielte die Kanzlerin jetzt mit Emotionen und verknüpfte wie Obama geschickt ihre Lebensgeschichte mit ihrer Botschaft.« (Burgard, 2012, S. 110) In einem Interview mit der Frauenzeitschrift »Brigitte« (»Brigitte live – Frauen wählen«) vor Publikum im Wahlkampf 2013 stellte sie sich als »ganz normale Frau« dar. Einstiegsfrage der Moderatorin: »Alltag oder Ausnahmezustand – worüber möchten Sie lieber sprechen?« »Alltag.« Und Merkel schob schlagfertig nach: »Ist aber manchmal identisch.«

Eine Imagekorrektur durch die Inszenierung des Privatlebens kann auch gründlich misslingen. Das demonstrierte die sogenannte »Plantsch-Affäre« des ehemaligen deutschen SPD-Vorsitzenden und von 1998 bis 2002 Bundesverteidigungsminister Rudolf Scharping. Um sein eher blasses Image aufzupolieren, ließ er sich im August 2001 an einem Pool in Mallorca mit seiner neuen Lebensgefährtin Gräfin Pilati-Borggreve für eine Titelgeschichte der »Bunten« abfotografieren (»Total verliebt auf Mallorca«). Dies ein Jahr vor der Bundestagswahl und während sich die Bundeswehr auf einen Einsatz in Mazedonien vorbereitete. Hier war nicht allein das Timing unstimmig; Gräfin und Pool waren ein zu großer Kontrast zum bisherigen Image Scharpings und zum Image der Partei. Die Opposition forderte Scharpings Rücktritt, weil er die »Flugbereitschaft der Bundeswehr« für Reisen nach Mallorca benutzt habe, und für die deutschen Medien war das Thema gesetzt. Auch der »Spiegel« widmete das Titelbild der Ausgabe 35/2001 der »Plantsch-Affäre«. Scharping und seine Lebensgefährtin sind in einem mit Wasser gefüllten Bundeswehrhelm zu sehen unter dem Titel »Rudolf der Eroberer. Verteidigungsminister Scharping bedingt abwehrbereit«. Aus rechtlichen Gründen konnte der »Spiegel« keine Genehmigung erteilen, das Titelbild an dieser Stelle abzudrucken. Es ist indessen im Internet unter dem Stichwort »Rudolf der Eroberer« leicht zu finden. Am 18. Juli 2002, kurz vor der Bundestagswahl vom 22. September, war Bundeskanzler Schröder gezwungen, Scharping als Verteidigungsminister zu entlassen. Vergleichsweise kleine Affären um Honorarzahlungen und teure Einkäufe in Frankfurt hatten das Fass zum Überlaufen gebracht. Das Image der Peinlichkeiten, Fehltritte, Schusseligkeit und Ungeschicklichkeiten konnte Scharping nicht mehr loswerden.

Politische Führer mit einer Gabe für Inszenierungen und hohem Unterhaltungswert waren der frühere italienische Ministerpräsident, Silvio Berlusconi, der mit seinen Eskapaden für Gesprächsstoff sorgte, sowie der 2013 im Amt verstorbene Präsident von Venezuela, Hugo Chávez, der die Menschen auch singend und tanzend unterhalten konnte. Legendär ist dessen Rede vor der UNO-Vollversammlung am 19. September 2006, in der er sich zu Beginn seiner Ausführungen bekreuzigte, auf das Pult zeigte, an dem US-Präsident Bush zum Auftakt der Generaldebatte 24 Stunden zuvor seine Rede gehalten hatte, und ausrief: »Gestern war der Teufel hier, genau hier. Und es riecht hier noch immer nach Schwefel.« Als Retter (bzw. »rottamatore«, d.h. »Verschrotter«) präsentierte sich Matteo Renzi, als er im Februar 2014 Ministerpräsident Enrico Letta aus dem Amt drängte und selbst dessen Posten übernahm.

Gerd Strohmeier unterscheidet in Anlehnung Roger-Gérard Schwartzenberg (1980) vier Idealtypen von Kandidierenden. Unter »persönlicher Qualität« versteht er eine gewisse Nähe zu den Wählern, unter »politischer Qualität« die Vermittlung inhaltlicher Positionen. In nachstehender Tabelle sind in Klammern die entsprechenden Images hinzugefügt.

Tabelle 5: Idealtypen von Kandidaten

	Geringe politische Qualität	**Hohe politische Qualität**
Geringe persönliche Qualität	**Visionär** *(Retter)*	**Pragmatiker** *(politischer Führer)*
Hohe persönliche Qualität	**Durchschnittsbürger** *(einfacher Mann)*	**Patriarch** *(Landesvater)*

Nach Strohmeier (2002, S. 96)

»Grundsätzlich sind der Typus des Pragmatikers und der Typus des Durchschnittsbürgers prädestiniert, Wechselwähler anzusprechen, da beide Typen keine ideologischen Ziele und Positionen repräsentieren.« (Strohmeier, 2002, S. 97) Der Patriarch kann wertrationale Stammwähler stabilisieren. Der Visionär, der Menschen für Ideen begeistern kann, zieht emotionale Wähler sowie Erst- und vormalige Nichtwähler an, stößt aber auch rationale Wähler in der politischen Mitte ab.

Diese Idealtypen eignen sich wie gesagt nur für politische Spitzenpositionen in der Regierung. Weil es Idealtypen sind, lassen sich »Realtypen« und somit bestimmte Personen nur teilweise einem Typus zuordnen. »Reale« Kandidaten weisen oft Komponenten aller vier Typen auf. Bei Parlamentswahlen muss sich das persönliche Image von den Images der weiteren Kandidierenden der eigenen Partei abheben, um erfolgreich zu sein.

»Wenn ein junger Mann ein Mädchen kennenlernt und ihr sagt, was für ein großartiger Kerl er ist, so ist das Reklame […]. Wenn er ihr sagt, wie reizend sie aussieht, dann ist das Werbung. Aber wenn sich ein Mädchen für ihn entscheidet, weil sie von anderen gehört hat, was für ein feiner Kerl er ist, dann ist das Public Relations.« Dieses Zitat stammt vom Münchner Bankier Alwin Münchmeyer (Kamps, 2007, S. 93). Das Image prägt sich durch PR und weniger in der interpersonalen Kommunikation.

Zuweilen sind das Image bzw. ein gewisser Nimbus allein schon durch den Familiennamen fixiert. Wer in den USA Kennedy oder in Deutschland Stauffenberg heißt, hat schon durch diese geschichtsträchtigen Namen einen Wettbewerbsvorteil. »Eine wegweisende Studie über die Kongresswahlen seit der Gründerzeit ergab, dass zwischen 1789 und 1996 knapp 9 Prozent aller Abgeordneten und Senatoren einen Verwandten hatten, der vor oder nach ihnen ebenfalls im Kongress sass.« (Neue Zürcher Zeitung, 18. April 2015, S. 5) Die Präsidentschaftswahlen in den USA 2016 waren auch ein Duell bekannter Familiennamen: Trump gegen Clinton. Aber auch mit weniger bekannten Familiennamen kann man Assoziationen wecken, wenn sich die entsprechenden Wortspiele konstruieren lassen. So geschehen beim Wahlkampf in Nordrhein-Westfalen 2010. Für die Spitzenkandidatin der SDP, Hannelore Kraft, skandierten die Anhänger auf Veranstaltungen »Hannelore, Hannelore … Kraft, Kraft, Kraft«, und zwar im Rhythmus von »Zicke, zacke, zicke, zacke … hoi hoi hoi«. Bei der Landtagswahl 2017 reichte die Kraft für einen Wahlerfolg freilich nicht mehr.

Das eine ist das positive Image, das man selbst zu prägen versucht. Das andere das unvorteilhafte Image, das die politischen Gegner »anhängen« wollen. »Soft on crime« ist beispielsweise eine Etikette, die sich in den USA meist negativ auf das Wahlergebnis auswirkt. Diese kostete 1988 dem Gouverneur von Massachusetts, Michael Dukakis, den Wahlsieg bei den US-Präsidentschaftswahlen. Er war gegen die Todesstrafe – eine Position, die nach ihm kein Präsidentschaftskandidat der großen Parteien mehr vertrat. Legendär ist die

TV-Debatte vom 13. Oktober 1988, als Moderator Bernard Shaw ihn gleich zu Beginn fragte, ob er die Todesstrafe befürworten würde, wenn seine Frau Kitty vergewaltigt und ermordet würde. Seine (wohl auswendig gelernte) Antwort war rational: »No, I don't, Bernard, and I think you know that I've opposed the death penalty during all of my life.« Wenn die eigene Frau involviert ist, hätte er nach den Erwartungen des Publikums emotional reagieren müssen. Seine Antwort bestärkte das schon geprägte Image bezüglich Kriminalität. Die »richtige Antwort« gab einen Tag später ein Journalist: »He, ich würde den Kerl selbst umbringen!«

Um in seinem Wahlkreis Houston einen Sitz in einem Schulkomitee zu erzielen, griff der Republikaner Dave Wilson zu einer drastischen »Imagebildung«: Er ließ die (schwarze) Wählerschaft glauben, er sei schwarz. »Bitte wählen Sie unseren Freund und Nachbarn Dave Wilson«, stand auf den Flyern neben Fotos von lachenden schwarzen Familien (»20 Minuten« vom 12. November 2013).

Zuweilen wird das Image auch ungeplant vorteilhaft geprägt. Im US-Wahlkampf 2008 gelangte »Joe the Plumber« unvermittelt zu nationaler und internationaler Bekanntheit. Barack Obama hatte am 11. Oktober 2008 an einer Wahlkampftour eine kurze Begegnung mit Joe Wurzelbacher, der vorgab, selbstständiger Klempner zu sein und über 250.000 Dollar im Jahr zu verdienen. Auf eine Frage hin erklärte ihm Obama kompliziert seine Steuerpläne. Der Fernsehsender ABC zeichnete das Gespräch auf. »Joe the Plumber« wurde landesweit bekannt, und im dritten Fernsehduell zwischen Obama und McCain fiel sein Name mehrmals. Die Republikaner zeigten einen Ausschnitt aus dem Gespräch in einem negativen Spot gegen Obama. Gleichwohl dürfte der Vorfall Obamas Image eher genützt haben, denn das spontane Gespräch zeigte: Obama kennt die Details seiner Steuerpläne, ist dossierfest.

Eine geläufige Formel ist die »Inszenierung des Authentischen«. »Echt« ist eigentlich das Gegenteil von Inszenierung, aber gerade was »echt« ist am Kandidaten, soll durch raffinierte Inszenierung weiter verstärkt werden. Gute Fälschungen beruhen ja auf der »Inszenierung des Authentischen«. Was »echt« ist, wird indessen immer auch durch die Außenwahrnehmung bestimmt, auch durch den Kontrast mit anderen. »Echtheit« wird zugesprochen oder abgesprochen (vgl.

Christina Holtz-Bacha, 2015, S. 4). Insofern muss man in der politischen Kommunikation Berichte über die Außenwahrnehmung zu steuern versuchen, insbesondere durch Geschichten. Die Biografie des SPD-Kanzlerkandidaten 2017, Martin Schulz, trug dazu bei, dass er bei seiner Nominierung im Frühjahr 2017 in weiten Teilen der Bevölkerung als »menschlich«, »geerdet« und »authentisch« wahrgenommen wurde, gerade auch in Kontrast zu anderen Spitzenpolitikern. Einem Menschen, der aus Würselen stammt, das Abitur nicht geschafft hat, eine Zeitlang dem Alkohol verfallen war und es dennoch in der EU bis an die Spitze des Parlaments geschafft hat, traut man zu, dass er »den Mann auf der Straße« versteht.

7.2 Der Kommunikator

Kommunikatoren in einem Wahlkampf sind zunächst die Kandidierenden bzw. deren Parteien. Die Kommunikation kann aber auch über ein »Meinungsrelais« erfolgen. In den USA werden Kandidierende regelmäßig durch prominente Personen unterstützt, die gewöhnlich mit Politik nicht viel am Hut haben: Schauspieler, Moderatoren, Sportler, Unternehmer usw. Der Vorteil dieser indirekten Kommunikation ist, dass die Prominenten auch politisch wenig Interessierte erreichen und bei noch Unentschlossenen eine große Wirkung erzielen können. »It is an abiding paradox that one of the best methods for reaching communication recipients can be indirect.« (Maarek, 2011, S. 43)

Abbildung 22 zeigt diesen Mechanismus. Da es schwierig ist, mit der direkten Kommunikation Wähler zu erreichen, die einem gleichgültig oder skeptisch gegenüberstehen, bedient man sich der indirekten Kommunikation. Es werden mehr oder andere Rezipienten erreicht und die Aufnahme und Verarbeitung der Kommunikation erfolgen anders. Nicht der Kandidat wirbt für sich selbst, sondern ein als »neutral« wahrgenommener Dritter tritt für ihn ein, so ähnlich wie in Werbebotschaften »ganz normale Konsumenten« ihre Zufriedenheit mit einem Produkt ausdrücken. Die indirekte Kommunikation kann dabei sowohl über einen interpersonalen, einen massenmedialen als auch durch einen Meinungsführer in den Social Media erfolgen. Inter-

Abbildung 22: Direkte und indirekte Kommunikation mit der Wählerschaft

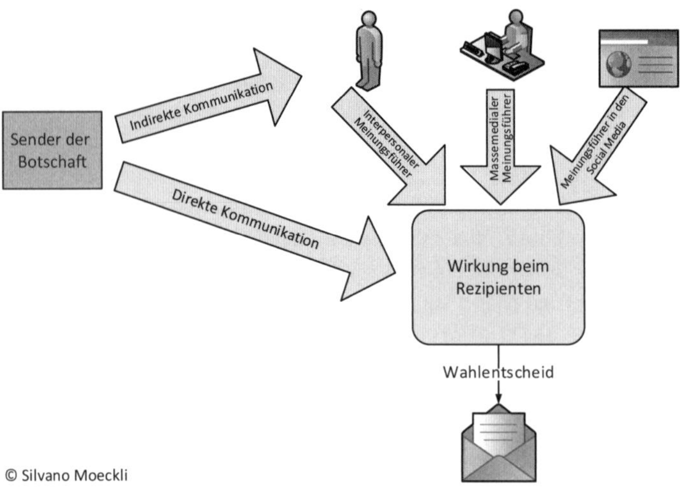

personal entspricht dieses Konzept dem bekannten »Multistep Flow Model« nach Paul Lazarsfeld (Lazarsfeld, Berelson & Gaudet, 1969).

Die Glaubwürdigkeit des Kommunikators spielt vor allem bei politisch schwach gebundenen Wählern eine bedeutende Rolle. Starke Anhänger einer Meinung bzw. eines Kandidaten, die mit diskrepanten Ansichten konfrontiert werden, reagieren oft mit einer Quellenabwertung, d.h. die Glaubwürdigkeit des Kommunikators wird infrage gestellt (Kunczik & Zipfel, 2005, S. 309f.). Zu den wirksamsten Meinungsführern, die man in einem Wahlkampf haben kann, gehören unabhängige Journalisten von renommierten Medien. Allerdings ist diese Kommunikation immer mittelbar und somit schwer zu steuern.

7.3 Aussehen und Wahlchancen

Gutes Aussehen schadet nicht – weder im Alltag noch in Wahlkämpfen. Das wurde schon im ersten Kapitel über Doris Leuthard gesagt. Attraktivität heißt ja »Anziehungskraft«, und der erste Eindruck, wenn man einem Menschen Face-to-Face oder in den Medien begegnet, ist wichtig. Was für Menschen auf der Straße ein »Hingucker« ist, ist es auch für die Medien. Eine attraktive Person fällt auf einem Podium oder in einem Parlament auf. Sie bekommt im persönlichen Umgang vielleicht eine bessere Behandlung, auch vonseiten von Medienschaffenden. Vom Merkmal physische Attraktivität profitieren vor allem jüngere Kandidierende. Das Aussehen spielt insbesondere eine Rolle, bis man gewählt ist, nachher nicht mehr so stark. Aber Achtung, es kann auch das Image negativ prägen, z. B. als Stereotyp, dass man außer gutes Aussehen inhaltlich nicht viel zu bieten habe. Inhaltliche Aussagen werden dann erst recht auf ihre Substanz hin untersucht, wie das bei der Vizepräsidentschaftskandidatin Sarah Palin 2008 der Fall war (siehe S. 79). Es war schon davon die Rede, dass auch gestandene Politiker ihr Aussehen durch Schönheitsoperationen verbessern. Das ist natürlich insbesondere vor dem Hintergrund zahlreicher Fernsehauftritte von Bedeutung.

Wenn Schönheit ausschlaggebend wäre für den Wahlerfolg, dann würden Ansammlungen von gewählten Politikerinnen und Politikern aussehen wie die Bühne bei einer Miss-World-Wahl. Ein Blick in ein Parlament zeigt, dass dem nicht so ist. Die meisten Parlamentarier sind zwischen 40 und 60 Jahre alt. Etliche von ihnen wurden indessen erstmals gewählt, als sie noch nicht 40 Jahre alt waren. Aus der Sicht der Unterstützer von Kandidierenden zählt nicht das Aussehen, sondern der potenzielle Einfluss, den ein Gewählter für die eigene Sache im Parlament haben kann.

Gestützt auf Daten von 744 Kandidierenden bei den Schweizer Nationalratswahlen 2007 fand Georg Lutz (2010) einen »robusten Einfluss« der physischen Attraktivität auf die Zahl der erzielten Präferenzstimmen. Natürlich stellt sich die Frage, wie man Attraktivität misst. Bei dieser Studie schrieben Codierer anhand von Fotos den Kandidierenden einen Wert auf einer Skala von 0 bis 10 zu. Die Attraktivität von männlichen Kandidierenden wurde im Durchschnitt um einen Punkt tiefer bewertet als von weiblichen.

Der 2013 verstorbene Tessiner Giuliano Bignasca ist der Gegenbeweis, dass man nicht schön oder stromlinienförmig sein muss, um gewählt zu werden. 1995 und von 1999 bis 2003 saß er im Schweizer Nationalrat. Ab 2000 bis zu seinem Tod war er Mitglied des Stadtrates von Lugano. In Jubelstimmung über einen Wahlerfolg 2007 schoss er mit einem Sturmgewehr von der Terrasse seines Büros aus Salven gegen den Himmel. Dieses Produkt passte zum Markt Tessin. Bignasca wurde gar als Verstorbener 2013 auf der Wahlliste der Lega in den Stadtrat von Lugano wiedergewählt.

8 Das Elektorat

8.1 Das unterschiedliche Engagement von Wählern im Wahlkampf

Das Elektorat im rechtlichen Sinne lässt sich klar abgrenzen: Es sind alle wahlberechtigten Einwohnerinnen und Einwohner auf einem bestimmten Territorium (bzw. in einem Wahlkreis). Je nach Rechtsordnung können auch im Ausland wohnhafte Staatsangehörige wahlberechtigt sein. Das Engagement der meisten Wahlberechtigten beschränkt sich auf die Stimmabgabe (sofern sie überhaupt wählen gehen). Ein kleiner Teil der Wählerschaft engagiert sich stärker: mit Geld, mit ihrem Namen und Prestige, mit aktiver Unterstützung. Genau besehen können sich auch natürliche oder juristische Personen im Wahlkampf engagieren, die gar nicht wahlberechtigt sind: Ausländer im In- oder Ausland, Minderjährige, Unternehmungen, Staaten, Gliedstaaten, Gemeinden, parastaatliche Organisationen, Nichtregierungsorganisationen. Dies ist freilich heikel und kann selbst Thema im Wahlkampf sein.

Es sind gerade die aktiven Teile des Elektorats, die mehr als nur ihre Stimme abgeben, die für den Wahlerfolg ausschlaggebend sein können. Bei den aktiven Teilen können wir unterscheiden zwischen Aktivisten und Freiwilligen. Freiwillige machen fallweise bei bestimmten Events mit, Aktivisten sind dauerhaft engagierte Unterstützer. Bei den Aktivisten ist nicht allein deren Zahl relevant, sondern insbesondere deren Enthusiasmus.

Bei der Kampagnenstrategie gilt es also darauf zu achten, dass man sich in der Anfangsphase auf die Gewinnung von Freiwilligen, Aktivisten, Unterstützern und Spendern konzentriert, die es braucht, um am Wahltag das Elektorat für sich zu gewinnen. Es gibt nach Rose (2010, S. 56) vier Stufen persönlichen Engagements. »Do nothing; do one thing; systematic change; and lastly, wholesale change.« Bei der einzelnen Handlung, etwa einer Geldspende, kann es sich um eine symbolische Geste handeln, um das Gewissen zu beruhigen. Systematischer Wandel ist ein längeres Engagement zusammen mit Gleichgesinnten. Auf der letzten Stufe ändert man das gewohnte Leben, gibt eventuell seinen Job auf für eine Sache. Wer selbst von einer Sache vollkommen überzeugt ist, kann auch andere mitreissen. »… the worst thing would be for you to get in this when you still have lingering doubts.« (Plouffe, 2009, S. 27)

8.2 Der Wandel beim Elektorat

In den vergangenen dreißig Jahren hat sich in allen westlichen Demokratien beim Elektorat ein markanter Wandel vollzogen, der stichwortartig wie folgt zusammengefasst werden kann:

- Die Parteibindungen haben abgenommen. Es gibt in allen Parteien weniger treue Stammwähler. Dementsprechend hat die Zahl der Wechselwähler zugenommen.
- Das schwächere »Bonding« erleichtert das »Bridging«. Noch vor wenigen Dekaden gab es soziale Milieus, in die die Parteiwählerschaft eingebunden war. Diese Milieus haben sich zum großen Teil aufgelöst. Die Wähler bewegen sich immer seltener in Gruppen mit homogenen politischen Einstellungen (Bernauer, Jahn, Kuhn & Walter, 2013, S. 231). Die Auflösung der Milieus und die schwindende Parteibindung befreiten die Menschen von sozialen Zwängen. Die fallweise oder dauernde Wahlabstinenz kann in dieser neuen Konstellation zunehmen. Auf der anderen Seite können die politischen Parteien Wählerschichten erreichen, die ihnen früher unzugänglich waren. Bildhaft ausgedrückt für Wahlen im Kanton St. Gallen: Einem traditionalen christlich-demokratischen Wähler hat die Hand nicht mehr gezittert, als er bei den Ständeratswahlen 2011 den Sozialdemokraten und Präsidenten des Schweizerischen Gewerkschaftsbundes, Paul Rechsteiner, auf seinen Wahlzettel schrieb.
- Die Wahlbeteiligung schwankt stärker, weil auch der Entscheid über Teilnahme oder Nichtteilnahme an einer Wahl volatiler geworden ist.
- Die Mobilisierung in der Schlussphase kann wahlentscheidend sein, weil sowohl der Entscheid zur Teilnahme wie auch der eigentliche Wahlentscheid immer später getroffen werden.

- Die Interpersonale Kommunikation Face-to-Face über Politik hat abgenommen. Dieser Verlust wird teilweise kompensiert durch die (unpersönliche) Kommunikation über Social Media.
- Immer stärker wird auch der Ausgang kommunaler und gliedstaatlicher Wahlen von nationalen Trends, Themen und Köpfen bestimmt.

In multiethnischen Staaten, in denen der Demokratisierungsprozess noch nicht abgeschlossen ist, ist das Bonding oft noch stärker als das Bridging. Wahlen werden von jenen Parteien gewonnen, die auf die ethnische Karte setzen. Das gilt etwa für Bosnien-Herzegowina oder den Kosovo.

8.3 Theoretische Ansätze zum Wahlverhalten

Ein geheimer Wahlentscheid in einer Demokratie ist stets ein individueller Vorgang und insofern in der Kombination der Faktoren, die ihn bestimmen, einzigartig. Gleichwohl muss die Theorie natürlich versuchen, Konstellationen und Merkmale herauszuarbeiten, die zu gleichem Wahlverhalten führen. »A person thinks, politically, as he is, socially«, hatte schon Paul Lazarsfeld formuliert (Lazarsfeld, Berelson & Gaudet, 1968, S. 27). Gleiche Lebenssituationen und gleiche Werte führen zu gleichem Wahlverhalten. Auf der Makroebene bildet das Wahlverhalten tiefgreifende Konfliktlinien in der Gesellschaft ab. Diese Konfliktlinien können ökonomischer, sozialer, ethnischer, territorialer oder konfessioneller Natur sein. Natürlich heißt dies nicht, dass alle Wähler in der gleichen Lebenslage gleich wählen. Aber es ist schon viel gewonnen, wenn nachgewiesen werden kann, dass beispielsweise ein Katholik in einem bestimmten Staat mit 80-prozentiger Wahrscheinlichkeit eine christlich-demokratische Partei wählt.

Die abhängige Variable in diesen Erklärungsmodellen ist stets das Wahlverhalten, liegt also auf der Mikroebene. Die unabhängige Variable kann sowohl auf der Makro-, der Meso wie der Mikroebene liegen (Tabelle 6). Auf der Makroebene erklärt das Eingebundensein in eine bestimmte Sozialstruktur das Wahlverhalten. Es bleibt gleich, so lange

Tabelle 6: Erklärungsansätze für das Verhalten bei Wahlen und Abstimmungen

	Sozialstruktureller Ansatz	**Sozialpsychologischer Ansatz**	**Rational-Choice-Ansatz**
Ebene der Erklärung	Makro	Meso	Mikro
Unabhängige Variablen	Milieu, Sozialstruktur	Einstellungen, Werte, Sympathien, geprägt im frühen Erwachsenenalter	Eigeninteresse, Eigennutzen
Homo …	sociologicus	psychologicus	oeconomicus
Angesprochener »Körperteil«	Kopf	Herz	Portemonnaie

der Wähler in diesen sozialen Strukturen verhaftet ist. Ein Arbeiter wählt eine eher linke Partei, ein Unternehmer eine eher rechte, ein Protestant wählt eine antiklerikale Partei, ein Moslem eine muslimische. Die gewählte Partei oder der gewählte Kandidat vertritt die Interessen der entsprechenden sozialen Klasse oder Gruppe. Der sozialpsychologische Ansatz erklärt das Wahlverhalten durch Einstellungen und Werte, die im frühen Erwachsenenalter geprägt und mithin auch innerhalb der Familie tradiert werden. Sie können aber auch durch Gruppenzugehörigkeiten bestimmt werden. Das Wahlverhalten muss nicht den sozialen oder ökonomischen Interessen entsprechen. Das »Herz«, nicht das Portemonnaie ist maßgebend. Einstellungen, Werte und Gruppenzugehörigkeit verändern sich aber im Verlaufe des Lebens, und insofern kann sich auch das Wahlverhalten ändern. Der Rational-Choice-Ansatz setzt auf der Mikroebene an. Nicht Sozialstruktur oder Gruppenzugehörigkeit sind bestimmend, sondern das eigene (meist ökonomische) Interesse. Die simple Frage, welche Partei oder welcher Kandidat das Eigeninteresse am besten fördert, steht im Zentrum. Wenn das Parteiendifferenzial gleich Null ist – es also für das Eigeninteresse keinen Unterschied macht, welche Partei gewählt wird –, ist es aus Sicht des Wählers schlüssig, der Wahl fernzubleiben. »Scheint die von ihm bevorzugte Partei fast keine Gewinnchance zu haben, dann stimmt er für irgendeine andere Partei, die eine vernünftige Siegchance hat, um die Partei, die ihm am unsympathischsten ist, am Sieg zu hindern.« (Downs, 1968, S. 48) Wie bei allen Rational-Choice-Ansätzen zeigen sich auch bei Wahlen beim Blick in die Zukunft dessen Grenzen: Generell kann niemand die politische Zukunft genau voraussagen, und auch das Einhalten von Wahlversprechen ist höchst ungewiss. Man kann also rational gar nicht genau sagen, welche Partei oder welcher Kandidat den eigenen Interessen am besten nützt. Ein weiteres Problem der theoretischen Konstruktion zeigt sich bei der Frage, ob der Ertrag den Aufwand überhaupt lohnt. Aufgrund der geringen Einflussmöglichkeiten bei nur einer Stimme wäre es für den rationalen Wähler vernünftig, nicht zur Wahl zu gehen. »Wie bei jedem anderen Kollektivgut auch, besteht für rationale Akteure die optimale Handlungsstrategie folglich darin, sich als ›free rider‹ zu verhalten.« (Bürklin & Klein, 1998, S. 126)

Das Ann-Arbor-Modell ist eine Kombination aus individual-psychologischem und kampagnenorientiertem Ansatz: Das Wahlverhalten hängt von der langfristigen Bindung an Parteien, aber auch von kurzfristigen Kandidaten- und Sachthemeneinflüssen ab. Individualtypologische Ansätze kategorisieren die Wählerschaft in verschiedene Typen, die es im Wahlkampf auf unterschiedliche Weise anzusprechen gilt (mehr dazu in Kapitel 8.5).

Das Elektorat muss in Kategorien eingeteilt werden, um die Kampagne auf bestimmte Zielgruppen auszurichten. Aber nicht jeder Wähler lässt sich anhand von gleichen Merkmalen einem Typus zuordnen. »Einer der größten Fehler, den rational denkende Menschen gerne begehen, ist der, die Menschen gemessen an ihrem Einkommen und Wohlstand den beiden großen Lagern zuzuordnen. Es gibt z. B. sehr viele Menschen mit niedrigem Einkommen, die dem ›Weniger Staat‹-Lager angehören. Mein ehemaliger Hausmeister im Altersheim ›Haus Kurpfalz‹ in Wiesloch, den ich während meiner Zeit als Zivildienstleistender kennengelernt habe, gehörte dazu. Immer wenn ich nach einer für die SPD verlorenen Wahl montags in die Hausmeisterei kam, hatte er bereits triumphierend einen roten Müllsack auf einem Besenstiel auf Halbmast gesetzt. Der Hausmeister war – ein in Baden-Württemberg zu dieser Zeit häufiger Umstand – politisch pechschwarz. Aber ihm ging es am Wahltag nicht nur um sein persönliches Wohl. Er glaubte fest daran, dass die konservativ-christdemokratische Idee letztendlich die richtigere der beiden großen Ideen war.« (Stauss, 2013, S. 40)

8.4 Wie entscheidet »der Wähler«?

Wenn es »den Wähler« nicht gibt, dann ist natürlich auch die Art und Weise, wie er zum Wahlentscheid kommt, unterschiedlich. Die meisten Wähler verhalten sich aber wie die meisten Konsumenten: Sie sind nicht völlig informiert, wenn sie einen Entscheid treffen, und der Entscheid ist sowohl rational wie emotional. Die »aktive Öffentlichkeit« der regelmäßig und mit eigenen Vorstellungen am politischen Prozess Teilnehmenden dürfte »zu keiner Zeit und nach keiner Definition mehr als 10% der Wähler« umfassen (Dahrendorf, 1967, S. 1114). »Die meisten Menschen sind völlig anders gestrickt als die Leser dieses Buches. Keine Polit-Junkies, keine Info-Elite, die höchstens fünf Prozent der Bevölkerung ausmacht [...] Aber sie sammeln, jeder auf seine Weise, politische Informationen, und sie denken über Kampagnen und die dazugehörigen Ereignisse nach. Allerdings fällen sie ihre politischen Entscheidungen nicht so, wie ein Doktorand an seine wissenschaftliche Dissertation herangeht oder ein Unternehmensberater an die Analyse einer Fertigungsstraße in einer Fabrik [...] Für die meisten Menschen ist eine Wahlentscheidung oder der Entschluss, eine Sachkampagne mit einer Unterschrift, einer Spende oder dem Besuch einer Veranstaltung zu unterstützen, nichts weiter als eine Nebensächlichkeit – und schlicht ein Nebenprodukt des Alltags.« (Althaus, 2001, S. 21 f.) Ob ein Wähler einen Kommunikationsinhalt zur Kenntnis nimmt, hängt auch von dessen Verfügbarkeit ab. »Leicht verfügbar sind Inhalte, die den Wählern ohne großen eigenen Aufwand zugänglich sind.« (Schulz, 2015, S. 43) Radio, Fernsehen und abonnierte Zeitungen sind beispielsweise leicht zugänglich; aufwendiger sind der Besuch von Veranstaltungen oder das Surfen im Internet, das zur Hauptsache ein Pull-Medium ist. Bilder, Töne und Videos sind leichter zur Kenntnis zu nehmen als Texte.

Samuel Popkin (1994, S. 218 f.) verweist darauf, dass der Gebrauch von »Information Shortcuts« ein unentrinnbares Faktum des Lebens sei, sowohl bei Laien wie bei Experten. Beim Wählen ist es nicht anders. Das Verhalten des Wählers kann mit dem eines Betrunkenen verglichen werden, der nachts auf dem Bürgersteig seine Schlüssel zu dem geparkten Auto sucht. Der Betrunkene sucht seine Schlüssel in der Nähe und nur im Schein der Straßenlaterne. Würde er im Dunkeln beim Auto suchen, so fände er die Schlüssel nicht, selbst wenn sie dort lägen. Also sucht er im Hellen: Wenn die Schlüssel dort sind, wird er sie auf jeden Fall finden. Folgerung für die Kampagne: Knipst mehr Straßenlaternen an. Das heißt, man muss die Aufmerksamkeit der Wähler wecken und sie zu bestimmten Themen hinlenken.

Die erste Frage, die ein Wähler beantwortet, wenn er vom Schein der Kampagne erfasst worden ist: Mag ich den Kandidaten und seine Partei? Die zweite Frage ist jene nach der grundsätzlichen Parteipräferenz. Je mehr Licht die erste Frage beleuchtet, desto stärker rückt die Antwort auf die zweite Frage in den Hintergrund. Tauchen Zweifel auf, wird die Frage nach der grundsätzlichen Parteipräferenz wieder wichtiger. Wähler verarbeiten neue Informationen mit »Frames«, mentalen Deutungsrahmen, um die Informationen einzuordnen und ihnen Sinn zu geben. »If the facts don't fit the frame, it's the facts that are rejected, not the frame.« (Rose, 2010, S. 29) Sogenanntes »Priming« spielt auch eine Rolle. Ein wahrgenommener Reiz – z. B. eine Person, ein Wort oder ein Bild – aktiviert einen bestimmten Gedächtnisinhalt. Leicht verfügbare Erinnerungen sind Fernsehbilder. »Daher erinnern sich viele Menschen an Fernsehbilder, wenn sie nach ihrem Urteil über einen Politiker gefragt werden oder wenn sie eine Wahlentscheidung treffen.« (Schulz, 2015, S. 105) Dies gilt natürlich nur für Spitzenpolitiker, die periodisch im Fernsehen auftreten. Erinnerungen über Fehlleistungen wirken sich für die Person negativ aus.

Lazarsfeld verwendet folgende Analogie: »Kinder drücken oft eine Münze auf ein Stück Papier und streichen mit dem Bleistift darüber. Die Struktur der Münze bestimmt das hervortretende Bild. […] Die Wahlpropaganda hat annähernd die Wirkung des Entwicklers und des Bleistifts. Sie bringt die Prädispositionen des Wählers ans Licht, macht sie sichtbar. Sie wandelt latente politische Neigung in manifeste Stimmabgabe um.« (Lazarsfeld, et al., 1969, S. 112)

Im allgemeinen Modell (Abbildung 23) gehe ich von den drei politischen Produkten und von den zwei Phasen des Teilnahme- und des Wahlentscheides aus. Die meisten Wähler (Erstwähler ausgenommen) haben stabile politische Prädispositionen, d. h. Überzeugungen und bestehende Einstellungen zu den politischen Parteien, den Kandidierenden und den wichtigsten Themen. Diese Prädispositionen ändern sich zwar im Lauf eines Wählerlebens, sind aber kurzfristig in einem Wahlkampf nur schwerlich zu modifizieren. Aber sie lassen sich aktivieren und zum Teil anders oder neu prägen. Dies gilt natürlich dann, wenn neue Themen, politische Parteien und Kandidierende auftauchen. Dazu müssen die Meinungen ja erst gebildet werden. Im Lauf

Abbildung 23: Modell des Teilnahme- und Wahlentscheids

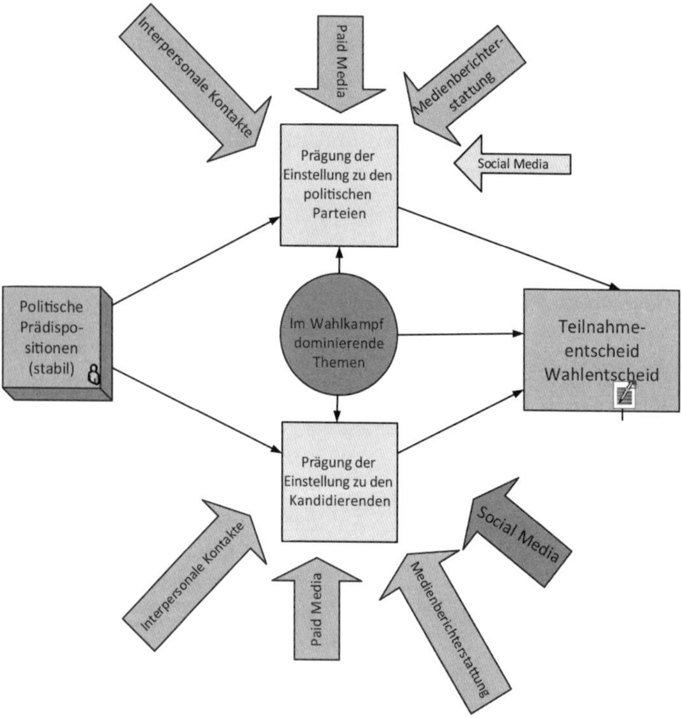

In Anlehnung an: Brettschneider (2013, S. 194); modifiziert und ergänzt

des Wahlkampfes wird die Einstellung zu den politischen Parteien je nach bestehenden Prädispositionen bestätigt oder neu bzw. anders geprägt. Dies geschieht über die kommunikativen Kontakte, denen der Wähler ausgesetzt ist (passiv) bzw. die er selbst aktiv sucht: durch interpersonale Kontakte direkt oder über Vermittler, durch »Paid Media« (Anzeigen, Werbespots), durch die Berichterstattung in den Medien und auch über das Internet und Social Media. Der »Mix« an Kontakten ist je nach Wählertyp (dazu mehr im folgenden Kapitel) unterschiedlich: Rationale Wähler suchen aktiv nach Informationen und bilden sich eine Meinung, emotionale Wähler setzen sich eher medialen Stimmungen und Strömungen aus. Der gleiche Vorgang spielt sich ab bezüglich der Kandidierenden, wobei hier Auswahl und »Neuigkeitswert« gewöhnlich größer sind. Wie die Einstellungen zu den Parteien und den Kandidierenden geprägt werden, hängt auch von den im Wahlkampf dominierenden Themen ab. Vorteilhaft geprägt werden die Einstellungen zu jenen Kandidierenden und Parteien, denen die Lösung bzw. Bewirtschaftung der dominierenden Themen am ehesten zugetraut werden, während Kandidierende und Parteien, die Themen besetzt halten, die gerade nicht »in« sind, ins Hintertreffen geraten. Die mediale und interpersonale Diskussion konzentriert sich auf einige wenige kontroverse Themen.

Je nach Prädispositionen, Einstellungen zu den Parteien und den Kandidierenden, kommunikativen Einflüssen sowie kontrovers diskutierten Themen entscheiden sich Wähler für die Teilnahme und für eine bestimmte Partei bzw. einen bestimmten Kandidierenden. Ob die Wähler ihrer bisherigen Partei die Treue halten, sich umorientieren oder neu oder nicht mehr zur Wahl gehen, hängt auch damit zusammen, welchem Typus von Wähler sie zuzuordnen sind: Stamm- oder Wechselwähler, emotional oder rational orientierte Wähler. Dies wird in den nachfolgenden Kapiteln abgehandelt.

8.5 Wählertypen

Wähler kann man nach verschiedenen Merkmalen in Typen einteilen, die dann im Wahlkampf gezielt angesprochen werden. Man könnte Dutzende von Wählertypen konstruieren, aber eine solche Vielfalt wäre für den Wahlkampf wenig hilfreich. Eine einfache, aber relevante Einteilung ist jene nach dem Kriterium Parteibindung in Stamm- und Wechselwähler. Als Stammwähler werden Wähler bezeichnet, die stets die gleiche Partei wählen. Wechselwähler sind Wähler, die bei zwei aufeinanderfolgenden gleichen Wahlen unterschiedliche Parteien wählen. Eine bekannte Typologie ist jene von Russell J. Dalton (1984). Er unterscheidet nach den Kriterien Parteibindung und kognitiver Mobilisierung vier Wählertypen: unabhängiger Wechselwähler, unpolitischer Wechselwähler, parteitreuer Überzeugungswähler und parteitreuer Gewohnheitswähler (Tabelle 7).

Unterscheidungskriterium ist hier die kognitive, also wissensmäßige Mobilisierung, nicht der eigentliche Wahlentscheid. Entscheidungsmotive werden nicht geliefert. Diese braucht man aber als Bezugspunkte für die Kampagne (Strohmeier, 2002, S. 71).

Nützlicher für eine Kampagne ist die Wählertypologie von Strohmeier (2002, S. 71 ff.). Er unterscheidet zwei Dimensionen: Parteibindung und Rationalität. Die vier Typen von Wählern stellen politische Grundpersönlichkeiten dar, die sich im Laufe des Lebens nicht mehr fundamental verändern. Für jeden Typus muss im Wahlkampf ein Angebot gemacht werden.

Der traditionale Stammwähler ist emotional an die Partei gebunden. Die Wahl einer anderen Partei ist für ihn keine Option. Sein Entscheid beruht auf eingelebter Gewohnheit. »Traditionale Stammwähler haben ihre Parteizugehörigkeit internalisiert und sind daher resistent gegen Kandidaten- und Sachthemeneinflüsse der politischen

Tabelle 7: Wählertypologie nach Dalton

		Parteibindung	
		keine/schwach	*stark*
Kognitive Mobilisierung	*hoch*	Unabhängiger Wechselwähler	Parteitreuer Überzeugungswähler
	niedrig	Unpolitischer Wechselwähler	Parteitreuer Gewohnheitswähler

Quellen: Strohmeier (2002, S. 71), Dalton (1984, S. 270)

Tabelle 8: Kampagnenorientierte Wählertypologie nach Strohmeier

	Rationalität → hoch	
Partei-Bindung ↑	Traditionaler Stammwähler	Wertrationaler Stammwähler
	Affektueller Wechselwähler	Zweckrationaler Wechselwähler

In Anlehnung an Strohmeier (2002, S. 76)

Konkurrenz.« (Strohmeier, 2002, S. 78) Der wertrationale Stammwähler ist ebenfalls fest an seine Partei gebunden. Ihm müssen die Werte und Themen der Partei ständig aufs Neue vermittelt werden. »Wertrationale Stammwähler sind nur so lange Stammwähler, solange die von ihnen präferierte Partei spezifische Werte vertritt.« (Strohmeier, 2002, S. 78) Entfernt sich die Partei davon, bleiben sie allenfalls der Urne fern. Das gilt z. B. für einen sozialdemokratischen Stammwähler. »Wenn man den Sozis aber das Soziale nimmt, fällt für viele der einzige Glaube weg, den sie haben. Nämlich der, auf der richtigen Seite durchs Leben zu gehen.« (Stauss, 2013, S. 41)

Den Wechselwählertypen ist für den Wahlausgang grundsätzlich eine größere Bedeutung beizumessen als den Stammwählertypen (Strohmeier, 2002, S. 81). Sie reagieren sensitiver auf eine Kampagne als Stammwähler. Der affektuelle Wechselwähler entscheidet sich kurzfristig nach Gefühlslage. Das Produkt »Person« ist sehr wichtig. »Die Akquisition des affektuellen Wechselwählers erfolgt somit insbesondere über Personalisierungsstrategien.« (Strohmeier, 2002, S. 78) Der zweckrationale Wechselwähler stellt eine nüchterne Kosten-Nutzen-Analyse an. Welche Partei bzw. welche Person nützt seinen Interessen am meisten? Wie es der Begriff schon sagt: Der Wechselwählertyp ist ohne zu zögern bereit, seine Stimme einer anderen Partei als bei den vorausgegangenen Wahlen zu geben. Hier liegt das Potenzial, um neue Stimmen zu gewinnen – die allerdings auch rasch wieder verloren gehen können. Es gibt hier Parallelen zur Stamm- und zur Laufkundschaft. Weil, wie schon erwähnt, die Parteibindungen abgenommen haben und das »politische Angebot« reichhaltiger geworden ist, hat die Zahl der Wechselwähler seit den 1970er-Jahren zugenommen.

Die Wähler müssen akquiriert und sie müssen gehalten bzw. stabilisiert werden. Die Strategien, die dazu angewandt werden können, sind in unten stehender Tabelle zusammengefasst. Beim traditionalen Stammwähler sind die Partei und deren Wir-Gefühl die wichtigste Grundlage. Weil die sozialen Milieus weitgehend verschwunden sind, ist dies schwieriger geworden. Beim wertrationalen Stammwähler ist insbesondere auf Positionsthemen, ein ideologisches Parteiimage und entsprechende Kandidaten zu setzen. Positionsthemen sind politische Streitfragen, bei denen meist eine klare Haltung durch Zustimmung/Ablehnung oder Ja/Nein eingenommen werden kann. Positionsthemen lassen sich medial besser vermitteln als Kompetenzthemen, bei denen den Akteuren Kompetenzen in geringerem oder größerem Ausmaß zugeschrieben werden. Beim zweckrationalen Wechselwähler zählen insbesondere Kompetenzthemen, ein kompetenzvermittelndes

Tabelle 9: Stabilisierungs- und Akquisitionsstrategien

	Primäre Grundlage	**Primäre Strategie**
Traditionaler Stammwähler	Partei	→ Evtl. Vermittlung eines Wir-Gefühls
Wertrationaler Stammwähler	→ (Insb. emotional-ideologische) Positionsthemen → Hohes ideologisches Parteiimage → Wertbezogene Charakteristika von Kandidaten	→ Ideologische Wertvermittlung
Zweckrationaler Wechselwähler	→ Kompetenzthemen → Hohes kompetenzvermittelndes Parteiimage → Politische Charakteristika von Kandidaten	→ Pragmatische Kompetenzvermittlung
Affektueller Wechselwähler	→ Persönliche Charakteristika von Kandidaten	→ Personalisierung

Quelle: Strohmeier (2002, S. 79 ff.)

Parteiimage und entsprechende Eigenschaften von Kandidaten. Der affektuelle Wechselwähler kann mit persönlichen Merkmalen von Kandidierenden akquiriert und gebunden werden. Ist der Kandidat nicht mehr der Gleiche, fällt ein wichtiges Motiv für den Wahlentscheid weg. Auf der anderen Seite kann ein neues Gesicht affektuelle Wechselwähler akquirieren.

Diese vier Wählertypen müssen auch auf unterschiedliche Weise mobilisiert, d. h. zur Teilnahme an der Wahl bewegt werden (siehe Strohmeier, 2002, S. 79 ff.). Eine generelle Strategie für alle Typen ist die Suggestion eines Kopf-an-Kopf-Rennens. Die Partei, die in Führung liegt, darf kein Gefühl des »Wir haben bereits gewonnen« aufkommen lassen. »Die Partei im Rückstand muss potenzielle Wähler davon überzeugen, dass ein Sieg noch möglich ist und eine Stimme keine vergeudete Stimme ist.« (Rhomberg, 2009, S. 197) Es muss deutlich gemacht werden, dass jede einzelne Stimme den Ausgang der Wahl entscheiden kann. Dies ist besonders wirksam bei zweckrationalen Wechselwählern, die abwägen, ob ihre Wahlteilnahme wirklich einen Nutzen generiert. Für alle vier Typen braucht es natürlich auch Wahlkampfwerbung. Selbst Stammwähler wollen in ihrer bereits bestehenden Überzeugung bestärkt werden. Die traditionalen Stammwähler werden durch physische oder mediale gruppendynamische Prozesse mobilisiert. Wertrationale Stammwähler werden durch Ideologisierung und Feindbildkreationen zur Wahlteilnahme motiviert. Den zweckrationalen Wechselwählern gilt es den persönlichen Nutzen eines Wahlsieges deutlich zu machen – und die Verluste bei einem Wahlsieg des Gegners.

Zweckrationale Wechselwähler kann man auch für strategisches Wählen gewinnen, z. B. für den Entscheid zugunsten einer kleineren Partei, die man als Koalitionspartnerin braucht, um eine Mehrheit zu bilden. So gab es bei der Bundestagswahl 2009 viele strategische CDU-Wähler, die FDP gewählt haben, um eine große Koalition zu verhindern (die FDP kam auf 14,6 Prozent). Ein Musterbeispiel für rationales strategisches Wählen boten die Parlamentswahlen in der Türkei vom 7. Juni 2015. Um den Umbau in ein Präsidialsystem und eine autoritäre Staatsführung zu verhindern, wählten auch viele Nichtkurden die kurdische Partei HDP und halfen ihr damit, die Hürde von zehn Prozent zu überspringen, was den Einzug kurdischer Parteien ins

Parlament verhindern sollte. Präsident Erdoğan verpasste die angestrebte Zweidrittelmehrheit klar, die er gebraucht hätte, um die Verfassung zu ändern. Seine AKP kam nur noch auf 41 Prozent. Bei den vorgezogenen Parlamentswahlen vom 1. November 2015 gewann die AKP wieder die Mehrheit an Sitzen (siehe S. 28), und Erdoğan setzte das Präsidialsystem schließlich mit einem Referendum durch.

Zur Mobilisierung der affektuellen Wechselwähler kann man auf die Kontrastierung der Kandidaten setzen, also auf die Stärken des eigenen und die Schwächen des gegnerischen Kandidaten. Mobilisierend wirken jene Kandidaten, die Emotionen wecken können, seien es negative durch Polarisierung oder positive durch Versöhnung. Der affektuelle Wechselwähler ist schwerer zu mobilisieren als der Stammwähler und wird leicht zum Nichtwähler.

8.6 Die Wählerverteilung ist situativ

Der Links-Rechts-Konflikt bleibt die wichtigste Konfliktlinie, und bei Befragungen ordnen sich die meisten Wähler auch bereitwillig in entsprechende Skalen ein. Die Verteilung entspricht einer Normalverteilung: Die meisten Wähler ordnen sich in der Mitte ein (bei einer Skala von –5 bis +5 also bei Null); je mehr es an die Ränder geht, desto weniger Wähler gibt es. Der Wähler der Mitte heißt Medianwähler. Zur Gewinnung des Medianwählers darf man zu politischen Streitfragen nicht allzu klar Stellung nehmen. Es ist »rational, bei den Wählern ein irrationales Verhalten zu fördern« (Downs, 1968, S. 111) durch verschwommene und doppeldeutige Inhalte.

In nachstehender Abbildung bedeutet L links und R rechts. M ist die Position des Medianwählers, genau in der Mitte. A ist eine linke Partei, die sich in Richtung Mitte bewegt und so ihr Wählerpotenzial vergrößern möchte. Das Gleiche macht die rechte Partei B von der anderen Seite her. Ob ihr Kalkül tatsächlich aufgeht, hängt auch vom Parteiensystem ab. Das Modell geht von einem Zweiparteiensystem aus. Besteht Verhältniswahlrecht, ist die Gefahr groß, dass sich ganz links oder ganz rechts neue Parteien bilden oder sich Flügel der bestehenden Parteien abspalten. Tummeln sich zwei Parteien oder Kandidierende genau in der Mitte, sind sie austauschbar. »Why should

Abbildung 24: Die Normalverteilung des Elektorats

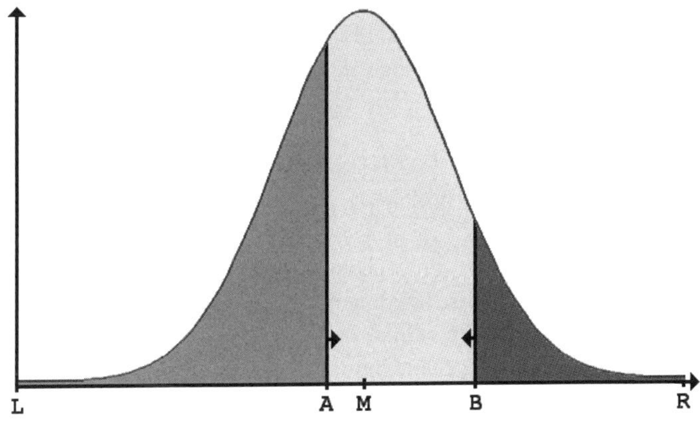

Quelle: Wikipedia, Artikel »Medianwählermodell«, abgerufen am 24.03.2017

voters be inclined to vote for him if no specific factor differentiates him from his opponents?« (Maarek, 2011, S. 38)

Aber ganz so einfach ist es nicht. Wenn sich die Wähler selbst politisch einordnen, ist die Wählerverteilung stabil. Wenn die Menschen hingegen konkreten Themen, situativen Impulsen oder Personen gegenüberstehen, ist die Wählerverteilung volatil. »Es existiert im Prinzip eine Vielzahl von Wählerverteilungen. Jedes Sachthema, jede Kandidateneigenschaft sowie jedes Parteiimage ruft eine spezifische Wählerverteilung hervor.« (Strohmeier, 2002, S. 87) Was in einem Wahlkampf die Mitte ist, hängt von den wahlentscheidenden Themen ab. Die Frage ist, was in einer gegebenen Situation die Entscheidungsgrundlage für die Wähler ist. Wie sind die wahlentscheidenden Präferenzen verteilt? Sind es die Kandidaten, ist es ein Thema oder sind es die Parteiimages, die ausschlaggebend sind? Das Gesamtprogramm der Parteien ist für die Wahlentscheidung nicht relevant, nur Einzelstandpunkte, die in der öffentlichen Diskussion sind.

Was geschieht, wenn eine neue Partei auftaucht? Diese nimmt natürlich den bestehenden Parteien Stimmen weg, denn allein auf Neu- und Nichtwähler stützen kann sie sich kaum. Welcher Partei? Natürlich jener, die politisch ähnlich positioniert ist. Interessanterweise gibt es bei neuen Parteien eine Art »Neugierkonsum«, wie das bei einem neuen Produkt der Fall sein kann. Wieso nicht einmal etwas Neues ausprobieren? Eine neue radikale Partei auf dem einen Pol kann auch Wähler einer bestehenden Partei auf dem anderen Pol mobilisieren.

8.7 Das Dilemma zwischen Stamm- und Wechselwählern

Wechselwähler können durch Anpassung des politischen Produkts insbesondere in der Mitte gewonnen werden. Wer aber das politische Produkt zu stark anpasst, verliert das ursprüngliche Profil und damit Stammwähler. Lohnt es sich, hauptsächlich auf Wechselwähler abzustellen (die man vielleicht bei den nächsten Wahlen wieder verliert) und den endgültigen Verlust von Stammwählern zu riskieren? Die Kunst besteht darin, die Stammwähler bei der Stange zu halten und den Wechselwählern ein Angebot zu machen. Das Parteiimage spricht wertrationale Stammwähler an, das Kandidatenimage insbesondere die Wechselwähler.

»Die Stabilisierung der wertrationalen Stammwähler erfolgt primär durch die Erzeugung einer ideologisch geprägten kollektiven Identität in Abgrenzung zu den anderen.« (Strohmeier, 2002, S. 89) Das macht die Akquirierung der Wechselwähler schwieriger. Zu berücksichtigen ist, dass die Gruppe der wertrationalen Stammwähler kleiner wird. Traditionale Stammwähler werden von der Entideologisierung nicht abgestoßen, wohl aber wertrationale. »Mit der Entideologisierung soll folglich die Forcierung des kompetenzvermittelnden Parteiimages einhergehen.« (Strohmeier, 2002, S. 91) Bei abgestoßenen wertrationalen Stammwählern besteht die Gefahr, dass sie in einer anderen Partei eine neue Heimat finden, so SPD-Wähler nach der »Agenda 2010« in der Partei »Die Linken«.

Eine geschickte Botschaft vermittelte Nick Clegg, Vorsitzender der Liberalen Partei Großbritanniens, den Labour-Stammwählern bei den Unterhauswahlen 2010: Nicht ihr betrügt die Partei, wenn ihr uns wählt, sondern die Partei hat euch betrogen.

Eine spezielle Art der Wechselwähler sind die Protestwähler. Die Stimmabgabe (oder Stimmenthaltung) erfolgt aus politischer Unzufriedenheit, nicht in erster Linie für eine neue Partei, sondern gegen die bestehenden Parteien und gegen die herrschenden politischen Verhältnisse. Bei der Landtagswahl in Schleswig-Holstein am 6. Mai 2012 kam die »Piratenpartei« auf einen Wähleranteil von 8,2 Prozent. Gemäß dem ZDF-Politbarometer wählten über 70 Prozent die Partei aus Protest. Eine Partei, deren Basis zur Hauptsache aus Protestwählern besteht, kann keine nachhaltigen Erfolge erzielen, denn diese Wähler sind auch rasch wieder bei einem anderen »Angebot«. Ähnlich verhielt es sich in Deutschland 2014 mit der »Alternative für Deutschland«. Ihre spektakulären Wahlerfolge in Sachsen, Thüringen und Brandenburg verdankte sie dem Zulauf von Wählern aus allen Lagern, insbesondere auch aus jenem der Nichtwähler. Aufsehenerregende Wahlerfolge in Großbritannien feierte 2013 und 2014 die United Kingdom Independence Party (UKIP). 2013 hat sie bei Kommunalwahlen in England fast ein Viertel der Stimmen gewonnen. Bei der Europawahl 2014 wurde die Partei mit 28 Prozent der Stimmen die stärkste Kraft in Großbritannien. Die etablierten Parteien waren in der Defensive und sinnierten über Abwehrstrategien gegen die Protestpartei. Abwehrstrategie hieß in diesem Fall, EU-kritische Positionen zu übernehmen. Bei den Unterhauswahlen 2015 erzielte UKIP einen Wähleranteil von 12,6 Prozent, gewann aber nur ein Mandat – eine Folge des britischen Mehrheitswahlrechts. Eine Protestpartei ist auch das »MoVimento 5 Stelle« von Beppe Grillo, das bei den Parlamentswahlen in Italien 2013 aus dem Stand ein Viertel aller Stimmen erzielte.

In der Ukraine gab es bei den Parlamentswahlen von 2007 auf den Wahlzetteln ganz unten die Option »Ich unterstütze keine Kandidaten und keine Partei«. 2,7 Prozent kreuzten sie an.

8.8 Die Zusammensetzung des Elektorats ändert sich

Zuweilen besteht die (falsche) Vorstellung, die Kampagne richte sich bei jeder Wahl an die gleichen Wähler, die es zu halten bzw. zu gewinnen und zu mobilisieren gilt. Dies ist aber nicht so. Umgezogene und Verstorbene zählen nicht mehr zum Elektorat, Erstwähler und neu

Zugezogene sind neue Wähler (siehe S. 43). Je nach Wahlkreis kann die Zahl der Neuwähler beträchtlich, ja sogar wahlentscheidend sein. Barack Obama gewann 2008 69 Prozent der Erstwähler für sich. Die SVP Schweiz hat erkannt, dass die hohe Zahl der eingebürgerten Personen ein großes, neues Wählerpotenzial darstellt, das nicht nur Stimmen liefern kann, sondern auch Kandidierende und Unterstützung. Diesen Wandel des Elektorats muss man auch berücksichtigen, wenn man Längsschnittanalysen macht. Die Nachwahlbefragung des Jahres 2015 richtet sich nicht mehr an die gleichen Wählerinnen und Wähler wie die Umfrage 2011. Etliche Wähler mögen ihre Wahlabsicht geändert haben, zahlreiche Neuwähler haben sie aber erst gebildet.

Wie auch bei einer Kundschaft, die zum ersten Mal ein bestimmtes Produkt kauft, ist es auf längere Sicht sehr wertvoll, Neuwähler für sich zu gewinnen und sie zu Stammwählern zu machen. Bei Jungwählern besteht freilich das Problem darin, dass sich nur eine kleine Minderheit stark für Politik interessiert und dass junge Menschen generell sehr mobil sind.

8.9 Der Zeitpunkt des Wahlentscheids

Es wurde oben beim »Wandel« schon erwähnt: Immer mehr Wählerinnen und Wähler entscheiden sich erst im letzten Augenblick, manche sogar erst in der Wahlkabine. Etwa ein Viertel der Wähler überdenkt die Wahlentscheidung in den letzten vier oder fünf Tagen vor der Wahl. In der Schweiz kann man, gestützt auf die eingehenden brieflichen Stimmen, einen »last minute rush« bei der Stimmabgabe feststellen. In der Stadt St. Gallen gaben bei der Abstimmung vom 17. Mai 2009 51,6 Prozent ihre Stimme in der letzten Woche ab. Stets sind zahlreiche Stimmen ungültig, weil die Briefpost erst am Montag nach der Wahl eingeht. Anzufügen bleibt, dass Stimmabgabe nicht gleichbedeutend mit Wahlentscheid sein muss; der Entscheid kann schon früher getroffen worden sein, aber man schiebt die Stimmabgabe bis zum letzten Moment hinaus. Sogenannte »Spätentscheider«, die sich mit den Wechselwählern (siehe S. 43) überlappen, sind für das Wahlergebnis oft ausschlaggebend. Die Zunahme dieses Segments dürfte auch mit dem wachsenden und wechselnden »Angebot« an Parteien und Kandidierenden zusammenhängen (dazu Plischke, 2014). Die Wahlkampfkommunikation kann und muss auch auf den Zeitpunkt des Wahlentscheids und der Stimmabgabe hinwirken: Wer seine Stimme schon vor dem eigentlichen Wahltag abgegeben hat, kann nicht mehr vom Gegner umgestimmt werden und neu auftretende Ereignisse haben keinen Einfluss mehr. Die Kampagnen Barack Obamas 2008 und 2012 für das »Absentee Voting« zielten genau darauf. Außerdem sollten die Aktivisten vorzeitig wählen, um sich am Wahltag auf die Mobilisierung konzentrieren zu können. 2008 waren viele junge Wähler freilich so begeistert, dass sie den großen Moment der Stimmabgabe unbedingt im Wahllokal selbst zelebrieren wollten (Plouffe, 2009, S. 351 f.). In den USA muss man ein »Absentee Ballot« beantragen; in der Schweiz bekommen alle Wähler die Materialien etwa drei Wochen vor der Wahl zugestellt und können brieflich wählen, was die meisten auch machen.

In einem stabilen Parteiensystem ist es aber auch heute noch so, dass die Mehrheit der Wähler einer Partei über längere Zeit treu bleibt. Wie unten stehende Tabelle zeigt, hat bei den Schweizer Nationalratswahlen 2007 mehr als die Hälfte der Wähler immer schon gewusst, welche Partei sie wählt (1.020 von 1.986 Befragten). Etwa

Tabelle 10: Entscheidzeitpunkt bei den Schweizer Nationalratswahlen 2007

Lesebeispiel: 2007 haben von jenen, die angeben, schon immer gewusst zu haben, welcher Partei sie ihre Stimme geben, 32 % SVP, 16 % FDP, 12 % CVP, 22 % SP und 9 % Grüne gewählt.

	SVP	**FDP**	**CVP**	**SP**	**Grüne**	**Übrige**	**Total**	**N**
Wusste es schon immer	32	16	12	22	9	10	100	1020
Wochen vor der Wahl	28	15	17	17	9	14	100	566
Tage vor der Wahl	25	19	14	18	10	14	100	269
Im letzten Moment	16	15	20	21	16	12	100	131

Quelle: Lutz (2008, S. 24)

ein Fünftel indessen entschied sich erst Tage vor der Wahl oder im letzten Moment.

Bei der Bundestagswahl 2013 entschieden sich gemäß der Nachwahlbefragung von Infratest dimap 15 Prozent erst am Wahltag und weitere 17 Prozent in den letzten Tagen vor der Wahl. 33 Prozent gaben an, sich schon vor längerer Zeit entschieden zu haben, und 14 Prozent deklarierten, immer gleich zu wählen. Die Kurzentschlossenen machten je 45 Prozent der Wähler der AfD und der Grünen aus.

In den USA gaben 2016 gemäß CNN 60 Prozent der Befragten an, sich schon vor September für einen Kandidaten entschieden zu haben. Nur acht Prozent fällten ihren Entscheid erst in den letzten Tagen vor der Präsidentschaftswahl vom 8. November. Es gab in diesem Fall also relativ wenige Spätentscheider. Nicht ablesen kann man aus diesem Ergebnis, wie viele sich erst im letzten Moment zur Teilnahme an der Wahl entschieden haben.

8.10 Es sind immer zwei Entscheide

Ganz wichtig ist es für eine Kampagne, stets im Auge zu behalten, dass der Wähler vor zwei Entscheiden steht: 1) An der Wahl teilnehmen oder nicht teilnehmen. 2) Welche Partei/welchen Kandidaten wählen. Für beide Entscheide muss die Kampagne Argumente liefern. Es genügt nicht, die Wähler von einem bestimmten Kandidaten zu überzeugen; sie müssen auch tatsächlich an die Urne gehen.

Für die Wahlkampagne bedeutet dies: In einem »Schlussfeuerwerk« muss man Unentschlossene und bereits Überzeugte bewegen, zu den Urnen zu gehen. Gerade bei Beteiligungen von unter 50 Prozent kann eine Schlussmobilisierung von wenigen Prozent der Wählerschaft den Unterschied ausmachen. Wie auch in anderen Lebensbereichen, wenn Menschen unsicher sind und deshalb eine Entscheidung hinauszögern, warten Wähler auf neue Ereignisse, die den Konflikt, in dem sie sich befinden, vielleicht lösen. »Unter diesem Gesichtspunkt ist die Intensivierung eines Wahlkampfs kurz vor dem Wahltag für beide Parteien eine gute Investition.« (Lazarsfeld, et al., 1969, S. 98) Es gilt, den zögernden Wähler davon zu überzeugen, dass die Wahl für ihn wichtig ist.

Beim Zünden des »Schlussfeuerwerks« ist Vorsicht geboten. Eine unglückliche Kommunikation oder ein Fehltritt ganz am Schluss können auch Zweifel bei Wählern beseitigen, die eher auf der Seite der politischen Konkurrenz stehen. Überzogene Erwartungen an den eigenen Wahlsieg können die eigenen Anhänger demobilisieren. Eine ziemlich raffinierte Methode ist es, mittels der eigenen Kampagnenkommunikation die gegnerischen Anhänger zu demobilisieren. Dies gelingt freilich nur selten.

Zur Erklärung der Wahlbeteiligung können Mikro- und Makrovariablen herangezogen werden (siehe Tabelle 11). Paradoxerweise ist gerade dort, wo die politischen Partizipationsmöglichkeiten des Elektorats groß und somit viele Sach- und Wahlentscheide zu treffen sind, die Wahl- und Abstimmungsbeteiligung am geringsten, etwa in der

Tabelle 11: Erklärungsansätze für institutionelle politische Partizipation

		Tendenz zu niedriger Beteiligung	**Tendenz zu hoher Beteiligung**
Makrovariablen		Hohe Zahl der Urnengänge, hoher Komplexitätsgrad der Vorlagen	Wenige Urnengänge, nur Wahlen
Mikrovariablen	Bewusstseinsmäßige Erklärung	Entfremdung bzw. generelle Zufriedenheit	Große Betroffenheit, hohe Konfliktintensität
	Verhaltensmäßige Erklärung	Niedrige Beteiligung im institutionellen Bereich	Hohe Beteiligung im nichtinstitutionellen Bereich (Demos, direkte Aktionen, Streiks)
	Ökonomische Erklärung	Hohe Opportunitätskosten (rationales Nichtwählen)	Niedrige Opportunitätskosten, hohe Kosten der Stimmabstinenz
Regierungssystem		Konkordanzdemokratie	Konkurrenzdemokratie
Politisches System		Demokratie, direkte Demokratie	Autokratie, repräsentative Demokratie

© Silvano Moeckli

Schweiz und in US-Gliedstaaten mit vielfältigen direktdemokratischen Rechten. Wenn es nur wenige Urnengänge gibt, sind Wahlen und Abstimmungen außergewöhnliche Ereignisse von großer Bedeutung. Die Beteiligung ist dann für gewöhnlich hoch. Konkordante politische Systeme mit breit abgestützten Regierungen und einem konsensorientierten Entscheidungsprozess haben eine geringere Beteiligung als majoritäre politische Systeme mit knappen politischen Mehrheiten. In der direkten Demokratie kann das Elektorat auch zwischen den Wahlterminen mitreden. Damit sinken die Bedeutung der Wahl und auch das Interesse daran. Auf der Mikroebene kann man eine tiefe Beteiligung bewusstseinsmäßig mit genereller Zufriedenheit mit den politischen Verhältnissen oder mit Entfremdung erklären, eine hohe Beteiligung mit großer Unzufriedenheit. Verhaltensmäßig kann eine niedrige Beteiligung im institutionellen Bereich bei Wahlen und Abstimmungen mit einer hohen Beteiligung bei nichtinstitutionellen Formen der politischen Partizipation kompensiert werden (Demos, direkte Aktionen, Streiks, Flashmobs). Ökonomisch gesehen kann Nichtwählen rational sein, wenn der Aufwand die erwartete Veränderung nicht lohnt. In autoritären Systemen kann Wählen rational sein, weil die Kosten der Nichtbeteiligung in Form von Sanktionen hoch sein können. Paradoxerweise ist die Wahlbeteiligung in autoritären Systemen deshalb oft höher als in Demokratien, obwohl Wahlen zu keinen Veränderungen führen.

8.11 Wahlabsichten und Wählerwanderungen

Ein ganz wichtiges Element einer Wahlanalyse ist das Studium der Wählerwanderungen, in erster Linie bei zwei aufeinanderfolgenden Wahlen. Diese ermittelt man nach einer Wahl durch Aggregatdatenanalysen von Gemeinderesultaten und durch Wählerbefragungen. Die erste Frage ist, wer gleich und wer anders gewählt hat als bei den vorausgegangenen Wahlen und wer vom Wähler zum Nichtwähler geworden ist und umgekehrt. Die zweite und für die kommenden Wahlkämpfe wichtigere Frage ist, weshalb sich die Wähler gleich oder anders entschieden haben. Dies kann man nur durch Nachbefragungen bzw. Exit Polls ermitteln.

Wichtig ist auch die Ermittlung der Wahlabsichten im Lauf eines Wahlkampfes. Vor einer bedeutenden Wahl werden periodisch Meinungsumfragen durchgeführt, die messen, welche Partei bevorzugt wird und wie viele Wähler sich im Lauf des Wahlkampfs parteipolitisch neu orientieren. Die Ergebnisse der sogenannten »Sonntagsfrage« zeigen, wie viele Wähler eine Partei im Vergleich zur letzten Wahl oder Umfrage gewonnen oder verloren hat. Bruttoveränderungen, also Umorientierungen im Lauf des Wahlkampfes, kann man indessen vor der Wahl nur mithilfe eines Panels ermitteln, bei dem man in mehreren Wellen stets die gleichen Personen befragt.

Die erste umfassende empirische Analyse eines Wahlkampfes aufgrund eines Panels stammt von Lazarsfeld, et al. (1969). Die Autoren haben die Wechsel der Präferenzen und die Motive dafür während des US-Präsidentschaftswahlkampfes 1940 untersucht. Die Erhebung erfolgte in Erie County, Ohio, von Mai bis November 1940. Erie County wurde ausgewählt, weil es 40 Jahre lang nur geringfügig von nationalen Wahltrends abwich. Innerhalb des Panels von 600 Perso-

Tabelle 12: Veränderungen Wahlabsicht und tatsächliche Stimmabgabe in Erie County, 1940

Wahlabsicht im Oktober 1940	**Republikaner**	**Demokraten**	**Weiß nicht**	**Keine Wahlabsicht**	**Summe**
→	229	167	22	65	483
Tatsächliches Stimmverhalten im November 1940 ↓					
Republikaner	215	7	4	6	232
Demokraten	4	144	12	0	160
Keine Stimmabgabe	10	16	6	59	91

Quelle: Lazarsfeld, et al. (1969, Vorwort)

nen gab es zwei Hauptgruppen: 418, die ihre Meinung nicht änderten, sowie 59, die ihre Meinung wechselten (13 Prozent).

418 Befragte wählten im November, was sie im Oktober beabsichtigten (215 + 144 + 59, grau schattiert). 59 änderten ihre Meinung (14 + 23 + 16 + 6). Die Nettoveränderung bei den Demokraten zeigt eine Abnahme um 7 an (+ 16, – 23). Netto sank der Wähleranteil der Demokraten nur von 42 auf 41 Prozent. Die sechs Wähler, die im Oktober keine Wahlabsicht deklarierten, gaben ihre Stimme republikanischen Kandidaten. Sie erhielten im letzten Augenblick Besuch von Werbern der Partei und konnten so zur Wahlteilnahme bewegt werden. Der große Vorteil des Panels, bei dem in mehreren Wellen die gleichen Wähler befragt werden, ist es, dass nicht nur die Netto-, sondern auch die Bruttoveränderungen ermittelt werden können. Zieht man in mehreren Wellen unterschiedliche Stichproben, so lassen sich nur die Nettoveränderungen eruieren.

Wie eingangs dieses Kapitels erwähnt, kann der »Wechsel« bei Wählenden von einer Partei zur anderen erfolgen oder vom Nichtwähler zum Wähler oder umgekehrt. Das Team von Lazarsfeld unterschied drei Typen von Wechslern (im Lauf der Wahlkampagne):

1) Kristallisierer: Sie hatten ursprünglich keine Wahlabsicht, entschieden sich aber dann doch für eine Partei.

2) Schwankende: Sie begannen mit einer Wahlabsicht, wechselten dann ins Lager der Nichtwählenden und entschieden sich dann wieder für eine Partei.

3) Parteiwechsler: Sie hatten eine Wahlabsicht, wechselten später aber zu einer anderen Partei. »Wenn eine Person ihre Partei aus Unentschlossenheit aufgibt, kehrt sie fast immer zu ihr zurück, aber wenn sie diese aus Opposition verlässt, kehrt sie selten zu ihr zurück.« (Lazarsfeld, et al., 1969, S. 103)

Kommen wir zurück zu Wählerwanderungen bei aufeinanderfolgenden Wahlen. Untenstehende Tabelle zeigt, wie sich jene Wähler bei den Schweizer Nationalratswahlen 2011 verhalten haben, die schon 2007 wahlberechtigt waren. Mehr als die Hälfte der Wähler haben 2011 die gleiche Partei gewählt wie 2007. Zu beachten ist, dass 2011 mit der GLP (Grünliberale Partei) und der BDP (Bürgerlich-Demokratische Partei) neue Parteien aufgetaucht sind. 80 Prozent jener, die 2003 nicht gewählt haben, haben sich auch 2007 nicht beteiligt. Ähnliche Werte zeigten sich schon vier Jahre zuvor (Lutz, 2008, S. 20). Markant ist der Stimmentausch im linken Lager, zwischen der Sozialdemokratischen (SP) und der Grünen Partei (GPS).

Obige Betrachtungsweise ging vom früheren Wahlverhalten, also 2007, aus (nach Georg Lutz »Demobilisierung«). Man kann auch das aktuelle Wahlverhalten (2011) zum Ausgangspunkt machen und analysieren, wie sich die Wähler einer Partei vier Jahre zuvor entschieden hatten (»Mobilisierung«). Man beachte, dass die Grundgesamtheit der Wähler nicht die Gleiche ist wie in Tabelle 13, was sich bei der Zahl der Befragten jeweils in der letzten Spalte der Tabellen widerspiegelt.

Tabelle 13: Wahlentscheid 2011 bei den Schweizer Parlamentswahlen (ausgehend vom Wahlentscheid 2007)

		Verhalten 2011										
		SVP	**FDP**	**BDP**	**CVP**	**GLP**	**SP**	**GPS**	**Übrige**	**Nicht gewählt**	**Total**	**N**
Parteientscheid 2007	SVP	70	1	3	2	1	2	1	3	17	100	407
	FDP	6	56	6	2	2	1	0	2	20	100	298
	CVP	5	3	4	65	3	2	1	3	14	100	205
	SP	7	0	4	2	4	56	10	3	20	100	403
	GPS	7	0	2	0	8	13	58	6	11	100	98
	Nicht gewählt, weiß nicht	6	3	1	2	1	4	2	2	80	100	2345
	Nicht gewählt, weiß nicht (ohne Nicht-Wählende 2011)	30	13	4	11	6	19	9	8		100	477

Lesebeispiel: Von jenen, die 2007 SVP gewählt haben, haben 70 % 2011 wieder SVP 3 % BDP, 2 % CVP und SP sowie je 1 % FDP, GLP und GPS, 17 % haben nicht mehr gewählt.

Quelle: (Lutz, 2012, S. 22)

Tabelle 14: Wahlentscheid 2011 bei den Schweizer Parlamentswahlen (im Vergleich zum Verhalten 2007)

		Verhalten 2007									
		SVP	**FDP**	**CVP**	**GLP**	**SP**	**GPS**	**Andere Partei**	**Nicht gewählt, Weiss nicht**	**Total**	**N**
Entscheid 2011	SVP	59	4	2	1	1	0	4	29	100	485
	FDP	2	63	2	1	1	0	8	24	100	268
	BDP	15	20	8	0	17	2	15	23	100	91
	CVP	3	3	60	0	4	0	7	23	100	223
	GLP	4	16	6	10	17	9	9	30	100	92
	SP	2	1	1	0	62	4	5	25	100	359
	GPS	3	1	2	1	25	36	8	26	100	158

Lesebeispiel: Von jenen, die 2011 SVP gewählt haben, haben 59 % bereits 2007 SVP gewählt, 4 % FDP, 2 % CVP und 1 % SP. 29 % hatten sich nicht an den Wahlen beteiligt oder konnten sich nicht mehr erinnern.

Quelle: Lutz (2012, S. 21)

Auch bei dieser Betrachtungsweise zeigt sich, dass sich rund 50 Prozent der Wählenden 2011 für die gleiche Partei entschieden haben wie 2007. Nicht ausgewiesen werden die Erst- und Neuwähler. Rund ein Viertel gab an, 2007 nicht gewählt zu haben. Für alle Parteien liegt somit das größte Potenzial bei der eigenen Stammwählerschaft und den Nichtwählern. Auffallend ist, dass ein Viertel der Wähler der GPS vier Jahre zuvor SP gewählt hatte.

In der Schweiz kann man, anders als etwa in den USA oder Deutschland, keine Exit Polls machen, also die Teilnehmenden an der Wahl gleich nach der Stimmabgabe vor dem Wahllokal befragen. In den Städten wählen nämlich über 90 Prozent brieflich. Zwar gibt es auch in den USA und in Deutschland immer mehr Briefwähler (2013 bei der Bundestagswahl waren es 24,3 Prozent), aber dennoch sind die gewichteten Daten der Exit Polls, anhand derer auch die ersten Wahlprognosen erfolgen, ziemlich verlässlich. Bei Exit Polls nicht nach ihren Motiven befragt werden können natürlich neben den Briefwählern jene Wahlberechtigten, die zu Hause geblieben sind. In der Schweiz muss man die Daten durch repräsentative Umfragen nach der Wahl erheben. Die Nichtwähler werden erfasst, aber es gibt auch das Phänomen des »Overreporting«: Zahlreiche Befragte geben an, an der Wahl teilgenommen zu haben, obwohl dies nicht der Fall war. Ein weiteres Problem bei der Erhebung der Wählerwanderungen durch Befragung ist, dass sich in einem Vielparteiensystem wie der Schweiz insbesondere politisch wenig interessierte Wähler zuweilen nicht erinnern können, welche Partei sie vier Jahre zuvor gewählt oder ob sie sich überhaupt beteiligt haben. »Es gibt Vermutungen, dass die Befragten dazu neigen, ihr Verhalten vor vier Jahren auf ihr jetziges Verhalten zu übertragen.« (Lutz, 2016, S. 17)

Als weiteres Beispiel wollen wir in aller Kürze die Wählerwanderungen betrachten, die bei der Bundestagswahl vom 22. September 2013 stattgefunden haben, ermittelt aus den Daten von Infratest dimap. Der Leserin/dem Leser sei empfohlen, sich auf dieser interaktiven Grafik auf der Website von »ZEIT online« selbst einen Überblick zu verschaffen: http://www.zeit.de/politik/deutschland/2013-09/waehlerwanderung-bundestagswahl-2013. Man sieht, dass 78 Prozent der CDU-Wähler schon 2009 diese Partei gewählt hatten. Bei der SPD waren 67 Prozent Stammwähler. Bei der FDP blieben nur 23 Prozent. Aber auch bei den Grünen waren weniger als 50 Prozent Stammwähler. Fast 2,5 Millionen Wähler sind von der FDP zur CDU gewandert. Die CDU hat ferner 1,5 Millionen Wähler gewonnen, die vier Jahre zuvor nicht teilgenommen hatten. Die SPD hat 990.000 Wähler von den Grünen gewonnen und fast ebenso viele an die CDU verloren. Die Linke hat 340.000 Wähler an die AfD verloren. 77 Prozent der Nichtwähler von 2009 haben auch 2013 nicht teilgenommen. Wie schon erwähnt (S. 43) verändert sich das Elektorat von Wahl zu Wahl: Rund eine Million Wähler der CDU von 2009 waren 2013 verstorben. Fast 40 Prozent jener Wähler, die 2013 zum ersten Mal wahlberechtigt waren, haben sich nicht beteiligt.

9 Die politische Konkurrenz

9.1 Konkurrenz unter den Parteien

Gerd Strohmeier (2002, S. 101 ff.) nennt die politische Konkurrenz ein »Wahlkampfobjekt zweiter Art«. Das Objekt der ersten Art ist das Elektorat. Dieses steht natürlich im Zentrum; gleichwohl sollte ständig ein Blick auf die Mitbewerber geworfen werden. Es gibt Konkurrenten, die fischen im selben Wählerbecken, und es gibt andere, die in Teichen fischen, die für den jeweiligen Kandidierenden selbst unzugänglich sind. Wenngleich es bei Letzteren also keinen Wettbewerb um die gleichen Stimmen gibt, heißt das nicht, dass diese Konkurrenz unwichtig wäre. Im Gegenteil: Sie kann für die Mobilisierung der eigenen Wählerschaft sogar sehr nützlich sein. Wenn die Wählermärkte weit auseinanderliegen, so zeigt dies gewöhnlich an, dass es auch bei den politischen Positionen so ist. Der eine Bewerber steht z. B. weit links, der andere weit rechts. Geraten sie im Wahlkampf aneinander, gibt es ausreichend Stoff für Konflikte und entsprechende Präsenz in den traditionellen Medien und den Social Media. Diese Auseinandersetzung kann beiden Seiten für die eigene Mobilisierung dienlich sein.

Fragen, die sich in Bezug auf die politische Konkurrenz stets stellen, sind: Soll man den Gegner angreifen, und wie reagiert man auf gegnerische Angriffe (siehe Kapitel 3.6)? Wer sich selbst auf der Siegerstraße sieht, verzichtet besser auf Angriffe, denn die unabwägbare Dynamik könnte den in Aussicht stehenden Wahlsieg kosten. Wer auf der Verliererstraße ist, muss das Risiko eines Angriffs eingehen, denn eine andere Option besteht nicht. Ein Angriff oder eine gezielte Provokation kann auch angezeigt sein, um sich überhaupt Gehör zu verschaffen.

Auf jeden Fall gilt es, alle Schritte der Hauptkonkurrenten genau zu verfolgen und ständig zu entscheiden, ob eine sofortige Reaktion erforderlich ist. Im US-Präsidentschaftswahlkampf 1992 hatte das »Rapid-Response-Team« der Clinton-Kampagne geglänzt, als es die Medien reaktiv laufend mit Zahlen und Fakten bediente, während Amtsinhaber George Bush seine Rede beim Nominierungsparteitag der Republikaner hielt (Kamps, 2007, S. 176). »Rapid Response Commercials« nennt man Antwort-Spots im Fernsehen in den USA. Nützlich ist es natürlich, über die nächsten Schritte der Konkurrenz Bescheid zu wissen. Über einen kuriosen Fall bei der Bundestagswahl 2005 berichtet Frank Stauss. Der SPD-Wahlkampfzentrale wurde der CDU-Werbespot »Die Kugel« zugespielt, bevor er offiziell veröffentlicht wurde. Eilends produzierte die SPD eine Parodie auf diesen Spot und präsentierte sie einen Tag vor der CDU. Als Volker Kauder den aufwendig produzierten CDU-Spot am 19. August 2005 vorstellte, gab es bei den Medienleuten verdutzte Gesichter (Stauss, 2013, S. 150). Ein Journalist fragte schließlich: »Herr Kauder, gestern hat Herr Wasserhövel bei der SPD auch einen Spot gezeigt, der so ähnlich funktionierte. Auch mit einer Kugel und Frau Merkel am Ende.« Plouffe berichtet von einem Fall, bei dem es der demokratischen Kampagne gelungen war, einen noch nicht veröffentlichten TV-Spot der Republikaner bei der internen Übermittlung abzufangen.

In jedem Wahlkampf gibt es eigene Fehltritte, die man schnell parieren, und unerwartete Chancen, die man entschlossen ergreifen muss. »Es geht um das schnelle Nutzen von Opportunitäten. Das kann jedoch nur, wer seine Botschaften und Strategien verinnerlicht hat.« (Urs Rellstab, in: Scholten & Kamps, 2014, S. 305)

9.2 Konkurrenz innerhalb der Partei

In einem Wahlkampf ist jeder Kandidierende im Regelfall Teil einer Mannschaft (des eigenen politischen Lagers bzw. der Partei). Der Akteur ist kollektiv. Aus der Sicht einzelner Bewerber konkurriert man indessen gegen andere Bewerber innerhalb der eigenen Partei, nämlich, wie bereits erwähnt, in der Phase der Nomination oder auf einer Wahlliste. Der Akteur ist individuell. Den bekannten Spruch »Tritt dir einer auf die Flosse, ist es sicher ein Genosse« kann man auf alle Parteien übertragen. Gilt das Mehrheitswahlrecht und verfügt die Partei über Hochburgen, ist die Nomination und somit die innerparteiliche Auseinandersetzung sogar die entscheidende Phase. Bei der Listenwahl mit Verhältniswahlrecht spielt insbesondere der Listenplatz eine Rolle. Am 12. Mai 2011 berichtete der »Tages-Anzeiger«, die Zürcher SVP habe die 24-jährige Anita Borer auf Platz zwei der Nationalratsliste gehievt. »Der Entscheid wird parteiintern scharf kritisiert – die junge Frau gefalle vor allem Christoph Blocher.« Damit wurden altgediente Kandidierende vergrault, die sich mit »schlechteren Plätzen« begnügen mussten. Die Wählerschaft goutierte die Vorzugsbehandlung auch nicht: Borer landete auf dem sechsten Ersatzplatz. Mark Balsiger schreibt über junge Kandidaten auf Wahllisten: »Gerade bei bürgerlichen Parteien werden Junge nicht selten als Accessoire betrachtet: Sie sind auf Listen mit gesetzten Semestern ein willkommener Farbtupfer, weil sie oft neue Ideen und viel Energie in einen Wahlkampf bringen, ohne den Bisherigen gefährlich zu werden.« (Balsiger, 2014, S. 43) Die Bilder junger Kandidierender machen sich auch sehr gut auf dem Flyer aller Kandidierenden einer Partei. »Jung« ist generell attraktiver als »alt«.

Wer politisch die Karriereleiter hochsteigen will, tritt auf allen Staatsebenen gegen Mitkonkurrenten aus der eigenen Partei an. In der Schweiz ist es nicht ratsam, auf einer Sitzung des kommunalen Parteivorstandes gleich zu kommunizieren, man strebe einen Sitz in der Landesregierung an. Damit kann man sich parteiintern Gegner schaffen und als »übermotiviert« abgestempelt werden. »Generell empfiehlt sich, die eigenen Karrierepläne nicht einmal im engsten Kreis zu verraten«, meint Mark Balsiger (2014, S. 144).

10 Wahlkämpfe haben sich gewandelt

10.1 Die »Amerikanisierung« des Wahlkampfes

Schon seit den 1990er-Jahren ist allerorten von der »Amerikanisierung des Wahlkampfes« die Rede. Alle Wahlkampfexperten haben den Dokumentarfilm »The War Room« (https://www.youtube.com/watch?v=MmL-s98X3mQ) über den Wahlkampf von Bill Clinton 1992 gesehen, und seitdem »ist jedes Wahlkreisbüro mit Konferenztisch ein War Room« (Jan-Peter Hinrichs in: Althaus, 2001, S. 45). Für viele Wahlkämpfende und Berater sind die US-amerikanischen Wahlkampftechniken »State of the Art«, wobei nach dem »Shopping-Modell« eine den nationalen Gegebenheiten angepasste Übernahme erfolgt (Unger, 2012, S. 42). Nicht nur Parteien in Westeuropa holen sich Know-how und Experten aus den USA, sondern auch Parteien in Mittel- und Osteuropa und auf dem Balkan. »Heerscharen von deutschen Politikern und Wahlkampfmanagern waren im Herbst 2008 in die USA gereist, um die Obama-Kampagne zu analysieren. Und in Berlin verging kaum eine Woche ohne Vorträge und Kongresse zum Thema ›Von Obama lernen‹.« (Burgard, 2012, S. 16) »Von Trump lernen« ist allerdings weitaus schwieriger.

Benjamin Weinmann (2009, S. 32) versteht unter »Amerikanisierung«:

- Kapitalintensive Wahlkämpfe
- Von externen Beratern gesteuerte Wahlkämpfe
- Kandidatenzentrierte Wahlkämpfe (Personalisierung)
- Parteidistante Wahlkämpfe
- Forschungsgestützte Wahlkämpfe
- Auf Fernsehwerbung zentrierte Wahlkämpfe
- Permanenter Wahlkampf
- Entertainisierung

Zur Amerikanisierung gehört auch die dramaturgisch effektvolle Inszenierung von Ereignissen und Auftritten. »Die Amerikanisierung zeigt sich darüber hinaus im Einsatz von ›spin doctors‹. Es sind jene Mitarbeiter, die hinter den Kulissen durch gute Kontakte und ein perfektes Ereignis- und Themenmanagement die Fäden ziehen und für die richtige Präsentation in der Berichterstattung über ihren Kandidaten sorgen.« (Woyke, 2013, S. 143) Kleines Beispiel: Ein US-Präsidentschaftskandidat verfügt gewöhnlich über zwei Flugzeuge. Das Flugzeug mit den Medienspezialisten an Bord startet nach dem Flugzeug des Kandidaten, landet aber am Ziel zuerst. Beim Abflug wird die Verabschiedung inszeniert und eingefangen, bei der Landung das Eintreffen.

Einfach eins zu eins übernehmen kann man amerikanische Wahlkampfmethoden indessen nicht. Der Kontext, die Rechtsordnung, die eingesetzten finanziellen Mittel und die Mentalitäten sind unterschiedlich. Obwohl es auch in den USA zahlreiche politische Parteien gibt, läuft die Wahl aufgrund des Mehrheitswahlrechts immer auf einen Zweikampf zwischen Parteien und Kandidierenden hinaus. In Europa gibt es eine Parteienvielfalt, damit mehr Konkurrenz für eine einzelne Partei und größere Wahlmöglichkeiten für das Elektorat. Bezahlte TV-Spots sind in vielen europäischen Staaten nicht zugelassen. Unterstützung von politischen Parteien und Wahlkämpfen mit öffentlichen Geldern ist in Europa weitverbreitet – diesbezüglich ist die Schweiz die Ausnahme –; in den USA gibt es diese Unterstützung einzig für Präsidentschaftswahlen. Die Entwicklung der »Kommunikationsindustrie« und die Vermessung jedes einzelnen Wählers sind in den USA weiter fortgeschritten als in Europa.

Auf die meisten der oben erwähnten Elemente sind wir bereits eingegangen. An dieser Stelle soll die Personalisierung nochmals kurz zur Sprache kommen. Wie im Einleitungskapitel erwähnt (siehe S. 18), ist der Kandidat selbst ein politisches Produkt, das zu »verkaufen« ist. Die Medien sind vor allem an einem »Horse Race« interessiert, einem Wettstreit weniger Kandidaten. Dieser ist unter den Verhältnissen des Mehrheitswahlrechts eher gegeben als bei Listenwahlen mit Verhältniswahlrecht. In den USA ist die Zuspitzung noch besser möglich, weil bei den Primärwahlen eine Vorselektion erfolgt und die Hauptwahl praktisch immer auf einen Zweikampf hinausläuft. Der Wettkampf zweier Personen ist leichter zu transportieren und unterhaltsamer als inhaltliche Unterschiede. Fragen wie »Wer gewinnt?« oder »Wer macht den besseren Wahlkampf?« sind viel interessanter und leichter zu beantworten als Fragen nach den Unterschieden bei politischen Inhalten. Die politischen Grundpositionen sind durch die Zugehörigkeit der Kandidierenden zu verschiedenen Parteien ohnehin vorgegeben. Auch wenn der Präsident bzw. der Regierungschef nicht wie in den USA, Frankreich oder Russland direkt vom Elektorat bestimmt wird, laufen Parlamentswahlen in vielen Staaten auf einen Zweikampf der Kandidierenden um das Spitzenamt hinaus. Der Ausgang der Parlamentswahl bestimmt, wer Kanzler oder Premierminister wird. Die Kandidierenden für dieses Amt sind für die Mobilisierung und den Wahlentscheid für Wechselwähler oft das entscheidende Motiv.

10.2 Elemente der Veränderung und Tendenzen

Fassen wir den Wandel der Wahlkämpfe in den vergangenen Jahrzehnten und die gegenwärtigen Tendenzen zusammen. Wahlkämpfe haben sich angepasst an den Wandel der Politik, des Elektorats, der Medien und der Kanäle. Umgekehrt prägt der permanente »moderne« Wahlkampf auch die Politik. Der Blick der Politiker ist noch stärker auf den nächsten Wahltermin fixiert, die politische Stimmung im Elektorat wird in kurzen Abständen gemessen und politische Inhalte und Diskurse sind von »wählermarktfähigen« Themen beherrscht. In Tabelle 15 sind wichtige Veränderungen zusammengefasst. Die zeitliche Einteilung der drei Stufen bezieht sich auf die USA; die anderen hochentwickelten Staaten hinkten gewöhnlich etwas hinterher.

Wahlkampforganisation: Gerade in föderalistischen Staaten waren Wahlkämpfe in der »vormodernen« Zeit nicht national organisiert, nicht einmal koordiniert. Lokal- und Gliedstaatenparteien führten ihre eigenen Wahlkämpfe. Die »Grassroots-Kampagne« muss natürlich auch heute vor Ort geführt werden; sie ist aber im Auftritt und in den Botschaften national koordiniert. In moderner Zeit bildeten die Parteien nationale »Wahlkampfzentralen« und heuerten externe Berater an. In postmoderner Zeit werden diese Wahlkampfzentralen ausgelagert; sie operieren unabhängig von den Parteiorganen, mit spezialisierten externen Kampagnemanagern und Beratern. Die SPD übertrug 1998 die Kampagne für die Bundestagswahl der »KAMPA«, einer Wahlkampfzentrale mit 70 Mitarbeitenden, die räumlich und organisatorisch von der Partei getrennt war (Noelle-Neumann, et al.,

1999). Wenn alle Seiten professionelle Unterstützung haben, heben sich deren Wirkungen gegenseitig auf.

Vorbereitungsphase: Gerade in heutiger Zeit gilt der alte Spruch »nach der Wahl ist vor der Wahl«. Genügte es in vormoderner Zeit, den Wahlkampf kurze Zeit vor der Wahl zu organisieren und durchzuführen, ist der heutige Wahlkampf permanent. Bei fast jeder großen politischen Entscheidung überlegen sich die Akteure, wie sich diese auf die nächsten Wahlen auswirkt. Einige Entscheide werden gar nur wegen der bevorstehenden Wahlen getroffen.

Rückkopplungen mit der Wählerschaft: In vormoderner Zeit geschah die Rückkopplung vor allem innerhalb der sozialen Milieus durch örtliche Hausbesuche (»Klinkenputzen«) und Versammlungen. In moderner Zeit werden regelmäßig Bevölkerungsumfragen durchgeführt, mittels Fokusgruppen werden Einstellungen ausgelotet und Argumente getestet, über das Internet kann interaktiv mit der Wählerschaft kommuniziert werden.

Medien: In vormoderner Zeit erfolgte die Massenkommunikation über die regionale und überregionale Presse. Lokal erfolgte materiale Werbung durch Flugblätter, Poster und Wahlkampfschriften. Die Breitenkommunikation über das Radio ist seit den 1920er-Jahren möglich, über das Fernsehen seit den 1940er-Jahren. Dies geschah insbesondere über die viel beachteten Hauptnachrichten. Das Fernsehen hat erstmals so etwas wie eine Gesamtöffentlichkeit geschaffen. In postmoderner Zeit wird über viel mehr Medienkanäle kommuniziert: Werbung in privaten Radio- und Fernsehstationen, zielgruppenspezifische Kommunikation über das Internet. Auf der Makroebene bildete sich eine globale Öffentlichkeit, weil immer mehr Menschen den globalen Code des Englischen verstehen und die Politik sowie die Medienunternehmungen internationaler wurden. Bei den Medienunternehmungen ist auf der einen Seite eine Konzentration festzustellen, auf der anderen Seite machen Größe und das Zusammenführen der Online- und Offline-Medien den Betrieb komplexer. Hinzu kommen neue und soziale Medien. »Wer nicht im Netz ist, existiert nicht.« (Balsiger, 2014, S. 11)

Die modernen Kommunikationsmittel haben das Tempo der Kommunikation und die Reaktionsgeschwindigkeit stark erhöht. Mit diesem Tempo kann nur eine hochprofessionalisierte Kampagnenorganisation mithalten. Gleichzeitig ergibt sich auch eine höhere Anfälligkeit für Fehlleistungen (Schnellschüsse) und für »virale Infektionen« bei der Ausbreitung der Kommunikation.

Wahlkampfevents: In der vormodernen Phase dominierten öffentliche Versammlungen sowie Wahlkampf-Tourneen der Spitzenkandidaten mit »Whistle-Stops« auch in kleineren Ortschaften. In moderner Zeit sorgt ein Medienmanagement für Pressekonferenzen, TV-Werbung und kontrollierte Fototermine. Das Medienmanagement weitet seine Tätigkeit aus auf »Routine«-Politik, Reden und politische Entscheide. Alle Aktivitäten werden auch im Internet abgebildet.

Kosten: In der Zeit der kurzen Wahlkämpfe kam man noch mit einem bescheidenen Wahlkampfbudget aus. Hohe Kosten fielen später insbesondere für Fernsehspots an. Die Professionalisierung der Wahlkämpfe, das Engagement von externen Beratern, die Präsenz im Internet, Umfragen sowie Datensammlungen und -analyse haben die Kosten weiter erhöht. Mehr Ressourcen müssten deshalb in das Fundraising gesteckt werden, was wiederum ein Kostentreiber ist.

Elektorat: Als die sozialen Milieus noch bestanden, waren die Linien zwischen den politischen Lagern klar gezogen und damit auch die Kommunikationsräume vorgegeben. Das »Dealignement« (Abnehmen der Parteibindungen) setzte gegen Ende des 20. Jahrhunderts ein. Dies hat die Räume, in denen Wahlkampf betrieben wird, völlig verändert. Es konnten sich immer mehr Teilöffentlichkeiten bilden, die nicht mehr geschlossen, sondern nach außen offen sind. Wie erwähnt (siehe S. 166) erleichtert das schwächere »Bonding« das »Bridging«. Die Wählerschaft ist heute im Durchschnitt besser gebildet, multikultureller, sprachgewandter, stärker segmentiert, weniger konfessions- und parteigebunden. Es gibt mehr Parteiungebundene, mehr Wechselwähler und mehr Spätentscheider.

Datenproduktion und -analyse: Schon immer betrieben wurden die Analyse früherer Wahlen und die Aggregatdatenanalyse (Analyse von Gemeindedaten). Seit den 1940er-Jahren gibt es Meinungsumfragen und Panel-Untersuchungen. Neu hinzu kommen »Big Data« und die Analyse der Social Media. In den USA ist es heute schon so, dass genügend Daten allgemein zur Verfügung stehen, um fast jeden Wähler zu vermessen und politisch einzuordnen. Trotz besserem Datenschutz ist es nur eine Frage der Zeit, bis dies auch in anderen hochentwickelten Staaten der Fall ist. Das Micro-Targeting ergänzt das Aggregat-Targeting.

Komplexität: Wenn die Strukturen komplexer werden, sind es auch die Kommunikationsprozesse zwischen den Strukturelementen. Nicht unbedingt die Parteien und Kandidierenden sind zahlreicher geworden, aber die hinter ihnen stehenden Interessen und Lobbygruppen.

Tabelle 15: Die Veränderung der Wahlkämpfe

	Vormodern: Mitte 19. Jahrhundert bis in die 1950er-Jahre	**Modern: Frühe 1960er- bis späte 1980er-Jahre**	**Postmodern: Nach den 1990er-Jahren**
Wahlkampforganisation	Lokal und dezentral durch Parteiführung	National koordiniert; Wahlkampfzentralen, spezielle Berater	Nationale Koordination, dezentrale Ausführung; Auslagerung von Umfrageforschung, Beratern und spezialisierten Wahlkampf-Abteilungen
Vorbereitungsphase	Kurzfristige bzw. Ad-hoc-Wahlkämpfe	Langer Wahlkampf	Permanenter Wahlkampf
Rückkopplungen	Örtliche Hausbesuche (»Klinkenputzen«)	Bevölkerungsumfragen	Bevölkerungsumfragen, Beobachtung sog. Fokusgruppen, Internet
Medien	Regionale und überregionale Presse Lokal: Handzettel, Poster und Wahlkampfschriften, Radioansprachen	Fernsehpräsenz in breitenwirksamen Kanälen über Hauptnachrichten	Zielgruppenspezifische Medienarbeit durch fragmentierte Medienkanäle, gezielte Werbespots, gezielte Ansprache des Publikums (Direct Mailing), hohes Tempo, »virale Infektionen«, Social Media

Wahlkampf-Events	Öffentliche Versammlungen, eingeschränkte Wahlkampf-Tourneen	Medienmanagement, tägliche Pressekonferenzen, TV-Werbung, Fototermine	Ausweitung des Medienmanagements auf »Routine«-Politik, Reden und politische Initiativen
Kosten	Niedriges Wahlkampfbudget	Höhere Kosten für Fernsehspots	Kostensteigerung für Beratung, Forschung und Fernsehspots
Elektorat	Stabile soziale und parteipolitische Konfliktlinien, soziale Milieus	Dealignement: abnehmende Parteiidentifikation	Dealignement: mehr Wechselwähler, mehr Spätentscheider
Datenproduktion und -analyse	Analyse früherer Wahlen; Aggregatdatenanalyse	Meinungsumfragen; Panels	Big Data; Micro-Targeting

In Anlehnung an: Rhomberg (2009, S. 200); Gibson and Römmele (2008, S. 482); modifiziert und ergänzt

Schon erwähnt wurde, dass man einen erfolgreichen früheren Wahlkampf nicht einfach kopieren kann. Jeder Wahlkampf ist anders. »Die Untersuchung von Bundestagswahlkämpfen im Zeitverlauf macht deutlich, dass es für die Selbstdarstellung von Parteien und Kandidaten ein festes und auch parteienübergreifendes Repertoire von Strategien gibt, die zur Ansprache der Wählerschaft eingesetzt werden. Allerdings zeigen Langzeitanalysen auch, dass die Anwendung solcher Strategien keinen kontinuierlichen Trends folgt, sondern von Wahlkampf zu Wahlkampf variiert.« (Christina Holtz-Bacha, 2006) Dass jeder Wahlkampf anders ist, demonstrierte 2016 eindrücklich die Art und Weise, mit welcher der Milliardär Donald Trump sich um die Nomination zum US-Präsidentschaftskandidaten bewarb und schließlich die US-Präsidentschaftswahl gewann. Mit seinem rüpelhaft-ordinären Stil verstieß er gegen viele gängige Regeln, die bislang in US-Wahlkämpfen galten, und er brüstete sich gar damit, die gängigen Theorien für erfolgreiche Kampagnen zu ignorieren – und hatte gleichwohl oder eben gerade deswegen bei den republikanischen Vorwahlen und den Hauptwahlen Erfolg. Seine Worte wirkten gemäß J. D. Vance (»Opioid of the Masses«, Artikel in »The Atlantic«, Juli 2016) insbesondere in den »heruntergekommenen« Regionen der USA wie ein Opiat und ließen neue Hoffnung aufkommen. Was in einem Wahlkampf »funktioniert«, ist eben stets vom Kontext abhängig.

Reale soziale Netzwerke und direkte physische Kontakte sind immer noch am wirksamsten. Am Schluss seiner Studie zog Lazarsfeld (1969, S. 198 ff.) einige »praktische Folgerungen«. In letzter Analyse können mehr als alles andere Menschen Menschen bewegen, im direkten Kontakt. Die Seite, die die enthusiastischeren Unterstützer habe und die »grass-root supporters in an expert way« mobilisieren könne, habe gute Erfolgsaussichten. Dies gilt auch heute noch, trotz Auflösung der sozialen Milieus und der neuen Kanäle der Social Media. David Plouffe (2009, S. 379) bilanziert: »There is no more effective courier for a message than people who believe in it and have authentically embraced it. Our secret weapon, day in and day out, was our army of volunteers […]«.

Beim parteiinternen Wahlkampf von Donald Trump fiel auf, dass er nicht auf das »Ground Game« setzte, nämlich eine Organisation von freiwilligen und bezahlten Wahlhelfern »vor Ort«. Er bevorzugte Großanlässe sowie die ständige Provokation in den Massenmedien und den Social Media. Aufgrund seiner bisherigen Erfahrungen als Entertainer wusste er genau, was Quote bringt. Seine Unberechenbarkeit garantierte die Aufmerksamkeit der Medien. Die Trump-Kampagne betrieb im Primärwahlkampf auch kein Micro-Targeting, gestützt auf Datensätze. Seine republikanische Partei machte dies aber sehr wohl. Die Unterschiede im Stil und bei den Methoden sind im Vergleich zu den Obama-Kampagnen 2008 und 2012 riesig, und dennoch gibt es einen gemeinsamen Erfolgsfaktor: Beiden Kandidaten ist es gelungen, eine einzigartige Marke zu prägen, die es so vorher noch nie gab.

Wahlsiege sind in einer reifen Demokratie nicht käuflich. Auch mit den raffiniertesten Marketingtricks lässt sich eine Wahl nicht gewinnen, wenn die politischen Produkte nicht stimmig sind oder der Kontext sich geändert hat. Aber Geld, Wissen, und professionelle Unterstützung helfen, Aufmerksamkeit zu gewinnen, grobe Fehler zu vermeiden und Schwächen zu überspielen.

Anhang

Abbildungsverzeichnis

Tabellenverzeichnis

Literaturverzeichnis

Almond, Gabriel A. u. a. (2004). *Comparative politics today. A world view* (8th ed.). New York: Longman.

Althaus, Marco (Ed.) (2001). *Kampagne! Neue Marschrouten politischer Strategie für Wahlkampf, PR und Lobbying* (Vol. 1). Münster: Lit.

Balsiger, Mark (2011). *Wahlkampf – aber richtig. Was erfolgreiche Kampagnen ausmacht. Ein Handbuch für Kandidierende.* Bern: Border Crossing.

Balsiger, Mark (2014). *Wahlkampf statt Blindflug.* Bern: Stämpfli.

Balsiger, Mark, & Roth, Hubert (2007). *Wahlkampf in der Schweiz. Ein Handbuch für Kandidierende.* Bern: Border Crossing.

Berg, Thomas (Ed.) (2002). *Moderner Wahlkampf. Blick hinter die Kulissen.* Opladen: Leske + Budrich.

Bernauer, Thomas, Jahn, Detlef, Kuhn, Patrick, & Walter, Stefanie (2013). *Einführung in die Politikwissenschaft* (2. A.). Baden-Baden: Nomos.

Brettschneider, Frank (2013). Wahlkampf: Funktionen, Instrumente und Wirkungen In Landeszentrale für politische Bildung Baden-Württemberg (Ed.), *Der Bürger im Staat* (Vol. 3, S. 190–198). Ulm: Süddeutsche Verlagsgesellschaft.

Burgard, Jan Philipp (2012). *Von Obama siegen lernen oder »Yes, we gähn!«? Der Jahrhundertwahlkampf und die Lehren für die politische Kommunikation in Deutschland.* Chemnitz, Techn Univ., Diss., 2011, Nomos, Baden-Baden.

Bürklin, Wilhelm P., & Klein, Markus (1998). *Wahlen und Wählerverhalten. Eine Einführung* (2. A.). Opladen: Leske + Budrich.

Dahrendorf, Ralf (1967). Aktive und passive Öffentlichkeit. *Merkur, 7,* S. 1109 – 1122.

Dalton, Russell J. (1984). Cognitive Mobilization and Partisan Dealignment in Advanced Industrial Democracies. *Journal of Politics, Vol. 46, p. 264, 21 p.*

Downs, Anthony (1968). Ökonomische Theorie der Demokratie. Tübingen: Mohr.

Gibson, Rachel K, & Römmele, Andrea (2008). Political Communication. In Daniele Caramani (Ed.), *Comparative politics* (S. 473 – 491). Oxford: Oxford University Press.

Holtz-Bacha, Christina (Ed.) (2015). *Die Massenmedien im Wahlkampf. Die Bundestagswahl 2013.* Wiesbaden: Springer Fachmedien Wiesbaden.

Holtz-Bacha, Christina (2006). Personalisiert und emotional: Strategien des modernen Wahlkampfes. *Aus Politik und Zeitgeschichte, Nr. 7, S. 11 – 19.*

Horowitz, David (2000). *The art of political war and other radical pursuits.* Dallas, Tex.: Spence.

Jaques-Bosch, Bettina (1997). *So gewinnt man Wahlen!* Zollikon: Kranich.

Jarren, Otfried, & Donges, Patrick (2011). *Politische Kommunikation in der Mediengesellschaft. Eine Einführung* (3. A.). Wiesbaden: VS Verlag für Sozialwissenschaften.

Jungherr, Andreas, & Schoen, Harald (2013). *Das Internet in Wahlkämpfen. Konzepte, Wirkungen und Kampagnenfunktionen.* Wiesbaden: Springer VS.

Kamps, Klaus (2007). *Politisches Kommunikationsmanagement. Grundlagen und Professionalisierung moderner Politikvermittlung.* Wiesbaden: VS Verlag für Sozialwissenschaften.

Knecht, Daniel (2011). *The Impact of Information and Communication Technology (ICT) on the Conception and Conduct of Personal Election Campaigns.* Masterarbeit Universität St. Gallen.

Kreiss, Daniel (2012). *Taking our country back. The crafting of networked politics from Howard Dean to Barack Obama.* Oxford u. a.: Oxford Univ. Press.

Kunczik, Michael (2002). *Public Relations. Konzepte und Theorien* (4. A.). Köln: Böhlau.

Kunczik, Michael, & Zipfel, Astrid (2005). *Publizistik. Ein Studienhandbuch* (2. A.). Stuttgart: Böhlau.

Lazarsfeld, Paul Felix, Berelson, Bernard, & Gaudet, Hazel (1968). *The people's choice. How the voter makes up his mind in a presidential campaign* (3. ed.). New York: Columbia University Press.

Lazarsfeld, Paul Felix, Berelson, Bernard, & Gaudet, Hazel (1969). *Wahlen und Wähler. Soziologie des Wahlverhaltens.* Neuwied: Luchterhand.

Le Bon, Gustave (1982). *Psychologie der Massen* (15. A.). Stuttgart: Kröner.

Lepsius, Oliver, & Meyer-Kalkus, Reinhart (Eds.) (2011). *Inszenierung als Beruf. Der Fall Guttenberg.* Berlin: Suhrkamp.

Longchamp, Claude u. a. (2015). Im Banne der Migrations- und Europafrage. Medienbericht zur 2. Welle des Wahlbarometer 2015, Juni 2015. Bern: GfS.

Lutz, Georg (2008). *Eidgenössische Wahlen 2007. Wahlteilnahme und Wahlentscheid.* Lausanne: Selects – FORS.

Lutz, Georg (2010). The Electoral Success of Beauties and Beasts. *Swiss Political Science Review, 16* (3), S. 457 – 480.

Lutz, Georg (2012). *Eidgenössische Wahlen 2011. Wahlteilnahme und Wahlentscheid.* Lausanne: Selects – FORS.

Lutz, Georg (2016). *Eidgenössische Wahlen 2015. Wahlteilnahme und Wahlentscheid.* Lausanne: Selects – FORS

Maarek, Philippe J. (2011). *Campaign communication and political marketing.* Chichester; Malden, MA: Wiley-Blackwell.

Machiavelli, Niccolò (2007). *Discorsi. Gedanken über Politik und Staatsführung* (3. A. Vol. 377). Stuttgart: A. Kröner.

Machiavelli, Niccolò (2008). *Der Fürst.* Frankfurt am Main: Insel.

Moeckli, Silvano (2013). *Direkte Demokratie. Spieler, Spielverläufe, Spielergebnisse.* Zürich: Rüegger.

Moeckli, Silvano (2017). *Das politische System der Schweiz verstehen. Wie es funktioniert – Wer partizipiert – Was resultiert* (4. A.). Mörschwil: KLV Verlag.

Morris, Dick (1999). *The new prince Machiavelli updated for the twenty-first century.* Los Angeles, Calif.: Renaissance Books.

Newman, Bruce I. (2016). *The Marketing Revolution in Politics. What Recent U.S. Presidential Campaigns Can Teach Us about Effective Marketing.* Toronto Buffalo London: Rotman-UTP Publishing.

Noelle-Neumann, Elisabeth, Winfried Schulz, Jürgen Wilke (2002). *Das Fischer-Lexikon Publizistik, Massenkommunikation.* Frankfurt am Main: Fischer.

Noelle-Neumann, Elisabeth, Donsbach, Wolfgang, & Kepplinger, Hans Mathias (1999). *Kampa. Meinungsklima und Medienwirkung im Bundestagswahlkampf 1998.* Freiburg (Breisgau) u. a.: Alber.

Nohlen, Dieter (2013). *Wahlrecht und Parteiensystem. Zur Theorie und Empirie der Wahlsysteme* (7., überarb. und aktualisierte A.). Leverkusen [u. a.]: Budrich.

Plischke, Thomas (2014). *Wann Wähler entscheiden. Abläufe von Entscheidungsprozessen und der Zeitpunkt der Wahlentscheidung.* Diss. Univ Mannheim, 2013, Nomos, Baden-Baden.

Plouffe, David (2009). *The audacity to win. The inside story and lessons of Barack Obama's historic victory.* New York: Viking.

Popkin, Samuel L. (1994). *The reasoning voter. Communication and persuasion in presidential campaigns.* Chicago: The University of Chicago Press.

Pörksen, Bernhard, & Detel, Hanne (2012). *Der entfesselte Skandal. Das Ende der Kontrolle im digitalen Zeitalter.* Köln: Halem.

Rhomberg, Markus (2009). *Politische Kommunikation. Eine Einführung für Politikwissenschaftler.* Paderborn: Fink.

Rose, Chris (2010). *How to win campaigns. 100 steps to success* (2nd ed.). London: Earthscan.

Schieren, Stefan (2014). Politische Skandale im digitalen Zeitalter, in: Der Bürger im Staat (Vol. 4, S. 284 – 289): Landeszentrale für politische Bildung Baden-Württemberg.

Scholten, Heike, & Kamps, Klaus (Eds.) (2014). *Abstimmungskampagnen. Politikvermittlung in der Referendumsdemokratie*. Wiesbaden: Springer VS.

Schulz, Winfried (2015). *Medien und Wahlen*. Wiesbaden: Springer Fachmedien Wiesbaden.

Schwartzenberg, Roger-Gérard (1980). *Politik als Showgeschäft. Moderne Strategien im Kampf um die Macht*. Düsseldorf: Econ Verlag.

Siegert, Gabriele, Wirth, Werner, Weber, Patrick, & Lischka, Juliane A. (Eds.) (2016). *Handbuch Werbeforschung*. Wiesbaden: Springer VS.

Somm, Markus (2009). *Christoph Blocher. Der konservative Revolutionär*. Herisau: Appenzeller Verlag.

Stauss, Frank (2013). *Höllenritt Wahlkampf. Ein Insider-Bericht*. München: Deutscher Taschenbuch Verlag.

Strohmeier, Gerd (2002). *Moderne Wahlkämpfe – wie sie geplant, geführt und gewonnen werden*. Passau, Diss. 2001, Nomos, Baden-Baden.

Thalmann, Rolf (Ed.) (2009). *So nicht! Umstrittene Plakate in der Schweiz 1883–2009*. Baden: hier + jetzt.

Unger, Simone (2012). *Parteien und Politiker in sozialen Netzwerken. Moderne Wahlkampfkommunikation bei der Bundestagswahl 2009*. Wiesbaden: VS Verlag für Sozialwissenschaften.

Weber, Max (2010). *Politik als Beruf* (11. A.). Berlin: Duncker & Humblot.

Weinmann, Benjamin (2009). *Die Amerikanisierung der politischen Kommunikation in der Schweiz. Bestandesaufnahme und Experteninterviews vor dem Hintergrund der Eidgenössischen Parlamentswahlen 2007*. Zürich: Rüegger.

White, Jon, & de Chernatony, Leslie (2002). New Labour: A Study of the Creation, Development and Demise of a Political Brand. *Journal of Political Marketing, 1:2–3*, S. 45–52.

Woyke, Wichard (2013). *Stichwort: Wahlen. Ein Ratgeber für Wähler, Wahlhelfer und Kandidaten* (12., aktualisierte und erw. A.). Wiesbaden: Springer VS.

Zolo, Danilo (1998). *Die demokratische Fürstenherrschaft. Für eine realistische Theorie der Politik*. Göttingen: Steidl.